辽宁师范大学教育学"双一流"学科建设资金资助

教师学习共同体中的知识学习研究

张 莉 著

湖南师范大学出版社·长沙·

图书在版编目（CIP）数据

专业学习共同体中的教师知识学习研究／张莉著．--长沙：湖南师范大学出版社，2023.12
　ISBN 978 - 7 - 5648 - 4824 - 8

Ⅰ.①专… Ⅱ.①张… Ⅲ.①师资培养—研究 Ⅳ.①G451.2

中国国家版本馆 CIP 数据核字（2023）第 046961 号

专业学习共同体中的教师知识学习研究
Zhuanye Xuexi Gongtongti zhong de Jiaoshi Zhishi Xuexi Yanjiu

张　莉　著

◇出 版 人：吴真文
◇组稿编辑：李　阳
◇责任编辑：李　阳
◇责任校对：王　璞　胡晓军
◇出版发行：湖南师范大学出版社
　　　　　　地址/长沙市岳麓区　邮编/410081
　　　　　　电话/0731 - 88873071　0731 - 88873070
　　　　　　网址/https：//press. hunnu. edu. cn
◇经销：新华书店
◇印刷：长沙市宏发印刷有限公司
◇开本：710 mm×1000 mm　1/16
◇印张：16.25
◇字数：280 千字
◇版次：2023 年 12 月第 1 版
◇印次：2023 年 12 月第 1 次印刷
◇书号：ISBN 978 - 7 - 5648 - 4824 - 8
◇定价：79.00 元

凡购本书，如有缺页、倒页、脱页，由本社发行部调换。
投稿热线：0731 - 88872256　微信：ly13975805626　QQ：1349748847

目　录

绪　论

一、研究缘起

根据研究者的田野调查，部分集体备课活动形式化和浅表化。当被问及什么对你的备课帮助最大时，教师们提到教学参考书、网络视频、教学设计，没有人提到集体备课或者教研组活动。教师们的代表性说法是："平时备课，我一般是看看教师用书，在网上找教案、找视频看看，然后把资料整合一下。（BM）"当被问及教研活动对备课的影响，教师们的代表性说法是："我们遇到问题也会相互问一下，但是基本上还是以自己备课为主。（AL）"在被问及教研活动的开展情况时，有学校领导坦言："大部分教研活动都得看着。如果我们提前说了要去听，老师们就讨论讨论，如果不去，我也不能保证他们讨论的情况怎么样。（BL）"这说明，部分学校常规教研活动的组织形式化、浅表化，在支持教师的学习和教学上实效性较低。虽然教师们没有直接否定日常教研活动的价值，但是从他们的言语中，我们可以推论，他们对此评价较低。

深度的教学研讨受到教师们的欢迎。在谈及有意义的教研活动时，有教师提到说："这周的家长开放日，我们做了很系统的教研。因为家长开放日大家上的课都要一样，所以这个课怎么上，研究得很细致。我们前前后后改了四五次，最后终于成型了，这样的课上起来也比较顺。（BJ）"也有教师在访谈中直言："真正的学习需要花大力气，做深度的研讨，反复地研究这节课。好课就是这样磨出来的，没有这个过程，课是做不好的。（CJ）"注意到教师对形式化教研活动的敷衍和对深度教研的渴求，许多学校也开始摒弃传统的集体备课式教研，尝试将深度教研常规化。如 AD 教师提到："我们主要是以'公开课'和'打磨省、市、县级竞赛课'来培养老师。大部分老师每学期都需要上一节教学公开课，部分年龄比较大的老师是一年上一节，或者两年上一节……先是年级组内研讨教材，上课老师自己备课，接着试讲，听课老师提出意见和建议，上课老师再结合自己的理解和试讲的情况改进。周四进行公开课，周五的教研活动进行讨论和反思。"虽然教师并不是主动参与的，但是他们在这个过程中投入度很高，也能感受到进步。在不同的教研活动中，教师学习的情况怎么样，获得了哪些方面的发展，存在哪些方面的限制，成为了研究者所关心的内容。

二、研究背景

（一）教师专业发展背负着深化课程改革的高要求

深化课程改革对教师专业发展提出更高的要求。基于习近平总书记关于培养担当民族复兴大任时代新人的要求，《义务教育课程方案（2022 年版)》强调进一步深化课程改革。无论是以"忠实""调试"，还是以"创生"取向落实课程改革，教师都需要充分理解新的课程方案、课程标准，及其实施要求。进而，基于学科核心素养厘清特定主题的教学目标，依据教学目标对教材内容和内容关联进行梳理，对教学如何反映课程改革的理念、学科本身的特征并支持学生的发展进行整体思考，从而理性设计和实施教学，以达成培养学生核心素养的要求。这些要求教师在工作岗位中持续学习，实现高质量的专业发展。

为适应这一需求，教育部等八部门于 2022 年 4 月 2 日印发《新时代基础教育强师计划》（简称"强师计划"）。除了一体化教师培养培训体系机制的设计，"强师计划"对在职教师培训提出了"深化精准培训改革"的要求。包括："聚焦基础教育课程改革的理念、要求和教育教学方法变革……实施五年一周期的'国培计划'……构建完善省域内教师发展机构体系……建立完善自主选学机制和精准帮扶机制，创新线上线下混合式研修模式。"这要求国家、省域、县域教师发展机构引领和落实全员培训，并通过优质课程资源建设和培训机制与模式的创新满足学校和教师的个性化发展需求。同时，由于教育变革强调以学校为单位，在学校场域中实现教师专业发展也是时下的趋势。由此，不同层面的教师培训是否能够满足教师专业发展的需求，将在很大程度上影响深化课程改革的实施。

（二）传统教师培训支持教师专业发展的实践效能受到质疑

虽然国家致力于整合中央、地方政府、高校、教师专业发展机构和中小学的资源，构建开放、协同的教师培训体系，但教师培训如何支持教师学习是一个亟待解决的问题。20 世纪五六十年代，美国学者泰勒前瞻性地指出："未来的在职培训，将不被看作是造就教师，而是帮助、支持和鼓励每个教师发展他自己所看重、所希望增加的教学能力。"然而，在当前的教师专业发展项目中，教师被界定为"知识的接受者"。在名目繁多、形式多样的教师培训中，教师不断接受专家学者的知识，以更新理念。至于教师在工作场景中的课程实施能力，则不被关注。由于将理论学习和实践转化分离，传统的教师专业发展项目受到教育理论和实践领域的重重质疑。教师们在访谈中也纷纷呼吁"请告诉我们这个理论在实践中怎么做，拿个例子出来"。

学校本位的教师专业发展活动以"年级组集体备课""学科组活动""学校课题研究""师徒结对"等学习活动为主。这些活动往往存在以下问题：一方面教研活动形式化。学科组、年级组沦为行政管理组织，传达学校管理指令并处理常规教师管理事务。即便有教学研究，也往往停留于经验分享，缺乏对教学实践的系统设计、实施和反思。由于活动组织缺乏教学研究的逻辑，难以支持教师的深度学习。另一方面，教师的"学习者"认同缺失。在"教书匠"的传统角色定位下，教师更多将自己定位为"教书者"，而非"学习者"和"研究者"。同时，由于学校内部支持教师学习的组织和文化缺失，教师自身的角色认同存在偏离，以及教师能力水平相似所导致的引领者角色缺位，学校本位的教师学习和发展举步维艰。

（三）专业学习共同体能有效支持教师职场学习

在学习理论研究领域，以安德森（Anderson）为代表的认知心理学家和以格林诺（Greeno）为代表的情境论者在美国的《教育研究者》（Educational Researcher）等杂志上展开了激烈的"争鸣"。在这场激烈的论争之后，学习理论的研究不再争论学习是主动建构还是被动接受，而是继续前进，开始注意心智与情境之间的关系。在教师专业发展领域，相关研究集中关注教师在关系中的学习。如霍伯恩将影响教师有效学习的条件（包括日常实践、合作、交流、反思、研究、行动、观念的输入和学生反馈等）整合起来，提出了一个新的分析单位，即关系行动中的个体。[①] 这个新的分析单位就是教师专业学习共同体。在情境认知理论、建构主义学习理论、系统理论，以及成人学习理论的启示下，专业学习共同体的研究和实践重视教师的日常学习，重视合作文化的建设，强调通过系统的思维方式研究变革中的教师学习。

专业学习共同体实践对教师的专业发展有重要影响。相关研究（McLaughlin & Talbert, 1993; Louis & Marks, 1998; Shulman, 2004; Darling-Hammond L, 2005; Andrews & Lewis, 2007; 许素，2010; 杨翠，2010）指出，专业学习共同体能支持教师在协作过程中积极地学习、实践和反思，以真正理解教学内容，思考真正的教学，并改变学生学习过程，从而帮助学生达成成就期望。而在提升专业知识和实践能力的过程中，教师的自我效能感、职业认同、责任感，服务于学生学习的信念，以及接受新事物的意愿等都得到发展。教师在专业学习共同体实践过程中发现问题、建构问题解决方案、解决实践问题，从而真正理解理论的内涵和价值，并提高实践效能。这个学习过程是理论与实践整合的学习过程，也是教师深度学习的过程。

（四）专业学习共同体实践效能的研究存在缺失

专业学习共同体研究需从宏观层面走向中观层面，并在实践效能研究的基础上进行反思与改进。已有关于教师专业学习共同体的研究主要集中在理论辨析、实践模型建构、发展理论和培育策略等宏观层面。其中，理论辨析的研究确定了共同体的概念和边界，实践模型建构的研究勾画出共同体的形象，而发展理论和培育策略的研究则为共同体实践提供了导引。这些研究为专业学习共同体的推行奠定了基础。然而，研究的丰富并不代表共同体运行良好，也不代表共同体能真正达成研究者和实践者预期的目标。在专业学习共同体实践成为一种风尚的背景下，相关研究要更加关注

---

① 毛齐明. 教师学习——从日常话语到研究领域 [J]. 华东师范大学学报（教育科学版），2010, 28 (1): 21 - 27.

它在运行中的状况，总结有益的经验和价值，并探索解决共同体实践问题的路径和策略，从而真正实现专业学习共同体的使命。

关于专业学习共同体的运行状况，已有研究关注共同体实践对教师专业发展和学生学习的影响。但是相关研究还不是很系统，没有对教师认知发展的过程、内容和类型进行划分，也没有确认不同类型共同体实践效能的差异。同时，有许多研究质疑共同体的实践效能，认为并不是所有专业学习共同体都致力于实现变革或关注发展。相关研究（Little，1999；Bryk & Camburn & Louis，1999；McLaughlin & Talbert，2001）发现，在某些传统文化背景比较深厚的学校，专业学习共同体的实践是在保存历史、强化传统，而非探索改革。而在许多极度贫困的地方，共同体无力改变现状而倾向于维持现状，而这种对现状的维持"可能是延续不合格的实践"。总体上，虽然有许多研究关注共同体的理论和实践，但由于对专业学习共同体中的教师学习成效缺乏关注，相关研究难以解释不同类型共同体对教师专业发展的价值问题。因此，本研究从教师知识学习的视角，依据学习环路模型和教师知识分类理论，探讨不同类型专业学习共同体中教师知识的发展情况，为共同体的建构、活动组织和学习任务设计提供依据和参考。

三、研究问题

在研究问题的叙述上，Stake（1995）将个案研究中的研究问题分为基本研究问题（issue）和具体研究问题（problem），并指出"基本研究问题是指我们所面对的问题情境，而具体研究问题是为了解决基本研究问题而进一步细化的问题"。[①] 本研究的基本研究问题是，在不同类型教师专业学习共同体中，教师学习是如何发生的，教师在参与共同体的实践中究竟获得了什么样的发展。研究将这个基本研究问题细分为 3 个具体研究问题：

（1）不同类型专业学习共同体的运行过程是怎样的？

主要关注不同类型共同体的发起、运行、活动组织等方面的特征，以描述共同体实践为教师提供的学习机会。

---

① STAKE R E. The art of case study research [M]. Thousand Oaks: SAGE Publications, 1995: 16 - 17.

（2）在不同类型专业学习共同体的实践中，教师的知识学习情况是怎样的？

本问题关注两方面的内容：一是教师在专业学习共同体中的学习过程和方式；二是教师在专业学习共同体中所学习的知识类型。

（3）在专业学习共同体中，教师知识学习的影响因素有哪些？

重点关注：专业学习共同体中影响教师知识学习的因素有哪些，这些因素是如何相互作用的。

四、研究意义

在课程改革不断深化的背景下，本研究致力于探讨专业学习共同体实践对教师专业发展的影响，丰富研究者和实践者对不同类型专业学习共同体的运行、活动组织，及其学习路径与成效的认识。从而，有针对性地改进专业学习共同体的实践，以有效支持教师学习和发展，为深化课程改革提供有力的支撑。

（一）研究的理论意义

丰富专业学习共同体的研究。相关研究主要关注专业学习共同体的发起、运行等组织层面的特征。但是专业学习共同体是为教师搭建的学习平台，教师的参与情况如何，在参与的过程中是否有收获，共同体的实践能否切实有效地促进教师专业发展，提升教师的教育教学实践能力，是共同体持续改进所需关注的问题。而目前少有研究从教师发展的角度反馈性地分析专业学习共同体建设的成效、共同体运行的机制，及其遇到的问题和突破的方向。本研究就是从这方面进行的尝试。

丰富教师学习的研究。教师学习是新近发展起来的研究领域。它试图超越传统教师专业发展中的"他育"思路，强调教师通过主动的学习活动参与提升教育教学实践能力。社会学、心理学中关于人的认知方式与过程，关于人在社会情境中的学习，以及基于工作场景的学习等都有丰硕的研究成果，这为本研究提供了丰富的理论基础。但在专业学习共同体中教师的学习和发展方面，相关研究还不是很多。本研究就试图描述教师在不同类型专业学习共同体中的学习过程、方式，以丰富相关的研究成果。

丰富教师知识发展过程与方式的研究。在教师知识的建构方式和来源方面，已有研究一方面集中探索了学科教学知识的建构模式，如舒尔曼（Shulman，1987）提出教学推理与行动模式，马克斯（Marks，1990）提出整合模式，吉斯（Gess-Newsome，1999）提出整合模式和转化模式，谷晓沛（2019）提出整合模式、转化—整合模式、整合—转化模式和转化模式并存。另一方面从宏观上探讨教师知识建构的来源，如孙兴华（2015）编制问卷让教师报告知识获得的来源，描述教师知识建构的意象。但是学科教学知识在实践情境中的建构过程是怎样的，其他类型教师知识又是如何建构的，都还不是很清楚。本研究通过对教师知识建构过程进行细节化的白描，以丰富相关研究成果。

（二）研究的实践意义

启示专业学习共同体的建设回归理性。专业学习共同体的引入受到教育理论和实践领域的广泛关注，仿佛不建设共同体教师就不能得到发展，只要建设共同体，教师的发展就能得到保证。作为一种支持教师学习和发展的策略，专业学习共同体有自身的优势，比如关注教师的兴趣和需要、强调教师主动参与基础上的协同实践、强调教师学习与教学工作结合等。这些特征符合教师作为成人学习者参与学习的客观规律，有积极的意义和价值。但是共同体积极作用的发挥必须建立在一定的基础上，比如良好的教师研究和学习的文化，教师主动学习的意愿，共同体实践能真正满足教师解决教育教学问题的需求等。在我国行政主导的文化下，专业学习共同体能否以及如何才能真正服务和支持教师的学习和发展，是本研究希望揭示的内容。研究希望以此启示共同体的理性发展和推进，不让共同体实践成为教师的负担。

强调共同体实践要尊重教师的"话语权"。专业学习共同体的建设旨在支持教师的学习和发展。而作为一个主动的学习者，共同体中的教师学习和发展源于实践、源于讨论、源于反思、源于意义建构。从一定意义上说，教师深度参与是共同体持续发展的核心动力。因此，在专业学习共同体中，教师是主体，不同级别的行政部门、参与活动的外部专家都是支持者和助学者。如果以外部力量主宰教师学习的内容、过程，参与教师不能发出自己的声音，不能在活动中找到自己的位置和价值，不能解决自己所面对的问题和实践自己的教育追求，那么专业学习共同体势必不会成为教师主动参与的学习平台。专业学习共同体的实践就会沦为充门面的花架子，不能积极地促进教师的学习和发展。本研究希望揭示不同类型专业学习共同体中教师知识的学习情况，以提示共同体实践切实关注教师的发展需要和发展情况。

提示实践领域关注不同类型共同体的特征与价值。专业学习共同体存在于不同层面。由于服务的目的、研究的问题、组织活动的方式不同，不同类型共同体在支持教师专业学习和发展方面存在不同的价值。这要求专业学习共同体的推进者对共同体建构的意图做充分的思考，并根据实际情况统筹区域或者学校内不同类型共同体的实践。比如，为了支撑教师开展高质量的日常教学，如何建构与推进常规共同体；为了学习和实践一些新的理念和想法，区域和学校又应当如何相互配合；针对教师个人的教学兴趣、理想和追求，区域和学校又应当营造什么样的环境，以有效扶持他们，为他们的发展助力等。总之，本研究力图分析不同类型共同体的特征和对教师学习和知识发展的价值，以丰富共同体推进者对共同体建设针对性和实效性的认识，为共同体的理性实践做一点贡献。

第一章
研究设计与方法

第一节　概念界定、研究思路与理论分析框架

一、概念界定

（一）教师专业学习共同体

已有研究从学习目标、学习过程和方式、学习团队、学习环境、学习结果等不同的角度定义教师专业学习共同体。虽然角度不同，但它们都共同关注一个核心内容，即教师学习。在对学习目标的表述中，教师学习的最终目标是通过教师专业发展提高学生学习成效。这种目标体现出对教师群体创新知识并解决实践问题的高期望和促进学生高水平学习的高期望。同时，它们还描述了类似的学习过程和方式，即教师们的学习融于教学实践中，在解决问题的过程中协同学习、分享经验、反思与探究、相互依赖与支持。在团队建设上，它们认为专业学习共同体以核心组织或个人为发起者和领导者，吸纳若干关注同样领域和问题的创新者，通过制定适宜的组织规则和合作规范作用于成员。学习结果则是在协同合作中实现群体知识创新，以促进教师个体和集体的持续性专业发展。据此，本研究认为，教师专业学习共同体是一个学习团队，它以促进学生学习为目标，以对某些领域或问题的关注为主题，以一种协同合作与相互支持的方式学习、研究、实践和反思，以持续改善教育教学实践。

(二) 教师学习

根据社会文化学派、情境认知理论的学习观，本研究认为教师学习是教师个体或群体在不同形式的社会互动中，探索各种教育理论和实践问题，积累知识，建构经验和意义，以实现个体和群体的发展。在学习过程方面，本研究关注专业学习共同体中教师群体的交往活动，并主要从交往活动的组织、学习路径、学习方式等方面进行分析。在学习结果方面，本研究关注专业学习共同体中教师群体通过人际协作而实现的意义建构。因此，专业学习共同体活动过程中所关注的主题、所解决的问题、要研讨的内容，及其基础上所建构的意义，是本研究的关注点。本研究依据教师知识对其进行考量。

(三) 教师知识

教师知识的研究有两种不同的理论取向：一种是作为"知识基础"的教师知识结构研究，它关注的课题是"教师应该具备哪些知识"；另一种是作为"实践使用理论"的实践性知识研究，它关注教师默会知识与情境的互动。本研究倾向于从教师知识结构的视角定义教师知识，认为教师知识是教师高效从事教育教学活动所需的不同类型的知识。研究主要借鉴舒尔曼 (Shulman，1986，1987) 的教师知识分类框架，并在整合已有研究的基础上，对不同类型教师知识所包含的内容进行说明。

二、研究思路

在文献研究基础上，本研究以不同类型专业学习共同体的实践为关注点。以共同体的活动组织，以及教师在共同体中的学习方式和学习内容为切入点，对教师在共同体中的学习和发展状况进行深入的研究。（见图 1-1）

作为一种整合教师有效学习条件的学习形式，专业学习共同体在教师学习和发展中产生越来越大的影响。由于不同类型共同体有不同的学习主题和学习活动组织，教师在活动参与中的学习内容和学习方式必然存在差异，这种差异就影响不同类型共同体的实践效能。为了分析不同类型共同体对教师专业发展的价值，研究将首先根据共同体特征的四大维度划分专业学习共同体的基本类型。在此基础上，研究通过个案分析不同类型专业学习共同体的运行过程与基本特征，以确定教师学习的环境。

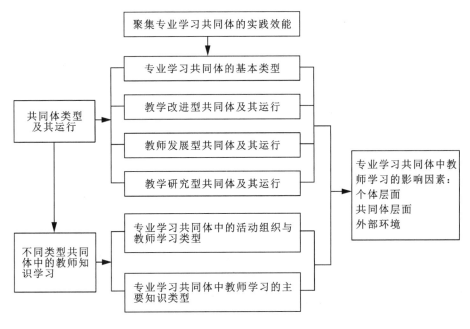

图 1-1　研究的基本框架

从情境认知理论和社会文化学派的观点来看，学习即实践参与。研究需要根据教师参与活动的过程分析教师的学习方式。研究首先确认教师在不同类型共同体中参与的主要学习活动。根据"学习环路模型"分析不同学习活动的特征，并归纳出典型的学习类型。由于教师知识是影响教师教育教学实践的核心因素，研究将教师知识视为教师学习的内容。借鉴已有研究成果，研究确定教师知识的分类框架，以此分析教师在不同类型共同体的学习活动参与中所学习的主要知识类型。由于资料收集的限制，研究只关注不同类型共同体的典型学习活动。为了厘清共同体实践对教师学习的影响，研究将进一步分析共同体实践中影响教师学习的因素。

三、研究的理论分析框架

认知学派的理论应用于陈述性知识（如概念、原理与规则）的学习较为有效，而在促进教师知识实践转化中存在缺陷。在社会建构主义和社会文化学派的影响下，认知学派逐渐向情境认知的方向发展。情境认知理论认为，学习是在一定的情境下，通过人际协作而实现意义建构的过程。在这个过程中，人的发展是"社会共享活动的内化过程"。① 也就是说，群体学习的成果需要被个体所采纳，并转化为个体真正的实践能力，学习才真正发生。在此理论取向下，波克（Borko，2004）提出以教师群体活动和个体认知活动为双重分析单位，考察个体与环境的互动对教师学习的影响。

根据这种理论取向，本研究一方面关注专业学习共同体中教师群体的协作活动，及其体现的教师参与过程和方式。另一方面关注教师个体在群体实践中所发生的改变，而群体又如何支持教师个体的这种改变。即从教师知识的获得及其支持上分析教师在群体学习中的发展。据此，研究以教师学习过程模型和教师知识分类模型为主要理论分析框架。

（一）教师学习的过程和基本要素

对个体和群体学习进行整合性分析的观点提示我们，对教师学习的分析既要关注社会实践情境和教师群体的协作，又不忽视教师个体内在心理结构的变化。通过对已有学习模型的分析，研究者发现：竹内弘高和野中郁次郎（2006）提出的 SECI 组织知识创新模型更多强调组织知识管理，对探究问题的形成和表征、知识组合化和实践检验等过程中群体和个体的关系，以及实践探索后知识资产的外化和共享关注不足。舒尔曼（Shulman，1987）的教师知识发展路径描述了教师个体的学习过程，但对共同体中个体、团队的角色及其相互支持关注不足。哈姆内斯（Hammerness，2005）在社群中学习的模式更多强调共同体"共享的记忆库"和"实践探究"两方面的内容，对于共同体中教师集体和个体的角色、行为关注不足。而罗姆·哈瑞（Harré，1983）的理论关注不同学习过程中的集体行为和个体行为，能让我们清晰地理解共同体学习中教师个体和群体的角色与互动。所以，本研究选择罗姆·哈瑞的理论作为分析教师学习过程的基础理论。

1. 教师学习过程模型：罗姆·哈瑞的教师学习环路模型②

哈瑞（Harré，1983）认为"知识不是认证地或权威性地颁布的事实"，也不是"某个人对事实和观点的主张"，而是群体"积极试验和错误管理的产物"。即知识的获得是不断探索而建构的理解，学习就是这个探索的过

---

① 麻彦坤. 维果茨基社会建构论思想在教学实践中的应用 [J]. 外国教育研究，2004（12）：6-9.

② HARRÉ R. Personal being：a theory for individual psychology [M]. Mass：Harvard University Press，1983：256-259.

程。基于这种理解，他基于"公共—私人"和"集体—个体"两个维度在四个象限中描述了教师学习的四个阶段。教师学习始于第一象限的公共—集体领域，因为公约和习俗的稳定性在维持公共意义方面有重要的作用。这种公约或习俗作为群体文化的符号深刻影响教师群体和个体的实践，是教师个体和群体学习的基础和起点。从第一阶段开始，学习过程在第 1、2、3、4 象限循环，形成一个包含四个阶段学习过程的学习环路。（如图 1－2）

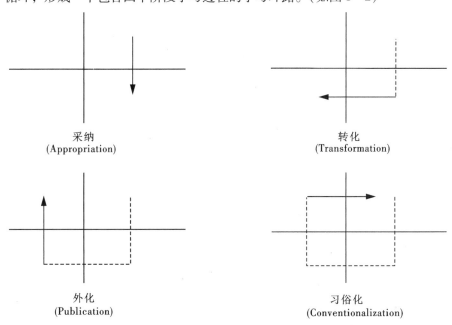

采纳
(Appropriation)

转化
(Transformation)

外化
(Publication)

习俗化
(Conventionalization)

图 1－2　Rom Harré 的学习环路模型

第一个阶段的学习是知识的"采纳"（内化），是第 1 象限到第 2 象限的过渡。这个过程是公共—集体层面的学习，教师依据自己的知识、经验等理解群体的观点和思考。比如教师讨论教育理论与实践中的问题，提出新的思想，互相挑战他们习以为常的观念和价值，学习新的理论，或者是探索他们认为有用的思想或理论的实践等。公共—集体层面的学习非常重要，因为它能实现知识、经验和技能在成员之间的分享（Agterberg et al，2009）。在交流互动中，新的观点在团队中受到质疑和检验，并不同程度地挑战甚至是取代旧有的观点。值得注意的是，团队互动不一定是由专家教师主导，那些由新手教师提出的问题和观点也可能导致概念和实践的重构（Barak et al，2010；Leh，Kouba & Davis，2005）。由于新的观点被重视，已有的观点得到丰富与重新整合，并被共同体成员所理解和关注。

第二个阶段的学习是知识的"转化"，是第 2 象限到第 3 象限的过渡。个体转化他们在社会学习中"采纳"的知识，改造自己的实践，并促进个体的发展。这个过程并不是必然发生的，它取决于教师个体对待新知识的态度和环境对于教师实践新知识的要求和支持。为了支持教师对新知识的转化，"不同机构有独特的促进教师自我发展的文化和措施"。① 在这个阶段的实践中，教师个体或群体努力将上一阶段构建的知识或学习的理论与教学实践建立联系。在本阶段，教师可能思考这样的问题，如知识的实践样态是什么样的，如何去修正它以使其真正适应我的课堂。这种理论与教学情境的联系，能够帮助教师产生新的理解，从而构建能够有效指导教学实践的个人理论，即维果茨基所谓的"成熟概念"。

第三阶段的学习是知识的"外化"，是第 3 象限向第 4 象限的过渡。本阶段学习包含两个过程：一是教师将前一阶段的学习成果转化为成熟的实践模型；二是教师将这种实践性的知识，或者理论知识的实践表达带到共同体，在更大范围中被学习、反思，甚至批判。这个过程中，教师"站在重新分类的门槛"，面临巨大考验。"根据公众的评价和反应，他的实践创新可以让他站在'疯子'和'天才'之间的任何地方。"② 因而，共同体及其外部的文化环境对新事物的包容和支持，极大地影响着教师个体和群体创造力的激发。

第四阶段的学习是知识的"习俗化"，是第 4 象限向第 1 象限的回归。这一阶段是教师学习的第四部分，指教师个体或团队的成果被共同体及其外部环境所共享，成为新的学习资源或实践秩序。直到这一个阶段，学习发展的过程才算是真正完成。外化的实践模型有三种应用方式：一是留作个人专用；二是被某些个体仿效；三是直接或者经过集体修订后成为群体新的行为规范，即以"习俗化"的方式重返第一空间，成为新一轮学习之旅中的学习资源。如果教师学习实践仅停留在外化环节，共同体将会失去重要的学习资源，不利于团队的持续学习和研究。

---

① HARRÉ R. Personal being：a theory for individual psychology ［M］. Mass：Harvard University Press，1983：257.

② HARRÉ R. Personal being：a theory for individual psychology ［M］. Mass：Harvard University Press，1983：257.

据此，研究将学习分为四个阶段：1－2象限，分析（分享、定位，分析与设计），是对理念、思想、要求等的分析和解读；2－3象限，设计与开发（知识的习得与整合）；3－4象限，实践与反思（知识的拓展与凝练，知识的有意义使用），强调理论的实践应用，并在实践中拓展和反思理论；4－1象限，高层次的方法与评价，建立心智模式（或称心智习惯）和范式（或称概念框架）。心智模式包括建立资源库，但不只是建立资源库，更重要的是将学习内容内化为群体共享的理念、理论、方法和追求，并成为评价教育教学的标准。

值得注意的是，罗姆·哈瑞的学习环路模型虽然指明了教师学习过程的阶段和发展方向，但没有关注到学习阶段内部的学习循环。为此，研究参考毛齐明和蔡宏武（2012）的研究，对此做一个细微的修正，如图1－3。这种循环表示学习阶段内部的反复协商、充分讨论、持续探究等，是一种理论假设。这种循环不一定在每一种教师学习类型，或者教师学习的每一个阶段出现。在某一类学习或某一阶段的学习中，若教师的互动程度不够，研究将用虚线标示循环；如果互动较少甚至没有，研究将不会标示出循环，直接用箭头标示学习过程的方向。

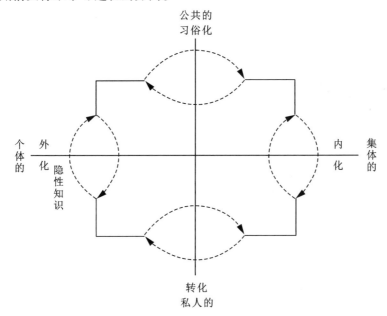

图1－3 Rom Harré 学习环路模型的修正

2. 教师学习过程的分析要素

关于教师学习过程的分析要素，文化历史活动理论的代表人物之一恩格斯托姆（Engeström，2000）认为活动结构包含主体、客体、共同体、工具、规则以及分工六个要素。哈姆内斯（Hammerness，2006）等人提出在社群中学习的模式，这个模式包括愿景、理解、倾向（态度或立场）、实践、工具（共享的知识和资源）。舒尔曼（Shulman，2004）认为教师学习的系统包括三个层次五个方面的内容。三个层次是指个体层次、共同体层次和政策与资源层次，五个方面的内容是指愿景、动机、理解、实践、反思。荷兰教师教育专家科瑟根（Korthagen F A，2009）认为教师学习的研究需要关注环境、行为、能力、信念、专业认同、使命这六个方面。霍本（Hoban，2002）认为教师专业学习系统涵盖教学的概念、反思、共同体、行动、启动者、概念的输入、目标、时间和学生回馈这九个交互作用的内容。朱佳颖（2005）认为探究教师学习的过程可以从学习任务、学习方式、学习途径和学习支援四个方面入手。伊勒瑞斯（Illeris，2007）则结合学习的获得隐喻和参与隐喻，提出包括学习的内容维度、刺激维度、交往维度的三维度模型。

根据文献分析，本研究将教师学习分析所应关注的内容归纳为以下三个方面：（1）学习活动的发起。包括教师学习的研究对象和问题（Darling-Hammond & McLaughlin，1996；Korthagen F A，2009；朱佳颖，2005）；学习活动目标（Engeström，2000；Hoban，2002）；学习活动发起的原因（Shulman & Shulman，2004；Illeris，2007；Korthagen F A，2009）。（2）学习的资源与支持。包括学习的知识起点和前理解（如理论、概念等）（Hoban，2002；Hammerness K，2005；Korthagen F A，2009）；学习的资源，包括共同体内的学习资源、成员的知识分布和外部的人力支援等（Engeström，2000；Shulman & Shulman，2004；Illeris，2007；朱佳颖，2005）。（3）学习的路径与过程。包括学习活动规划、学习任务的设计、学习活动的基本过程（Shulman & Shulman，2004；Hammerness K，2005），以及教师学习的方式（Darling-Hammond & McLaughlin，1996；Hoban，2002；Illeris，2007；Korthagen F A，2009；朱佳颖，2005）。

（二）教师知识的类型与构成要素

作为教师学习的产品，教师知识是评价教师学习和发展情况的重要指标（Hargreaves，1992；Vermunt & Verloop，1999；Joellen Kilion，2007；Illeris，2007）。同时，根据社会文化理论，在持续性的活动再生产循环中，活动的产品不仅是本轮活动的产品，还是下一轮活动的中介工具（或称知识资产）。因此，研究教师知识不仅能关注教师的学习内容，还能识别出专业学习共同体中教师持续学习的关注点。进而，帮助我们理解不同类型专业学习共同体对教师学习和发展的价值，为专业学习共同体的建构和活动设计提供参考。

在教师知识研究中，舒尔曼（Shulman，1986，1987）开辟了一条关注"教师所应该知道的知识"的研究路径。在这一研究路径下，有的研究者关注较少的几类教师知识，提出他们所关注的核心教师知识，比如格罗斯曼（Grossman，1988，1990，1994）、波克（Borko，1996）、帕克（Park，2008）、简红珠（2002）等。有的研究在教师知识类型上做扩展，关注到教育评价的知识和教师的自我知识，比如泰米尔（Tamir，1988）、达林-哈蒙德（Darling-Harmond，2005）、刘清华（2004）等。总体上，已有关于教师知识类型的研究没有超越舒尔曼所提出的七类教师知识的范畴。同时，由于教师知识的不同要素相互关联，很容易存在交叉，而舒尔曼的分类方式较为清晰地区分了不同类型的教师知识。而且，他对教师知识的分类和命名得到多数研究者的认同，在后续研究中影响深远。因此，本研究以舒尔曼对教师知识的分类为基本理论框架。

舒尔曼（Shulman，1986，1987）提出的七类教师知识包括：学科知识、一般教学法知识、课程知识、学科教学法知识、学习者及其特征的知识、教育环境知识，以及关于教育目的、目标、价值及其哲学和历史背景的知识。依据舒尔曼的教师知识分类理论，借鉴格罗斯曼（Grossman，1989）、瑞纳德（Reynolds M C，1989）、波克（Borko，1996）、马云鹏（2008，2011）等人的研究，本研究将一般教学法知识，学习者及其特征的知识，以及关于教育目的、目标、价值及其哲学和历史背景的知识归为一类，命名为教育基本理论知识。由此，本研究将教师知识分为五类，即教育基本理论知识、课程知识、学科知识、学科教学法知识，以及教育环境知识。

1. 学科知识及其基本要素

借鉴格罗斯曼（Grossman，1989）等人对教师学科知识的分类框架，本研究认为教师学科知识包括以下四个方面：（1）教师的学科信念，指教师对学科知识和学科教学的信念。（2）学科内容知识，指学科基本事实、概念和理论。（3）学科知识之间的相互联系，包括知识之间的关系和知识之间建立联系的方式。（4）学科本质，指学科内探究问题和建构知识的方式，也可以说是学科的研究范式。

2. 学科教学法知识及其基本要素

整合舒尔曼（Shulman，1986）、格罗斯曼（Grossman，1990）、马克斯（Marks，1990）、罗兰（Rowland，2005）、帕克（Park，2008）、奥利弗（Oliver，2008）、黑尔（Hlll，2008）等人的研究成果，本研究认为学科教学法知识的要素包括：（1）教师的教学定位，指对特定主题和内容的教学目标和价值的理解。（2）学科知识的内容组织，指教师基于对特定学科内容和相关内容纵横联系的理解，把握教学内容的选择和组织。（3）学生学习的知识，指教师对学生学习特定主题和内容的概念，学生特定内容学习的学习过程、典型理解、学习困难、常见学习错误的知识。（4）教学策略的知识，指教师关于特定主题或内容的教学策略和教学表征的理解与选择。其中，教学策略涵盖的内容较为广泛，包括教学路径、教学活动和教学流程设计，以及主要教学方法的选择等。而教学表征则指教师对特定教学内容的处理方式，比如运用举例、演示、类比等方式向学生呈现教学内容。

3. 教育基本理论知识及其基本要素

本研究中的教育基本理论知识包括舒尔曼教师知识分类中的一般教学法知识、学习者及其特征的知识，以及关于教育目的、目标、价值及教育哲学和历史背景方面的知识。在此基础上，本研究整合泰米尔（Tamir，1988）、梅纳德（Maynard，1989）、波克（Borko，1996）、帕特南（Putnam，1996）等人的研究，认为教育基本理论知识包括：（1）教育目的与价值的知识。这一类知识是教师对"教育为了什么"的思考，它是教师对教育的社会、个人价值的综合理解。（2）学生及其学习的知识。包括关于不同年龄阶段学生的学习能力和学习方式的教育心理学知识，以及关于教学如何适应和支持学生学习的实践操作技能。（3）教学理论与实践的知识。

指教师关于教学理念和取向的知识、教学设计的知识、教学策略的知识等。（4）课堂管理的理论与实践知识。指为了开展教育教学活动，教师如何组织课堂秩序，如何促进学生合作与学习参与，以及在处理课堂事件和对学生行为作出反馈中如何与学生互动的知识。（5）教育评价的知识。指教师关于如何评价课程、教学，以及学生学习的理论和实践知识。

4. 课程知识及其基本要素

整合艾尔贝兹（Elbaz，1981）、格罗斯曼（Grossman，1990）、吉迪斯（Geddis，1993）、郭晓明（2005）、斯拉克（Schielack，2007）、马云鹏（2008）以及布雷佛格（Breyfogle，2010）等人的研究成果，本研究认为教师的课程知识包括三个方面：（1）教师的一般课程知识。教师关于国家课程计划、实施和改革的整体知识能增进教师对于国家课程规划和地方课程实践的方向和要求的整体理解。比如，对国家《基础教育课程改革纲要》《课程标准》等课程文件，地方课程实施文件的理解，以及相关的课程理论与实践的知识等。（2）教师的学科课程知识。主要指具体学科中某主题内容的选择和组织，不同主题内容的组织和联系，以及替代性教学资源的选择与使用等。（3）教师的课程开发理论与实践的知识。如校本课程开发、国家课程再开发，以及基于学校和学生的教育教学需求而设计专题课程等方面的理论和实践知识。

5. 教育环境知识及其基本要素

整合艾尔贝兹（Elbaz，1983）、舒尔曼（Shulman，1987）、梅纳德（Maynard，1989）、格罗斯曼（Grossman，1990）和张丹丹（2015）的研究，本研究认为教师的教育环境知识包括班级、教师团队、学校、学区、国家几个层面。班级层面关注学生的学习水平、社会背景、班级文化等；教师团队层面关注教师的层次和水平、团队领导者及其领导、团队任务及其实践，以及教师群体的亚文化等；学校层面关注领导的管理方式、学校制度及其实践、学校的经济情况，以及学校的文化等；学区层面包括学区的教育定位和规划，学区对学校在评价、资金和政策方面的支持和规约，以及学区在所在省市的地位；国家层面关注国家的教育政策、规划，以及经费投入等。

第二节　研究方法的确定

一、质化研究的取向

"方法"是人的活动法则，是为了达到一定的目的而必须遵循的原则和行为。[①] 研究方法服务于研究问题本身。本研究选择质化研究法主要基于对研究问题的分析。

其一，本研究关注专业学习共同体是如何运行的，教师是如何参与的，教师的学习和发展情况如何，以及为什么会有这样好的或不够好的发展情况。从根本上讲，它旨在描述现状，回答"真实性"的问题。而质化研究在本体论方面关注"现实的形式和本质是什么？事物到底是什么样子？它们是如何运作的？"[②] 这一类"真实的、过程性的问题"。当然，量化研究也回答现况类的问题。但是量化研究长于分析和揭示某一社会现象宏观的、平均的情况，难以关注个体化、过程性的研究资料。而质化研究更为适合研究这一类问题。

其二，研究者对研究问题有基本的认识，但还没有具体的研究假设。目前，关于教师专业学习共同体的研究一般集中在共同体的构建、发展等理论构架方面。有部分研究提及教师专业学习共同体的价值（Hord S M，2008；Dufour & Eaker，1998；Huffman，et al，2008），但是没有明确指出专业学习共同体中的学习能够促进教师哪些方面知识的发展，以及如何促进这些知识的发展。因此，本研究需要收集系统的资料，描述和概括教师在专业学习共同体中的学习过程和成果，而非提出一个关于教师知识发展状况的假设，进而去验证它。这一类研究问题，用质化的研究方法比较适当。

---

① 陈向明. 质的研究方法与社会科学研究［M］. 北京：教育科学出版社，2000：5.
② 陈向明. 质的研究方法与社会科学研究［M］. 北京：教育科学出版社，2000：13.

质化研究中的理论建构走的是归纳的路线，即从资料的分析和归纳中产生假设，然后通过多角度的检验和对比分析将假设逐步论证、充实和系统化。这一过程包括描述和解释两个过程。"描述和解释可视为科学知识结构观点中的两端点。最低层次是不连续的事实；接下来的层次是将事实聚集成群后得到实证性概化；最高层次便是理论，它的功能在于解释概化的情形。前两个层次（事实和实证性概化）的焦点在于描述，然而第三个层次的焦点便在于解释。"① （如图1-4）本研究关注教师在共同体中学习的过程与结果。研究资料收集的第一步就是描述共同体整体的运行过程，教师个体的参与和学习情况，以及教师个体与整体环境的互动等方面的事实。进而，根据研究问题将研究资料分类，并进行实证性概括，最后得出解释性的结论。总体上，质化研究的理论建构路线为本研究提供了收集和分析资料的基本思路。

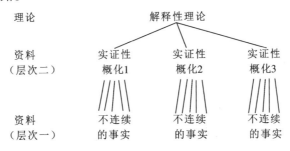

图1-4　科学知识的结构

二、个案研究方法

在质化研究取向下，研究选择个案研究法。为了使"怎么样"和"为什么"之类的问题更富有解释性，研究需要按照时间顺序追溯相互关联的各种事件，并找出它们之间的关系。个案研究适合处理这一类问题。② 在教师学习和知识发展的研究中，共同体中的个人、群体、过程、环节，或者

---

① 庞其．社会科学研究法——量化与质化取向［M］．林世华，陈柏熹，黄宝园，等译．新北：心理出版社，2005：28.

② 罗伯特·K. 殷．案例研究：设计与方法［M］．周海涛，李永贤，张蘅，译．重庆：重庆大学出版社，2004：8.

其他相关资料都被收集、分析，并围绕研究问题组织成相互关联的资料，以形成对共同体"为什么"和"怎么样"促进教师专业发展的理解。即为了充分地理解教师知识在专业学习共同体中的发展状况，选择个案研究方法比较合适。

已有研究也强调运用个案研究法分析教师学习和知识发展。根据波克（Borko，2006）的观点，对教师个体认知变化和群体社会建构的综合研究应该成为今后教师学习研究的方向。只有分析教师在活动参与中研讨的内容，及其所引起的教师观点和实践的变化，才能确认教师学习是否真正发生，以及如何发生。如果采用量化的方法，我们只能调查出教师参与共同体活动的一般方式和态度，难以辨明教师参与的具体情景及其教师观点和行为的实际变化情况。因而，教师知识的相关研究强调对教师学习过程的跟踪，综合应用开放式任务、访谈、观察、录像分析等多种方式考察教师的思考和表现。进而，从知识理解和实践应用的视角反映教师知识的学习情况。总体上，质化的个案研究在本研究中具有较强的适用性。

本研究采用质化的个案研究法，并采用"比较性的嵌入式个案研究设计"。"比较"是指不同性质个案的比较研究。研究根据共同体特征将个案划分为不同类型，进而比较、分析不同类型共同体中的教师学习是否存在差异。"嵌入"是指每个个案存在一级或多级分析单位。本研究的个案包括两级的分析单位——共同体个案和教师个案。其中，共同体个案是系统分析单位，教师个案则是根据需要抽取出来的次级分析单位。

三、研究资料收集的三种方法

研究者应用多种研究方法，收集不同来源的资料，以更为系统而辩证地分析和理解研究问题。

（一）访谈法

访谈法是本研究收集资料的主要方法。透过访谈，研究者可以了解研究对象对相关问题的感知、理解和意义建构（Punch，2009）。为了提高资料收集的丰富性和深刻性，研究综合使用结构性访谈、半结构性访谈和非结构性访谈。在进入现场之前，研究者首先依据研究目的拟定基本框架和研究问题，并对核心问题进行结构性和半结构性访谈。其中，关于共同体的运行和活动组织这一类关于教师学习背景和环境的问题，研究者采取结构性访谈。而对教师学习过程和影响因素的分析，以及对共同体学习的体验、感受和评价，则主要进行半结构性访谈。

为了关注教师参与互动的过程，研究者深入个案共同体，对共同体主要的学习活动进行跟踪研究。在跟踪教师活动参与的基础上，研究者根据研究问题对教师进行访谈，以了解他们的价值观、观点、相互关系、活动参与、交流方式、所思所想等方面的内容。这些访谈不拘泥于研究问题，具有开放性和生成性，属于非结构性访谈。无论是结构性访谈、半结构性访谈，还是开放性访谈，研究者都应尽量保持适当的灵活度和弹性，并尽量引导教师描述过程或进行举例，避免"一问一答"的评价式回应，以真实呈现教师的观察和思考。同时，为了保证研究资料的丰富性和解释的全面性，研究者将访谈与观察所获得的资料相互印证，并请被访教师给予丰富的文本证据。

（二）观察法

观察法是个案研究中常用的资料收集方式。由于研究精力的限制，研究者首先通过访谈了解不同类型共同体的活动开展情况，并选择主要的活动进行跟踪观察。共同体的活动开展有线上和线下两种方式。在线上的活动交流中，研究者主要通过分析共同体学习平台记录的数据以了解教师们的交往情况。而线下的活动观察主要是对活动的跟踪观察。研究者带着问题进入共同体学习活动过程，进行结构性的观察。这种结构性的观察主要应用在活动观察和课堂观察中。活动观察是对教师在共同体活动中的交往互动过程进行观察。观察内容主要包括：一是活动组织，包括组织者、活动议题、相关仪式、讨论过程、活动氛围。二是讨论的内容，主要是对讨论的过程进行录音，转化录音后，分析讨论内容所表征的教师知识类型。三是个案教师的参与过程，包括个案教师的投入程度、参与行为、在活动中的角色、发言。

为了充分了解教师个案的参与情况和关注的内容，研究者在观察后对个案教师进行访谈。内容主要关注讨论有哪些方面引起他（她）的注意，自己的思考是什么，有什么启发。课堂观察是指对教师课堂教学实践的观察。主要关注：其一，教师的教学环节，了解不同教学活动的目的、时间，及其对学科知识的表征方式。其二，教学计划的落实情况，即教师是否按照教学计划进行教学，在哪些方面做了改变。然后，结合这两者分析，共同体中学习和研究的内容是否以及如何落实到课堂教学活动中。

研究还进行了非结构性的观察，以全面理解共同体所在环境对教师学习的影响。这种观察主要是对共同体活动和课堂以外场域的观察。具体包括学校的理念、标语、布置、建筑等学校物质文化；教室环境、教学设备、学生作品、师生交往等班级文化；相关学校会议、办公室交流、教师之间的个别交流、相互听课的情况、学校的学术活动等教师交往活动。为了保证共同体活动的自然状态，研究者基本不参与共同体教师的活动开展和社会互动，并在进入研究场域之前明确研究者的身份和研究目的。同时，在活动开始之前征得"领头者"同意进入场域，熟悉环境并和教师们建立友好与信任的互动关系，尽可能避免对教师的活动产生影响。

（三）文本分析法

文本分析是本研究中重要的研究方法。文本资料包括个人文档、官方文档和大众文化文本（Bogdan & Biklen, 1998）。本研究中的个人文档包括教师的日常教学计划、教案（尤其是课例研究授课教师的几次变更的教学设计）、笔记（研讨笔记、听课笔记与反思），以及教师在访谈中提及的其他资料。官方文档包括两个方面：一是学校文件、政策、规章制度、新闻稿、教研记录、研修成果集等。二是指共同体层面的资料，包括共同体以往的活动记录和成果文件、共同体活动计划，相关规定和文件等。由于共同体的部分活动是在线上开展的，研究收集的文本资料还包括教师在平台任务中上传的成果资料，在自由讨论区的研讨，在 QQ、BBS 等通信软件中的讨论、分享（包括教学计划、教学视频等）等。大众文化文本包括共同体管理部门所发布的有关规定、计划、文件，以及网站上的新闻稿、文章、简报等大众媒体资料。

研究者根据时间的维度梳理文本资料，以了解教师所参与的活动，活动的开展方式，以及教师参与活动的不同阶段和表现，进而有针对性地挖掘更多的相关信息。同时，文本资料还能与其他来源的资料相互印证，提高案例研究的效度。不同层面文本资料的对比分析，可以帮助研究者关注到个体、共同体和外部环境之间的网络关系，以思考不同层面的要求和实践是如何相互支撑，又是如何妥协与平衡的。如果文本资料与观察、访谈资料存在不一致或相冲突的内容，研究者可以进一步探明不一致所反映的问题和原因。

第三节　研究对象的选取

关于研究对象的选取，已有研究者（Stake，1995；Patton，1990）认为个案选择适合采取目标抽样（purposeful sampling）。即通过选择信息丰富的个案，获得更全面的信息，以帮助我们理解研究问题，并得出结论。同时，所选择的个案是否符合研究问题与目的，是否能很好地反映研究问题所针对的特殊类型，极大地影响着个案研究的效度（Yin，1994）。据此，本研究根据研究问题和目标选择能提供丰富信息的个案。

一、教师专业学习共同体个案的选取

为了选择更为适合的共同体个案，研究者梳理共同体的一般特征，分析三类共同体在不同维度的表现（如表 1－1），并以此为依据选择共同体个案。

在确定共同体个案之初，研究者依据共同体类型和特征选取了 18 个共同体，最终确定了 10 个既符合要求也能接纳研究者入场收集资料的共同体。考虑到精力和能力的限制，研究者剔除了 4 个在共同体类型上分布集中，且资料收集难度较大的共同体，最终确定了 6 个共同体个案，每类共同体各 2 个。其中，A、B 共同体属于教学改进型共同体，它们都是学校内部的教研团体，以年级组或学科组的形式存在，服务于教师的日常教学工作。C、D 共同体属于教师发展型共同体，它们都跨越组织的边界，以分散联合的形

式开展学习活动，以提升教师新课程适应能力为目标。E、F属于教学研究型共同体，它们都跨越组织边界（E共同体的教师来自同一学校的不同校区），基于特定的兴趣、领域和关注点而协同开展研究，在理论和实践研究中确定和解决问题。

表1-1 不同类型共同体的一般特征

维度 类型	共同的愿景、 使命与价值	实践参与	协同合作	共享领导权 与支持
教学改进型共同体	服务于日常教学；关注"教"而非"研"	以互动交流和反思性对话为主线，整合其他学习方式	以任务驱动合作	管理以行政控制为主；提供支持性条件
教师发展型共同体	传播新理念、新方法；着眼于教师专业发展	以课程学习，专题研讨，分享学习和研究成果为主线	线上线下混合式研修；以研修规划为本，成员松散联合；参与者跨越组织边界	管理部门发起，但不参与共同体运行；提供必要支持
教学研究型共同体	以某种教育教学理念为基础开展行动研究；关注学生学习	以行动研究为主线，整合其他学习方式	教师参与方式不定；围绕研究课题协同合作；成员来源不定	管理者以专业引领为主；提供支持性条件

二、不同类型共同体中教师个案的选取

由于对教师学习的分析以活动参与为依据，研究者在教师个案的选择上主要考虑教师的不同参与程度。具体而言，由于任务分配和个人意愿等多方面原因，共同体中有领头者、核心参与者和边缘参与者等不同参与程度的教师。他们对共同体实践的态度、需求和投入程度存在差异。为了全面考察教师的学习情况，研究必须关注不同参与程度教师的参与方式和观点。除此之外，与共同体组织和决策有关的人员（包括共同体发起者、校长、其他

教师）也是重要个案。按照这样的取样思路，研究者在每个共同体个案中选择 4~8 名教师个案。为了得到更加丰富的信息，研究者主要选择那些接纳我们的，能够更便利地开展研究的个案。具体的个案选择情况如表 1-2。

表 1-2 共同体和教师个案选择一览表

共同体		教师	性别	教龄	角色
教学改进型共同体	A 数学学科组和年级数学教研组	AD	男	22	学科带头人
		AW	男	25	教研组长
		AH	女	16	一般成员
		AS	男	10	授课教师
		AC	女	8	一般成员
		AL	女	15	一般成员
	B 年级数学教研组	BL	女	25	校长
		BM	女	15	教研组长
		BS	女	12	一般成员
		BX	女	10	一般成员
		BF	男	5	授课教师
		BJ	女	3	一般成员
教师发展型共同体	C 小学数学国培项目	CL	女	25	市教研员、共同体领头者
		CD	男	22	共同体领头者、特级教师
		CX	男	25	协作组长
		CJ	女	18	一般成员
		CT	男	20	一般成员
		CM	女	18	一般成员
		CY	女	15	一般成员
	D 区进修学校	DL	女	35	区教研员
		DM	女	22	校学科带头人
		DH	男	15	一般成员
		DL	女	12	一般成员

（续表）

共同体			教师	性别	教龄	角色
教学研究型共同体	E	校内教学研究团队	EW	女	20	学科带头人、特级教师
			EH	男	18	一般成员
			ES1	女	12	一般成员
			ES2	女	10	一般成员
			EF	女	18	一般成员
			EL	男	15	一般成员
	F	省名师工作室	FW	男	30	共同体领头者、特级教师
			FL	男	10	一般成员
			FH	女	12	一般成员
			FG	女	15	一般成员

第四节　资料的收集、整理与分析

本研究旨在分析专业学习共同体中教师知识学习的过程、成果，以及影响教师知识学习的因素。为了形成对于研究问题的整体而全面的认识，研究整合性地运用访谈、观察、文本分析等方式收集资料，并依据质化研究的分析路径整理研究资料。

一、资料的收集

研究主要通过访谈、观察和文本资料收集来获得相关研究数据。研究者主要开展了三轮访谈（如表1-3）：第一轮是学校领导和共同体领头者访谈。本轮访谈旨在：一是让共同体"守门员"了解本研究的目标、意图，以使研究能够被他们理解和接纳。二是从整体上把握共同体的运行情况。第二轮访谈主要是共同体内教师成员的访谈，主要是了解教师的背景、活动参与情况，及其对共同体学习的评价。第三轮访谈主要是在观察活动之后，针对需要深入了解的问题所开展的访谈。这一类访谈不具有固定的访谈对象和问题。总体上，研究者在每一个共同体个案中选择 4 名以上教师进行访谈。研究者对 6 个共同体中的 33 名教师进行了 40 余次访谈。

表 1 - 3　访谈对象和内容的基本情况介绍

访谈轮次	对象	内容
第一轮访谈	学校领导	共同体的发起背景、发展历史、关键事件，及共同体与学校整体规划和发展的关系，以理解共同体发起的原因和活动的背景
	共同体领头者	共同体的目标定位、运行情况、组织方式、遇到的困难，以及领头者对共同体目标和愿景的理解、对教师学习和发展的理解
第二轮访谈	教师成员	一是教师成员对于共同体的目标和愿景、历史、活动设计和实施等方面的理解；二是教师成员自身的背景，包括学历、教龄、以往参与共同体的经历，对于自身学习和发展的定位和认识；三是参与共同体的经历、理解和评价，包括对于学科教学的理解，参与共同体活动的经历，对共同体活动价值的理解，在共同体活动参与中的收获以及遇到的困难，等等
第三轮访谈	领头者或教师成员	关注研究需要进一步了解的问题

在观察资料收集中，研究者主要是跟进共同体的线下活动。研究者参与了 A 与 B 共同体的 2 个课例研究活动（包括 6 次研讨和 6 次授课）、C 与 D 共同体的 3 次线下集中研修活动（包括 2 次成果发表会和 1 次课例展示活动）、E 共同体的 8 次研讨活动和 1 次联合教研活动以及 F 共同体的 1 次线下授课与研讨活动。在参与观察之前，研究者首先通过领头者了解活动的目的、主要安排等基本情况。在参与观察中，研究者在经过共同体成员同意的情况下，对活动过程全程录音，并记录活动的主要流程、参与教师的表现、互动交流情况，以及意外事件。在参与观察之后，研究者及时向成员了解不明白的情况，以做相关备注。同时，整理观察记录并撰写反思，为资料整理和分析做准备。

在文本资料的收集中，研究者收集线上线下活动的不同文本资料。线下活动的文本资料包括教师在课例研究中不同版本的教学设计、参与研讨笔记；在讲座、课例观摩和成果展示活动中的学习资料和笔记；E、F 共同体教师各自完成的研究成果（文稿和 PPT），研讨笔记，以及共同体以往的活动资料和研究成果集。同时，由于很多活动是在线上展开的，研究也对相关资料进行系统收集。所收集的资料包括两个方面：一是教师发展型共同体的网络课程资源、活动安排，教师上传到网络学习平台的学习笔记、作业、反思，在自由讨论区的话题研讨，以及两位领头者个人工作室的所有内容。二是三类共同体在微信、QQ 群中的研讨记录和日常交流。

二、资料的整理与分析

质化研究的理论建构采用的是归纳的路线，即对原始数据进行由下而上的分析，并在全面把握研究对象的基础上进行解释性的理解。因此，研究者必须首先对资料进行整理，并按照理论分析框架和数据分析思路对资料进行编码整理，再依据研究问题进行整合性分析。

（一）资料的整理与编码

在资料整理阶段，研究者的工作包括以下三个方面：其一，将访谈、观察及相关文件收集所得数据转成文字稿，并添加注释以说明当时的情况和研究者自己的一些看法和思考。其二，按照共同体个案和类型对资料进行分类整理。研究者首先从对共同体个案的单独分析和同类型共同体两个个案的对比分析出发，整体关注共同体的组织运行和教师的活动参与。之后，研究者反复阅读和标注数据资料，依据共同体运行、教师学习、教师知识、共同体学习的影响因素等研究问题，将现有资料进行分类整理，初步理解研究问题，并形成资料分析的基本思路。其三，按照研究问题将相关资料进行分类汇总。研究者从研究问题出发将不同类型共同体中的活动组织和教师参与进行横向归类，了解不同类型共同体中存在的差异，进而整体把握研究对象。

为清晰管理研究资料，研究者根据具体研究问题将资料进行编码。共同体的组织运行和教师的活动参与编码为 P1。共同体中教师学习方面的资料从 P2 开始编码，教师的学习活动编码为 P2.1，教师学习过程和阶段编码为 P2.2。教师在共同体中学习的内容编码为 P3，五类教师知识分别编码为 P3.1、P3.2、P3.3、P3.4、P3.5。教师知识学习的影响因素从 P4 开始编码，教师个人层面的因素编码为 P4.1，共同体层面的因素编码为 P4.2，外部环境层面的因素编码为 P4.3。为了更为开放性地理解相关资料，研究不再对更细节的问题进行编码，只是在相关资料中进行标注，包括资料所反映的问题、资料之间的关系，以及其他的相关问题。

（二）资料的分析

资料分析是对研究资料进行结构化、条理性的组织和整理，并进行意义的建构和解释，最终表达为一个内在联系的意义系统（Mile & Huberman，1994；陈向明，2000）。本研究采用多元案例研究设计，研究视不同共同体个案为独特的教师学习系统，分析个案和所属类型共同体的独特特征。在诠释意义的过程中，研究者强调将资料放回其所在的背景中，理解这些社会行为产生的原因和动机。同时，结合共同体内部资料所反映的"一贯性"和"差异性"特征，描述和解释问题、现象，及其存在的缘由和反映的问题。进而，建构从个案共同体到同一类型共同体内在联系的意义系统。

虽然质性资料的分析没有标准的路径和方式（Patton，1990），但研究者不能凭空对资料进行创造和想象，必须借助于一定的方法论路径和基础理论。李奇曼（Litchman，2006）认为，从原始资料中获取有意义的概念需要经历编码、分类和概念三个步骤，后两个步骤会在编码的过程中逐渐浮现。由此，研究从两个方面进行诠释：一是结合相关问题的理论分析框架对资料进行分类。比如基于教师知识的分类框架对教师学习内容进行分类，根据"学习环路模型"对教师学习的过程和阶段进行分类。进而，在一定理论视角下对相关问题进行诠释。二是通过竞争性解释理解和建构意义。共同体的差异显示出不同类型共同体对于教师学习和发展的价值，这是研究尤为关注的内容。研究依据理论分析框架分析不同类型共同体在相关问题上表现出的"异""同"，并通过对理论分析框架和模型进行丰富、修正，或是具体化解释等方式表达研究的结论和成果，即完成"概念"的建构。

第五节 研究信效度

评价实证性社会研究的质量有四种常用的检验指标：建构效度、内在效度、外在效度、信度。① （见表1-4）建构效度是指在利用具体概念来界定研究目标之后，找到与具体概念匹配的可操作性研究指标。这一指标主要解决研究工具与研究问题的匹配度问题。内在效度关注解释性理论得出的可信性。外在效度关注研究的推论性和可重复性。信度则强调研究的每一步（包括资料收集过程）都具有可重复性。

表1-4 适用于四种检验的各种研究策略

检验	案例研究策略	策略发生的阶段
建构效度	·采用多元的证据来源 ·形成证据链 ·要求证据的主要提供者对案例研究报告草案进行检查、核实	资料收集 资料收集 撰写报告
内在效度	·进行模式匹配 ·尝试进行某种解释 ·分析与之相对立的竞争性解释 ·适用逻辑模型	证据分析
外在效度	·用理论指导单案例研究 ·通过重复、复制的方法进行多案例研究	研究设计 研究设计
信度	·采用案例研究草案 ·建立案例研究资料库	资料收集 资料收集

为了确保研究的信效度，本研究在研究设计，数据的收集、分析、解释中进行多方面考虑，设计了以下研究策略以保证研究的效度和信度。（见

---

① 罗伯·K. 殷. 案例研究：设计与方法 [M]. 周海涛，李永贤，张蘅，译. 重庆：重庆大学出版社，2004：38.

表 1 - 5）

表 1 - 5　本研究的效度、信度检验

检验项目	关注点	本研究的策略
建构效度	研究工具与研究问题的匹配	·对研究问题进行操作性定义，如用教师学习环路模型、教师知识概念框架定义教师学习和发展 ·利用深度访谈、观察法、文件分析法展开研究，保证从多个角度收集数据 ·整体关注教师在共同体交往和个体层面的学习过程，整体理解个案，建立数据之间的联系，以建立证据链 ·研究对象协助查证
内在效度	结论的可信性	·尝试进行解释：从访谈、观察和文件资料中选择相关内容进行推论和归纳分析
外在效度	研究的推论性	·选择典型的样本 ·用成熟的理论指导研究的开展 ·选择多个案例进行对比研究
信度	研究的可靠性	·设计研究草案，规划和记录研究过程 ·建立案例资料库 ·引入外部审核者

　　建构效度在很大程度上决定了案例研究的品质（Yin，1994）。在建构效度方面，为了解教师在共同体中的学习情况，研究用教师知识的概念框架来考察教师的发展。教师知识的学习和发展内涵在教师参与共同体的活动过程中，既有可观察的行为，也有教师内在的心理活动。为此，研究综合运用访谈法、观察法、文件分析法全面收集数据。同时，为了保证数据的丰富性和可信度，研究者在研究工具的设计上做了诸多的考虑。比如，为了系统地了解教师在知识学习上的表现，研究者准备了一个与研究问题有关的访谈提纲，这些问题较少是封闭型问题，而"更多引导教师对一个情节、一种联系和一种解释进行描述"（Stake，1995）。教师对学习和参与情况的复述，更能整体反映事件本身，更具可信度。同时，为了提高建构效度，作者在撰写论文后，会请个案教师检验数据的分析和理解是否真实。

第二章
不同类型专业学习共同体的运行

专业学习共同体是教师群体性地进行知识与意义的协商和建构的学习团队，它不包括行政组织。不同地区、不同组织、不同层次都存在多样的专业学习共同体。要分析教师在不同类型共同体中的学习与发展，研究者需要先对共同体进行分类。在文献研究基础上，研究者首先明确专业学习共同体的内涵和特征，并根据特征的不同维度对共同体进行分类。

第一节　专业学习共同体的基本类型

一、专业学习共同体的内涵

（一）共同体

"共同体"一词，最早是作为社会学的概念由德国学者滕尼斯（Ferdinad Tonnies）在《共同体与社会——纯粹社会学的基本概念》一书中提出来的，被定义为"忠诚的关系和稳定的社会结构"。传统的共同体以地域、血缘和精神（尤其是宗教）为纽带，是自然而然产生的。共同体的建立以成员本能的中意、习惯制约的适应或是与思想有关的共同记忆为基础。而维系现代共同体的是成员的身份认同，包括对共同体的文化、价值、思维方式和行为方式的认同，以及对个体在共同体中的身份变化（对自己在共同体中角色及其变化）的认同。这种身份认同不是自然而然产生的，而是在共同体实践的协商中逐渐形成的。如果共同体实践不能培育、维持成员的身份认同，成员的归属感、参与度将大打折扣。在持续参与中，共同体成员将逐渐被边缘化，甚至离开。

共同体不同于正式的机构或企业组织。共同体只是支持组织实践，或者履行组织部分职能的一个"结构"。它在功能上并不等同于组织的业务实践。如艾斯特里与弗布朗（Astley & Fombrun，1987）、弗布朗（Fombrun，1986，1988）将共同体定义为服务与协调组织实践功能的超结构。从组织形式上看，共同体可以存在于组织内部，也可以跨组织而存在；在联系的紧密性上，它可以是松散耦合的，也可以是紧密关联的，还可以是因为某种目的而共同存在的"场"（DiMaggio and Powell，1983），或者是弗里曼与巴利（Freeman and Barley，1989）从种群生态学的视角提出的直接或者间接相互联系的社会网络。

共同体的存在依赖于"关系理性"的建立。维持共同体发展的理性是超越客观理性和主观理性的"关系理性"[1]。"客观理性"代表着外在于个体的普遍性的、强制性的公共价值尺度。传统社会以"客观理性"为指导，用一种抽象的、普遍的、同质性的价值情感和信仰维系社会整体的秩序。在这种意识形态下，公共和个人没有区别，人通过服务于社会而实现自我。随着个人主义和以个人为中心的行为模式不断发展，个体崇尚以"自我意识"为依据对事物进行判断并做出生活抉择，倡导"主观理性"。这对个体人格独立与自由精神的建立有积极意义。但"主观理性"的膨胀也导致公共精神的丧失，带来一系列严重的社会问题。如因信任缺失，组织的凝聚力差，共同的道德规范和行为准则缺失，社会规范对个人行为的约束越来越宽松，个人"以自我为中心、自恋成性、各行其是"[2]，而影响社会秩序。

"关系理性"充分尊重和保留个人"主观理性"的积极性。"关系理

---

[1]　贺来．"关系理性"与真实的"共同体"［J］．中国社会科学，2015（6）：22．

[2]　保罗·霍普．个人主义时代之共同体重建［M］．沈毅，译．杭州：浙江大学出版社，2009：34．

性"强调克服"主观理性"的封闭性和孤立性，在"个人"与"他人"之间建立联系。既承认个人的自由人格，同时又为生成人与人之间的"共同感"提供可能性。① "关系理性"一方面体现为群体"公共精神"的建设。公共精神是一种对待他人的基本观点和态度。这里的"他人"不仅仅是指家人或朋友，还指邻居、同事、陌生人。公共精神表现为"每一个人都承认并尊重其他人的自由"②，并"不计得失，为了他人的自由能随时准备参与更多的地方性活动"。③ 另一方面体现为群体中个体的相互依赖。人生活在一定的社会环境中，是关系中的个体。个体的独立是有依附性的，与我们生活的环境和世界融为一体。复杂系统论指出，人生活在一个或多个相互交织的、开放的、自组织的复杂系统中，系统中的个体与他人是一种"共在"与"共生"的关系。自我的存在应当从"自我"与"他人"的关系中去理解和解释。即"在推进个人自由发展的同时，促进人们之间的团结与联合，通过人们之间的自由交往、相互承认，推动真实的共同体的生成"。④ 总体上，"关系理性"不是要求建立传统社会同质化、普遍性的道德规范，而是建立一种对共同生活世界的归属感、认同感、责任感和承诺感，人与人之间相互依赖与信任而不是彼此疏离。

（二）专业学习共同体

学习共同体是这样一群人，他们基于某种共同的兴趣和问题聚集在一起，共同学习、分享实践经验，提升实践能力，并改进实践成效。学习共同体的概念衍生于学习型组织的概念。彼得·圣吉在《第五项修炼》中强调建立一种导向学习而非控制机制的学习型组织，以帮助我们适应复杂、相互依赖，又不断变化的社会。他倡导的观念和范式在教育领域中被称为专业学习共同体。从总体上看，教育领域中对专业学习共同体的定义有两

---

① 贺来."关系理性"与真实的"共同体"[J].中国社会科学，2015（6）：30.

② 古尔德.马克思的社会本体论：马克思社会实在理论中的个性和共同体 [M].王虎学，译.北京：北京师范大学出版社，2009：143.

③ 保罗·霍普.个人主义时代之共同体重建 [M].沈毅，译.杭州：浙江大学出版社，2009：7.

④ 埃德加·莫兰.社会学思考 [M].闫素伟，译.上海：上海人民出版社，2001：35.

类：一类是将学校作为专业学习共同体，另一类是将教师团队作为专业学习共同体。

　　将学校作为专业学习共同体，是强调通过学校文化的重建，建设一个学习型组织。在阐述教育理想和表达基于学校的课程改革实践中，相关研究者强调将学校改造为学习型组织，以共同体的理念来建构学校，进而将学校等社会组织与共同体概念并列起来。比如富兰（Fullan，2001）就指出，有效率的学校需要建立专业的合作文化，将学校发展为一个专业学习共同体。瑟修（Seashore，2003）等人也提出，用专业学习共同体这个名词，意在说明我们的关注点不只是教师具体的分享行为，而是在学校范围内建设一种文化，使协作成为预期的行为，而且是具有包容性的、持续的反思性实践，以提升学生的学习成效。可以看出，将学校作为专业学习共同体，强调革新学校文化，并将学校作为帮助教师改进教学实践的场所。

　　将教师团队作为专业学习共同体，强调教师之间基于教学实践的专业学习，以实现知识创新和实践改进。与正式的社会组织不同，专业学习共同体在相关研究中被称为一种在组织内部或跨越组织边界实现知识创新和个人发展的社会结构（Brown & Duguid，1991，1998；Wenger，1998，2002）。它不是社会组织，也不能代替社会组织。它们的区别在于，专业学习共同体着眼于知识，而社会组织着眼于任务。虽然专业学习共同体和学习型组织都强调组织学习和实践革新，但专业学习共同体研究的关注点在于知识在实践中的协同构建，以及学习者在共同体中的身份认同和身份变化。① 无论专业学习共同体是处于组织内部还是跨组织边界，其目的都在于促进知识的分享与创造，从而克服知识高度复杂所带来的认知性失败（Grandori，2001）。② 这种以知识分享和创新为着眼点的社会结构的实践需要组织的支持，但它也反过来提升组织中个体和团队的实践效能。即它能

---

　　① 赵健. 学习共同体——关于学习的社会文化分析［M］. 上海：华东师范大学出版社，2006：5 - 6.

　　② 王雎. 知识共同体：基于巨群知识创新的研究［D］. 成都：西南财经大学，2008：30 - 31.

服务于社会组织的发展，但其本身并不是社会组织。

在教师学习领域，专业学习共同体这一概念是霍德（Hord，1997）提出的，她强调领导者的授权与支持，以及团队成员在共享的价值和愿景下的协同学习与实践。在之后的研究中，多数研究者都强调专业学习共同体作为学习者的团队而存在。本研究也认为专业学习共同体是教师团队，学校或其他行政机构作为环境或背景主要起支持和保障的作用。

二、专业学习共同体的特征

国内外研究者在有效的专业学习共同体的特征方面达成了基本的共识。基于文献分析，本研究认为有效的专业学习共同体的特征主要体现在四个方面，即共享的愿景、使命和价值（目标和信念），实践参与（过程），协同合作（结构），分享的领导权与支持（支持条件）。研究者的观点及分布如表2-1所示：

表2-1　学者们对教师专业学习共同体特征的理解

研究者	共享的愿景、使命和价值	实践参与	协同合作	分享的领导权与支持
Kruse 等（1993，2006）	共同愿景与价值；关注学生学习	反省性对话；实践公开化	合作；社会和人力资源	结构和条件；教师授权和学校自治
Defour，Eaker（1998，2010）	共同愿景、使命和价值；关注学生学习	集体探究；行动研究与实验；持续改进；结果导向	合作团体与合作文化	
McLaughlin & Talbert（1993）	发展紧密联系的共同体的愿景和承诺	教学活动中的相互依存；支持和鼓励交流的结构		时间和空间；关注共同体的发展，并通过文化符号和活动更新共同体
Hord（1997，2004）	共享的价值和愿景	协同学习与应用学习成果；共享个人实践		支持性条件；共享领导权与支持

（续表）

研究者	共享的愿景、使命和价值	实践参与	协同合作	分享的领导权与支持
Westheimer J（1999）	共享的信念和理解	交往和参与；相互依存；尊重不同的观点	有意义的相互关系	
Murphy & Lick（2004）	学生第一	个体参与；实践公开化	共同责任	共享领导权
Huffman 等（2008）	共同价值与愿景	合作学习与应用学习成果；分享个人实践	关系与结构	共享领导权与支持；其他支持
Desimone L M（2009）	共同关注的内容	主动学习；与教学实践的一致性；活动的持续性	共同的参与	
Jennifer 等（2011）	共享的信念、价值与愿景	集体学习；同伴分享	支持性的团队结构；支持性的关系	共享领导权与支持
Vrieling E 等（2016）	领域与建构的价值	着眼于教学实践	集体认同；团队组织	

（一）共享的愿景、使命和价值

共享的愿景、使命和价值是共同体存在的前提，它是共同体成员的"共同事业"，代表共同的目标、关注点和问题领域等。它解释了共同体存在的缘由和活动方向，是评价共同体实践过程和成果的核心标准。主要包括两方面的内容：

1. 领域和兴趣

共同体成员往往是"因为某种兴趣或对某个知识领域的关注而聚集在一起"（Wenger，1998）。对共同体成员而言，这种共享的兴趣和领域"创造出共同点和共同身份的感觉"，是群体成员之间"深层次相似性"的基础（Van Emmerik，Jawahar，Schreurs，et al，2011），是教师参与共同体实践的内在动力。而且，"一个明确的领域阐明了共同体的目的，以及它对成员和其他人的价值，赋予他们的行动以意义，进而鼓舞成员们积极参与，作出贡献"。在基于领域和问题的学习交流中，成员"了解领域的范围和前沿研究和实践的现状，准确地决定哪些东西值得分享，怎样提出想法，追踪哪些活动，并认识到试探性或不完整的想法的潜力"。① 这种基于领域以协商提炼问题的过程，是共同体成员了解问题来源，理解共同体实践的价值，并对共同体产生认同的过程。

2. 共享的价值和愿景

共享的价值和愿景也可以理解为共同体成员共享的观点和目标。斯科尔（Scherer，1972）指出，一些核心的要素在任何共同体中都需要，即拥有共同观点、理解，以及对价值的认同。路易斯及其同事（Louis, et al, 1995）认为共享的价值为"共享的、集体的决策制定"提供了框架。② 在实践中，共同体的价值和愿景是共同体成员协商达成的"共识"，或是共同体成员要努力争取的"成就"，是形成和维系共同体的根本缘由。滕尼斯认为维系昔日共同体的是共同体成员本身的同质性。这种同质性源于天然的文化认同孕育的"共有的理解"。这种理解作为共同体成员内在的判断标准和标杆先于所有的一致和分歧，"人们借此得以保持根本性的团结"。而维系现代共同体的"共同的事业"不是"共同的理解"，而是需要经过协商和妥协而达成的"共识"。

共享的价值和愿景建立在对学生学习的理解基础之上。教师专业实践中的决策和选择旨在为学生学习提供持续的帮助和支持。因而，持续关注学生学习是专业学习共同体的核心特征之一。共同体的实践必须有旨在提升学生学习成就的规则、信念和价值，并创建学习环境以回应和支持学生的学业发展。这种观点得到大多数研究者的认同。如霍德（Hord，2004）认为，专业学习共同体中有一个坚定不移的重点，即关注所有学生的学习。同时，这种对于学生学习关注，不是浅表化地分析学生的问题，而是深入探索学生学习中原因和结果的关系，探索如何改变学生学习以积极影响学生的学习成就。

---

① 温格，等. 实践社团：学习型组织知识管理指南［M］. 边婧，译. 北京：机械工业出版社，2003：23.

② LOUISE S, RAY B, AGNES M, et al. Professional learning community: a review of the literature［J］. Journal of educational change, 2006, 7（4）：226 – 227.

（二）实践参与

"学习即实践参与"是共同体中教师学习的基本隐喻。教师实践参与的过程是共同体成员互动交流与反思性对话、分享个人实践、行动研究与实验，以及结果检视的综合过程。它包括：

1. 互动交流和反思性对话

教师之间的交流和对话是对教学实践和学生学习的反思和检核，能够促进教师知识的分享和再构。通过参与反思性的对话，教师成为关注自己实践的学习者，不断检视自己的实践水平和实践背后的假设。在聆听中，教师通过对新观点的思考以整合或改变旧观点。新手、新成员，或者是外部参与者的观点或疑问往往能将实践带入一个新的认识框架。因此，在分享和交流的过程中，对不同个体、不同角度的观点，尤其是差异性观点的思考非常重要。总体上，基于实践的反思性对话，是一系列关于教育问题、问题解决，以及新知识应用的持续讨论（Louis，et al，1995）。而对话的结果是共同体核心信念、规则和价值在个体和集体实践层面的发展。

2. 分享个人实践

分享个人实践是教师将自己的实践过程公开，供大家分享和交流。分享个人实践能达成两个方面的目的：一是检视个体教学。即透过课堂教学观察，对教师的教学决策和行为，以及学生学习和作业进行公开的分析、指导和评价。在共同体中，同伴之间公开教学实践，共同回顾与反思是常态。在为同伴提供援助时，教师充当导师、顾问或专家，同时也分享信息。二是确定研究问题。共同体的实践需要"根植于教学实践"，关注教学中共同存在的问题。共同体通过共同的观察和案例分析检视教师的实践，确定实践问题并制订研究计划。分享个人实践是促进知识分享和共同体研究持续开展的必要条件。当然，公开教学实践需要精心准备，需要教师付出极大的努力。但共同体中必须有崇尚努力工作，接受挑战性任务，承担风险，以及致力于发展的文化。只有这样，共同体成员才能改进实践并实现发展。

3. 行动研究与实验

为了学生的发展，教师要像专家一样持续地探索和分享经验，并在深化认识的基础上制定问题解决方案。这个理念与斯滕豪斯的"教师即研究者"和舍恩的"反思性实践者"理念类似。在研究中，斯托尔等人（Stoll

L，et al，2003）把反思性专业探究作为共同体实践的一个有机组成部分，包括针对教育问题进行持续交谈，和同事频繁检查实践活动，相互观察，合作进行课程开发。杜福尔等人（Defour，et al，2010）也认为共同思考、形成信念、制订计划、协同行动，以及结果验证的循环是教师学习的历程，即使失败也是重要的学习过程。由于教师的转变需要透过观点的采纳和内化而形成心理定势或思维倾向，集体探究是教师学习与发展的动力。在以行动研究与实验为形式的集体探究中，成员把个人的缄默知识转换成共享的知识，把新的观点和信息应用于问题解决过程，以提升实践能力并满足学生学习需要。

4. 持续的探究与发展

持续的探究与发展包括两个方面的意义：一是研究内容和活动过程的持续性。在研究内容方面，共同体研究植根于教师的日常教学实践。教师团队会不断反思、分享实践问题，并提出具体的研究问题。这些问题为共同体实践提供持续的研究领域。在活动过程方面，以行动研究和实验为主要活动方式的共同体，要求成员在持续不断的周期性循环中从事以下的工作：收集现有学生学习水平的数据，为解决学习问题而不断探索观念和策略，分析其有效性并在后续实践中应用。二是教师发展的持续性。包括教师身份的持续发展和知识的持续发展两个方面，这两者是相互结合的。持续不断的相互支持指共同体成员在实践参与中协商建构知识和经验，促成共同体的发展和个体身份的不断确认。"知识"的"获得"和"再建构"的认识论观点描述了教师知识的发展过程。而共同体的"识知"描述了成员作为一个"引领者""话语保持者"或"边缘性学习者"，个体或群体性地参与实践，提升实践能力，并改变自己的身份认同。

（三）协同合作

专业学习共同体的实践需要建构合作模式。这种合作模式主要关注以下方面：

1. 共同体的组织与交往结构

共同体的组织与交往结构描述了交往方式和交往规范。其中，交往方式指成员之间聚集的形式与借助的工具。共同体需要确定活动常规，并搭建支持成员交流的时空和平台，使得教师之间的交流成为可能。交往规范形成于共同体活动过程中，它关注自我管理和共享的交往互惠两个方面。"自我管理"说明了成员对于群体学习的责任、贡献，以及学习参与的投入程度。而"共享的交往互惠"则是指成员在共同体参与中的互动交流和相互支持。因为共同体的知识资产是分布性地内涵于成员身上的，成员的异质性是学习和知识创生的本源。在交流过程中，缄默知识才能转化为共享的知识（Fullan，2001），并在协同建构中寻求新的知识（Hord，2004）。在共同体中，每一个人对他人和共同体的实践都是重要的，如若缺乏充分的交流和相互的支持，个体发展和共同体知识建构的目标都难以实现。

2. 合作文化

根据文献分析，共同体的合作文化主要体现在：

（1）集体责任。集体责任意味着所有教师为学生的学术成就、共同体成员的教学进步和发展负责（Kruse et al，1993）。一方面共同体成员对学生的学习成就有共同的责任（King & Newmann，2001；Kruse，Louis & Bryk，1995；Leithwood & Louis，1998）。这种集体责任有利于维持投入的承诺，给予那些没有承担共同任务和积极投入的同伴以压力，并在活动过程中逐步将他们隔离（Newmann & Wehlage，1995；Louise，et al，2006）。另一方面共同体成员对同伴表现有共同责任。在共同责任的承担中，个人问责制和积极的相互依赖的平衡非常重要（Hornby，2009）。个体责任涉及对成员个体表现的评价与反馈。同时，教师之间在教学方面有责任相互帮助，成为额外任务的志愿者（Little，1990）。为了强化对同伴表现的集体责任，学校需要在教学、学生学习方面表现设立标准（Louise，et al，2006），并增加对管理、组织架构，以及学校运作评估领域的问责（Darling-Hammond & Snyder，1992）。

（2）集体认同。集体认同是一种将团队成员紧密联系的团队意识，主要指个体对于团队共享内容和成员之间相似性的认同程度。群体认同形成于共同体的实践过程中。根据相关研究成果（Vrieling E，2016），本研究主要关注以下几个方面：一是分享决策权和领导权。分享决策权和领导权是指，共同体实践有必要保证成员对活动进程和方向的共同决定权，而不是由某一个人掌控所有（Akkerman，Petter & De Laat，2008）。二是对共同目标及其实践的认同。共同体实践的目标包括个体目标和共同目标。个体目标和共同目标不一定相同。但是，在长期的共同实践中，成员会在方向和问题上变得更加一致。从而使得个体的发展目标在很大程度上就反映了集体目标（Meirink，Imants，Meijer & Verloop，2010）。通过这种方式，群体创造共享价值的能力得到发展。三是尊重、信任与相互依存。尊重涉及对他人专业知识的敬重，而信任表现为成员对他人和共同体实践的信心，相互依存是成员在学习研究过程中的互惠性影响。没有尊重，个体的观点和差异性的观点不会得到关注，对于群体实践的批判性思考就难以被接纳。没有信任，个体就不会相信他人会积极投入共同的实践，自己也不会付出努力。而没有相互依存，单凭一个人或几个人主导，共同体实践就不能通过共享知识与技能，利用复杂而又模糊的数据构建共享的理解，实现个人和集体的价值创造（Louis，Karen Seashore，1993）。

3. 社会和人力资源基础

社会和人力资源基础反映共同体成员的知识结构和能力水平，及其能否支撑高水平的个体和群体学习。共同体的知识资产内涵在成员身上。如果教师团队整体的认知基础比较差，知识类型和思维方式同质性比较强，那么团队就难以批判和反思习以为常的实践，很难突破现有的水平。而在有较强认知基础的学校中，共同体成员能协同研究和实践，接纳和思考新的观点，反思和探究教学问题（Brown & Duguid，1991）。最终，教师团队能构建更丰富的知识，以解决更复杂的问题。当前，共同体构建强调多元化的人员组成，尤其是领域内高水平专家和相关人员的介入。这种策略能为共同体的学习和实践带来新的观点、思路和挑战。同时，为了使得群体能对日常教学实践进行反思，个体化和差异性的观点需要被关注。

（四）共享领导权和支持

共享领导权和支持关注共同体存在和发展的环境，强调学校或其他外部环境的结构性和政策性支持。本研究关注以下方面：

1. 教师授权

教师授权是管理层分享领导权的一种表现，它给予共同体自主发展的空间。纽曼（Newman，1991）认为教师授权即给予教师对个人工作更多的自主权、评价权和控制权。得到授权后，教师就有更加强烈的自控感和对学生学习质量的责任意识。这就意味着教师无论是独立工作，还是作为一个团队协同合作，他们都被允许采取对他们的实践而言独特而有意义的行动。在这种政策空间下，教师个体和共同体能够自由独立地关注和研究学生的学习和发展需要，并将研究成果整合进日常教学实践中。

2. 学校的支持性领导

支持性领导的行为包括：一是肯定共同愿景并表达对愿景实践的期望。学校领导需要和共同体互动以传播愿景，并在学校范围内建立起支持共同体学习的环境和氛围（Caldwell & Spinks，1992）。通过这种方式，领导层面的价值观和假设在成员中传达（Staessens，1991），教师也会注意到这些方面是学校最为关心的问题，并开展相关的研究和实践。同时，教师在交流过程中的反馈也能够帮助校长或者其他领导者做出适当的调适。这种交流对于那些关注课堂教学改革的校长来说非常重要。二是基于愿景建立内部的评价标准。在实践过程中，共同体内部能根据愿景形成教育教学的"内部质量"意识。领导者也承诺在影响力范围内，以"内部质量"为基础建立评价标准（Angle & Perry，1983；Vandenberghe & Staessens，1991）。三是以专业引领代替行政控制。学校的管理可以分为专业引领和行政控制（Kruse，Sharon D，1993）。行政控制是一种以规则、条例和分工为基础的组织控制模式，它强调标准和统一性。而专业引领根据对相关工作的专业化假设，用规范、信仰和价值观所构建的社会控制机制来调控成员的实践。这种领导模式适应性更强，能给予共同体实践更为自由的空间。

3. 学校的支持性环境条件

从文献研究来看，学校的支持性环境条件包括固定的时间安排、地点的相互接近、对改革和发展抱有开放的态度3个方面。（1）固定时间安排便于成员聚集在一起交流和研究。周期性的实践不能临时加到已经很忙碌的学校日程中，它必须进入学校的正式日程，以聚集同学科或同年级的教师思考课程与教学问题。（2）地点上相互接近便于成员随时随地沟通交流。它不只是物理环境上的相互接近，或者有一个固定的会议场所。当然，共同体成员办公地点的相互接近，能极大地支持团队成员的学习和分享。随着信息技术的发展，线上线下结合的混合式学习被广泛关注和应用。这扩展了教师学习的空间和时间，使得远距离和跨组织的共同体建设成为可能。（3）对改革和发展抱有开放的态度是指共同体外部组织所具有的接受革新和包容失败的文化。如果重要的改革要持续开展，冒险必须要被支持（Louis，1992）。如果教师开始理解自己的教学，尝试所倡导的变革，并反映在他们的实践中，就必然会遇到困顿甚至失败。学校环境必须对这种必然的风险表示宽容和接纳，并积极探索支持教师个体或者团队从失败中学习的结构和方式。只有这样，教师和团队才能直面问题，真正投入到理解、研究和改革教学的实践中。

三、专业学习共同体的类型

在共同体类型的相关研究中，温格（Wenger，1983）认为共同体有多种类型：大型的或小型的；长期存在的或短期存在的；集中的或分散的；同类的或不同种类的；内部的或跨部门的（业务单元内部的、跨业务单元的、跨组织边界的）；自发形成的或有意规划的；等等。麦克劳林和塔尔伯特（McLaughlin & Talbert，1993）区分了学校层面以学科部门为基础的共同体，区域层面的共同体和州层面的共同体。王彦飞和宋婷（2010）从不同的维度将专业学习共同体分为校本教师共同体和校际教师共同体，教师学习共同体和教师实践共同体，虚拟教师共同体和非虚拟教师共同体。这些分类方式从共同体的持续时间、成员来源（是否跨组织部门）、参与意愿（主动或强制）、学习方式（线上或线下）等维度来划分共同体的类型。研究者认为这些分类标准只是共同体的组织形式特征，不是共同体的核心特征。

研究者进一步关注实践中的共同体的特征和运行情况。研究者从多种渠道收集共同体的相关信息：一是查阅文献资料，以了解研究者们所关注的共同体案例。二是通过网络搜索、咨询一线教师和教育研究者，请他们介绍关于共同体的信息。三是参加学术会议，如参加中国教师报和吉林省教育学院主办、东北师范大学附属中学承办的名师工作室建设博览会。通过调研，研究者发现共同体存在于学校、区域和跨区域不同层面。

学校层面的共同体有教研组、学科合作研究组、课程开发小组、跨学科合作小组、教育研究组织、学校首席工作室、学科代表群、级组长群等；区域层面的共同体有区县、片区和学校的联动教研组、城乡合作共同体、职初教师培训项目、区域课题研究小组、名师工作室、市教师联盟、优秀青年教师成长工作站等；跨区域的共同体有新教材学习小组、学科教师群、教师培训项目、教师成长工作室、教师学习社团（如知行社）、名师工作站等。同一层面的共同体在功能定位和服务目标上存在差异，比如学校层面的教研组服务于教师的日常教学实践，而课程开发小组和跨学科合作小组则强调跳出学校日常教学的传统，倡导教师作为"研究者"开发课程或研究教育教学问题。

根据研究者的分析，共同体一般特征表现在共同体的功能定位（愿景、使命与价值），实践参与、协同合作、共享领导权与支持四个方面。这四个特征可以进一步概括为共同体的功能定位（愿景、使命与价值）和活动组织（实践参与、协同合作、共享领导权与支持）两个方面。其中，共同体的功能定位作为共同体存在的缘由、依据和前提，以及共同体实践及其成果评价的核心标准，决定了共同体的活动组织（实践参与、协同合作、共享领导权与支持）。据此，研究者根据共同体功能定位的不同，对实践中的共同体进行分析。根据前文的分析，共同体的功能定位可以具体化为"领域与兴趣"和"价值与愿景"两个方面。根据这两个方面的内容，研究者对实践中的共同体进行分析，并将不同共同体划分为教学改进型共同体、教师发展型共同体和教学研究型共同体三种类型。

（一）教学改进型共同体的活动类型与特征

教学改进型共同体以教师的"教"为核心关注点，通过丰富教师教学经验和策略以改进教学，如教研组、城乡合作共同体、学科教师群。这一类共同体在"领域和兴趣"方面关注学科教学中的所有内容并强调日常教学经验分享；在"价值和愿景"方面一般不存在"核心理念和共识"。在已有研究中，教学改进型共同体主要是指以校为本的教学共同体，如学校的教研组（或备课组）。教研组是仿照苏联建立的教学研究组织，其主要任务为讨论及确定教学进度，研究教学内容和方法。在当前的学校管理中，它和年级组在功能上是相互补充的。年级组一般承担基层教学管理工作，教研组（或学科备课组）承担教学研究的任务。这一类共同体在研究和实践中存在两种趋向：

（1）教研组关注"教"而非"研"。学校设立教研组的主要目的是研究学科教学。在实践中一般表现为校内同学科教师组成的学科组和同年级同学科教师组成的备课组。其主要任务是制订和落实"学年、学期和每周的备课和教学计划，统一和规范教学的要求、进度、作业练习等；鼓励教师定期参与其他教师的课堂听课与评课，促进教师的相互观摩交流；安排新老教师'帮、教、带'师徒合作等"。① 还有一些事务性的工作，如落实和总结学期教学计划、检查教案、试卷出题和批改，以及利用考试结果分析教学质量等。

教研组的教学研究活动主题大多较为分散，缺乏研究性。表现为"研究"缺乏主题性，深度不够，教师之间的交流多为经验分享，缺乏真正的合作。已有研究（赵庚新，2001；苏鸿，2003；白柄春，2003；丁钢，2005；彭菁，2007；刘明华，王必闩，2008；等）指出了教研组存在组织行政化，内容单一且随意，教而不研，经验教师主导与合作文化缺失，以及教学经验化等方面的弊端。在实践中，多数老师也普遍认可教研组在"教学"而非"研究"上的功能。如胡艳（2013）发现，教师认为教研组的功能在于组织集体备课、组织听评课和考试作业分析等常规研修活动，而非课题研究、教师培训、课程开发等研究活动。②

（2）从专业学习共同体的视角寻求教研组改革。单志艳（2014）认为教研组就是在组织形式、职能定位和文化生态等方面有中国本土化特色的专业学习共同体。但它还存在一定的缺陷，如缺乏自主、平等和合作型的教师文化，教学和研究缺乏有效的结合。为此，相关研究强调在现有的体制下改革教研组的实践模式，将其建设为教师专业学习共同体。李继良（2003）提出建立以课题研究为核心的弹性教研组织；杨炎轩（2008）从组织结构理论的视角提出教研组应该从部门向团队转型；夏勇（2015）介绍

---

① 杨超. 促进教师有效合作的研究——美国教师同伴指导和我国教师教研组活动的分析与比较 [D]. 上海：上海师范大学，2006：25.
② 胡艳. 专业学习共同体视角下的教研组建设——以北京市某区中学教研组为例 [J]. 教育研究，2013（10）：37－42.

了袍江中学"问题即课题—分析即科研—解决即成果"的实践路径，以及以课题研究为轴心深化校本教研的经验。也有研究尝试在现有的体制下补充建设其他教师专业学习共同体。如上海市打虎山路第一小学除保留原有的年级组与教研组，还新增了一些专业组织，包括青年教师专业发展小组、学科教师合作研讨小组、学科代表群体、级组长组织。①

作为教学改进型共同体的教研组存在如下特征：在共享的愿景与价值方面，共同体强调分享教学经验以改进教学。关注学生学习是共同体实践的核心指向，但教研组这种教学改进型共同体主要关注"教师的教"，而"学生学习"和"教与学的关系"通常是附带的内容。在协同合作方面，学校一般有常规的活动时间，也有较为成熟的集体备课制度，包括日常研讨和系统研课两类。日常研讨即单元备课和办公室里的非正式性分享，讨论的内容包括教学目标、内容、方法、教学环节设计、课堂管理，以及教学反思等。系统研课有整体提高模式和个案辅导模式两种模式。② 在支持性领导方面，学校会在学年或者学期初发布教研组活动的基本规划，并为教研组活动安排固定的时间。在持续性的交流分享中，教研组成员形成和发展为什么教、教什么、如何教、如何评价等方面的认知和实践。

（二）教师发展型共同体的活动类型与特征

教师发展型共同体以特定背景和需求下的教师培训为关注点，通过明确的任务和活动规划来促进教师专业发展，如教师发展联盟、教师培训项目等。这一类共同体在"领域和兴趣"方面关注传播课程改革的新理念、新方法和新要求；在"价值与愿景"方面则关注对新理念、新方法的理论学习和实践策略的推介。在已有研究中，教师发展型共同体主要指区域内教育行政部门牵头组织和构建的跨学校或跨学区的教师专业学习形式。它以区域为主体落实，组织者可能是当地教育行政部门，也可能是大学与不同级别教育行政部门的结合。

区域教师培训一般关注以下两个方面的内容：一是传播新理念，推广

① 胡惠闵. 教师专业发展背景下的学校教研组 [J]. 全球教育展望，2005（7）：23.
② 单志艳. 走向中国特色教师专业学习共同体的教研组变革 [J]. 教育研究，2014（10）：86-90.

新方法。比如在新课程实施的背景下，新的教育教学思想、新课标、新教材的落实都需要对教师进行培训；或者区域行政部门加强外部合作，学习其他优质学区、学校的新思想和新方法，并与外部学习资源合作探索这些教育思想和方法的课堂教学实践；更普遍的是，学区内教育教学研究新成果的集中展示和推广。二是通过专题研讨集中解决区域内教师学习和教学实践中存在的问题。学区教研员及其他专家学者，针对区域教师教学中存在的问题做专题培训，并主要表现为不同层次和类别教师的在职培训。这类培训一般着眼于某一个点和内容，缺乏系统性和可持续性。由于培训时间短，活动零散，且对培训后的教师实践缺乏跟踪、反馈，培训效果常常受到质疑。有研究指出，多数老师只是被动参与区域培训，仅有21%的教师认为自己是区域教师学习研修的主体；仅有26%的教师认为其有利于教师专业发展；23%的教师认为有积极意义；14%的教师认为可有可无、意义不大；甚至有7%的教师认为是形式主义，增加了教师的负担。①

基于对"散点式培训"的反思，许多区域继承教师培训关注教师素养综合提升和引进新思想、新方法的优点，重新整合教师学习的内容、方式和组织形式，在区域范围内搭建一个支持不同教师持续学习的专业发展平台，即建设区域教师学习共同体。在组织方式上，一般通过区域联合实现联动教研。周红（2014）、李开春（2015）等的研究都强调教育行政部门牵头实现区县、片区和学校的联动教研，实现强弱校、城乡学校的互动交流，发挥骨干教师的辐射作用，解决学校间优质教师资源不均衡的问题。同时，他们还支持中青年教师基于学科、兴趣、项目的学习，突破个人发展中的瓶颈，实现教师个人、学校和学区教育的健康发展。在研究中，这类共同体的实践呈现如下特征：

（1）在研修内容上，着眼于教师的素养发展系统设计研修主题和活动。顾志跃（2007），吴佩国（2008），杨彦军、郭绍青、童慧（2011），李燕玲（2012），丁丹丹（2014）在研究中提到，区域教师共同体的学习平台上既有预先设定的课程（如以学科教学理念＋教学基本技能、学科思想方法、师德与教育法规、教育心理学、教师行动研究方法、教育问题研究等为主

---

① 李开春.区域教师学习共同体研修策略的实践研究［D］.南京：南京师范大学，2015：23.

要内容的专题讲座）和相关的学习资源，也有专题研究（如关于教学与学习的课题研究，一定主题下的课例研究）、主题互动教研（主题阅读沙龙，教学案例的分享、问题诊断、建言献策）、教师个人空间（上传优秀案例，网络日志，教学思想叙事，教学活动叙事等，结合同伴评价、教研员评价和自我评价，为教师搭建展示自我与反思、改进教学的平台）、答疑解惑和谈天说地等。区域教师培训者致力于借助系统的学习内容，促进教师素养的综合发展。

（2）在项目类型上，针对不同层次、不同需求的教师建设不同类型的共同体。吴佩国（2008）、李燕玲（2012）在研究中强调通过分类课程设计，满足不同层次教师的发展需求。吴佩国（2008）在研究中介绍了适应不同教师需要的"新生代学科教师共同体""青年备课小组共同体""名优教师共同体"。李燕玲（2012）在研究中具体介绍了适应不同层次教师的课程。其中，新教师入职研修课程包括区级入职通识培训、学科研修跟踪培训、学校岗位指导培训三类。针对骨干教师，区域启动"名师培养工程"，设计高层次科研项目和高水准学科项目培训，促进学科骨干专业发展。

（3）在学习方式上，搭建教师网络学习平台，实现线上线下结合的混合式研修。吴佩国（2008），杨彦军、郭绍青、童慧等（2011），李燕玲（2012），岳燕（2014）等研究者描述了线上线下结合的混合式学习。一方面，增加了普通教师参与区域教研的机会，使更多教师能得到教研员和骨干教师支持和反馈的机会。另一方面，拓展了研修内容。除了对教材和课堂教学问题的研讨，还增加了对学科教学中重、难点问题的持续交流。最后，关注到加强教师的自主性和学习资源的可选择性。在网络研修中，除了固定的学习内容，教师可以自主选择资源，并加入到不同的协作组与主题交流社区中。

总体上，这一类共同体的活动较成体系。在网络平台的支持下，学习资源的收集与整理相对充分，能够支持教师随时随地学习任何关注和讨论过的内容。来自不同学校和区域的教师在共同体实践中"形成一个低密度、结构较为松散、扁平化的人际互动社会网络"。① 这种人际互动网络"活跃

---

① 杨彦军，郭绍青，童慧. 城乡教师的网络学习共同体互动特征研究［J］. 中国电化教育，2011（11）：42–46.

期集中且持久性差、结构松散"①，意见领袖、助学者群体和熟人效应在共同体活动开展中发挥着重要的作用。同时，由于网络交流在研究深入性和持续跟踪方面存在限制，如果教师得不到及时、有效的反馈，或者在共同体中找不到熟知的人，他们很有可能逐步边缘化并退出共同体。

为此，教师发展型共同体的实践需要关注教师在共同体中的收获，网络技术对持续、深入且便利的协同合作的支持，以及由于熟人或者互惠性支持而建立归属感和认同感这三个方面的内容，以真正落实教师学习。除了网络学习外，教师发展型共同体还应当整合线上和线下学习，通过面对面的交流来发展成员之间相互了解和信任的关系，实现深入而持续的学习和互动。

（三）教学研究型共同体的活动类型与特征

教学研究型共同体以教育教学研究为宗旨，以对特定教育教学理念及其实践的研究为关注点，并以课题研究和课例研讨等系列行动研究的设计和实践为主要活动方式。这一类共同体在"领域和兴趣"方面体现为各种基于特定问题、兴趣和领域的研究项目；在"价值与愿景"方面以对特定教育教学理念的理论和实践探索为共识。教学研究型共同体的实践强调超越教师之间的经验交流和分享，以研究变革实践，实现知识创新。这类共同体在我国目前的研究和实践中主要有两种模式：

（1）学校层面的专题（课题）研究

在课程改革的背景下，现有教学受到种种挑战，教师的课程实施能力有待提高。面对这些问题，以教师为研究者，探索理论的实践表征，思考如何改进教学以真正支持学生的高效学习成为学校的必然选择。相关实践主要是针对教师教学中亟须解决的问题，以问题—实践—理论为主要过程开展研究。即从教育教学实践的问题出发，分析问题，学习间接经验，通过设计和实施方案将理论性知识内化为个体的实践性知识，从而促进教师的专业发展。

从已有的研究来看，已有许多学校做出有益的尝试。孟水莲、周元祥（2006）介绍了学校首席工作室的专题研究，包括"研究问题—确定专

---

① 王陆. 虚拟学习社区的社会网络分析 [J]. 中国电化教育，2009 (2)：5-11.

题—设计方案—开展研究—研究总结—多元评价"一系列操作规程。赵飞君（2006）介绍了学校"课题研究共同体"的实践过程：活动准备，课题负责人发起活动，成员预先学习和思考，合作研究一堂课；活动开展，课例观摩与网络讨论；活动总结，对网络讨论和实例的总结与理论提炼，现场后期培训；研究成果处理，在区域内共享研究成果并推广。言宏（2007）提出"基于教学现场的校本研修模式"的四步实践流程：学习思辨（搜集资料、学习思辨、确立主题、制订计划）、现场建立（确立思路、设计方案、实践探索、反思行为）、现场研讨（集思广益、研讨得失、达成共识、深化主题）、现场总结（回味过程、总结成果、整理材料、作出改进）。

（2）名师工作室的研究和实践

名师工作室是以名师为引领的教学研究团队，它"融自主性、实践性与研究性于一体，探索个体与团队共同发展的新机制"。[①] 它存在于学校内，也存在于区域间，"发挥着拓展名师自我发展空间、培养和培训优秀教师、开展课题研究、推广教育教学成果、开发与整合优质教育资源等功能"。[②] 名师工作室的实践一般"将教师面临的疑难问题作为研修起点；以工作室为反思空间，形成更为丰富的解释；以实践性知识的外显化为研修终点，更新实践性知识库"。[③] 同时，名师工作室也是一个综合性的学习平台，有多样化的学习活动，如"集体备课、课题研究、读书心得和反思日志的分享活动、同课异构活动、送教下乡活动"。[④]

在实践中，名师工作室以名师的教育理念和实践经验为活动框架，名师和团队成员协同学习、研究和实践，不断将名师的理念丰富和优化，并探索出理念的各种实践路径和方法。这种实践，一方面使得名师的理念更加丰厚和清晰，另一方面使得工作室成员的研究能力和实践经验得到综合

---

① 郭志明，蔡可，刘立峰. 首个全国名师工作室发展报告［N］. 中国教师报，2015 – 10 – 07（8）.

② 王姣姣. 吉林省名师工作室运行模式探索与实践［J］. 吉林省教育学院学报，2015（4）：1.

③ 单慧璐，刘力. 反思性实践视域下的名师工作室：研修理念、原则与过程［J］. 教育发展研究，2015（12）：50 – 51.

④ 李艳. 教师学习共同体建构的个案研究——以 L 名师工作室为例［D］. 兰州：西北师范大学，2015：36 – 41.

的提升。当然，名师工作室的实践也存在许多问题，比如名师的思想主导教育教学研究，成员的不同意见和思想很难表达；名师任务多，活动组织持续性差；保障措施不到位，成员交流和研究参与深度不够等。虽然存在诸多问题，但是名师工作室的实践依然向我们呈现了一个整合教师研究与实践的共同体实践形式。

总体上看，"学校专题（课题）研究"和"名师工作室"本身就是一个专业学习共同体。这种教学研究型共同体的愿景与价值表现为特定教育教学理念及其实践。在尊重和培育成员教育思考的基础上，教学研究型共同体能帮助教师将自己的新观念、新想法向更科学、更合理的方向发展。在实践参与方面，教学研究型共同体以行动研究为主线，整合读书，资料研习，交流讨论，方案设计、实施、反思与改进等系列活动，引导教师从一个"技术的熟练者"走向"反思性的实践者"。教师的学习从延续既有教育经验到理性反思与超越，从接受教育理论到探索理论知识的实践表达。在协同合作方面，教学研究型共同体有明确的活动框架，包括清晰的工作目标、任务分工、阶段性要求。成员在活动过程中承担任务并相互支撑。在支持性领导方面，教学研究型共同体在分享领导权和社会人力资源支持方面尤为优越。

第二节　教学改进型共同体的运行

一、教学改进型共同体个案简介

（一）案例一：A 小学数学教研组

A 共同体所在小学成立于 2003 年，是一所合作开办的民办公助学校，举办者为县教育局和当地一所知名的小学。共同体所在学校实行小班化教育，希望"培养实基础、显特长、好教养、有思想、会做事的一代新人"。学校以"创造学生需要的教育"为办学目标。基于"需要教育"的理念，学校一方面探索出一套"需要教育"的课程体系，主要包括"走进社会，体验生活""亲近自然，环保大行动""了解家乡，建设家乡""感悟生活，学习技能"四大系列的社会实践活动，以及丰富的社团活动和学校主题活动。另一方面，构建落实"需要教育"的课堂。为了创设学生需要的课堂，学校大胆改革课堂教学，以"导学稿"为载体，推行以"关注学生学科性学习活动""提高学生学科文化素养"为主要特征的"导学型"课堂，放手把课堂还给学生。

A共同体是学校的数学教研组。教研组依据学校"以公开课促进教师成长"的教师发展策略，围绕教师公开课开展研讨活动。学校教研室在每学期初会根据教师的申请，制订本学期的赛课和公开课计划。公开课包括三类：一类是校内公开课，学校规定每学期每个老师需要上一次公开课，每周的教研活动就围绕这一节公开课展开。二是省、市、县赛课，参与者为优秀老师。三是区教学展示课，或者临时安排的接待课。

其中，第一类校内公开课是学校教研活动开展的基础，也是学校检测教师教学水平和教研组教研情况的基本方式。第二类省市赛课和第三类的接待课，由学校层面根据需要安排。一般而言，第一类公开课的研讨主要在备课组内进行。围绕某教师的公开课，备课组分析教师教学设计的合理性，分享相关内容教学的思考、经验等。第二类和第三类公开课的研讨由学科组成员参加，讨论的内容主要是分析教材、定思想、定方向。之后，备课组负责将学科组的研讨落实为教学计划，并在后续研讨中共同修正、反思，形成最终教案。

A共同体（如图2-1）存在彼此独立而又相互关联的两个系统，即共同体内部系统和外部助学者系统。共同体内部系统由学科组（大组）和备课组（小组）这两个相互关联又相对独立的部分组成。学科组由学科领头人牵头，成员包括校内所有数学教师，负责学科的整体发展。备课组由年级组负责人领头。学校将1、2年级，3、4年级，5、6年级各分为一个组，领头教师就是备课组负责人。备课组负责组织教师公开课的课前研讨和课后反思。助学者系统主要是指学校以不同的方式引入的外部资源，包括建立学校各学科专家指导团队，在日常教学中走进教师课堂，开展听评课及研讨；邀请全国及省市县专家做专题讲座；通过接待区级公开课及其他方式引入区教研员评课议课；组织优秀教师去名校驻点学习一周；组织学科教研组到省内的优质学校去参观学习；参与区域培训，与区域内优质学校建立长期的伙伴关系等。

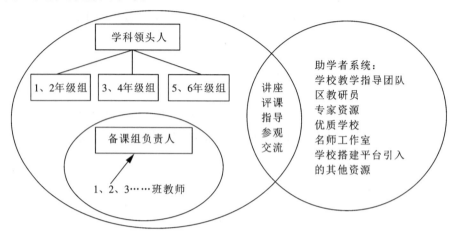

图 2-1　A 共同体的组织结构图

（二）案例二：B 小学数学教研组

B 共同体所在小学于 1958 年建校，是当地一所老牌名校。在与东北师范大学的合作下，学校经过对学校文化、历史和资源的综合评估，提出了"办可持续发展教育，建绿色学校"的办学理念。根据《××学校 2012—2015 三年发展规划》，可持续发展教育旨在帮助学生"树立可持续发展价值观；掌握可持续发展科学知识；提高可持续学习能力；践行可持续生活方式；关注或参与解决可持续发展实际问题"。依托这一办学理念，学校在物质文化建设方面，建设了太阳能路灯、雨水收集系统，开辟了百鸟园、种植园，还通过组合社会、经济、环境和文化等不同领域的图片、文字，以及学生的绿色课程作品等，改造走廊文化，让学生沉浸在绿色教育的环境中。在校本课程开发方面，学校形成了 1~6 年级分别以植物、动物、健康、水、能源、交通为主题的绿色课程体系。

B 共同体是学校的数学教研组。在长期的实践中，学校形成了一套校本教研常规，即学校在每周安排出一个下午供教师集体备课。每个学科的集体备课时间不同，以保证教学活动的正常开展。同时，学校为年级组教师提供共用的办公室，用于教师们的日常办公和交流研讨。但是，校长 BL 的校本教研观察报告《聚焦课例研究　共享教育智慧》显示："教师集体备课缺少教材解读的环节；中心发言人读读教参，说说了事，无用，没有解决实际问题，教师不感兴趣；再就是说的都是细枝末节；集体备课是备给别人听的，无效的交流……我们在向老师传达一种形式主义。低效无意义的活动老师不需要，加重了老师的负担，让老师对集体备课无兴趣，形成恶性循环，必须改变。"

在与东北师范大学专家组的交流中，针对学校集体备课面临的问题，专家组提出"常态中的规范即是研究、成长与发展"的观点。于是，学校开始探索改革课例研究的实践。至此，教研组活动就包括两类：每学期一次的课例研究活动和每周一次的常规集体备课。

B共同体的活动主要包括三方面的参与主体（如图2-2）：

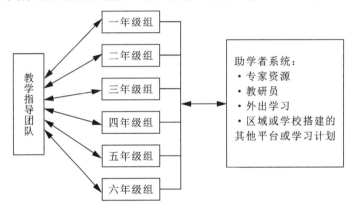

图2-2 B共同体的组织结构图

一是由校长、教学校长，以及教学管理部（中层主任）组成的教学指导团队。他们深入各类教育教学实践，包括日常教学推门课，监督和参与年级组集体备课，以及参与参赛教师所在年级备课组活动等。二是由各个年级任课教师组成的年级备课组。由于该校语文数学由同一位教师授课并做班主任，所以备课组与年级组合二为一。备课组长由所在年级任课教师中具有较强专业影响力的教师担任。备课组长的工作包括学期初制订年级组的集体备课计划，并组织开展集体备课活动。三是助学者系统。主要是引入专家资源，包括与东北师范大学专家团队的合作（在小学数学领域的合作包括可持续发展教育的学科整合、小课题研究、专家讲座、听评课和研讨），省市级专家讲座；引入教研员针对教师教研和教学中的问题开讲座，与教师共同研课；到优质学校参观交流；以及借助区教师进修学校和教育行政部门的力量给教师创造学习机会，如区域培训、去外地交流学习、去区域内其他学校学习等。

二、教学改进型共同体的运行状况

（一）教学改进型共同体的建构

共同体的建构有三种方式：一是自上而下，基于行政安排建构；二是自下而上，教师自发建构；三是自"上"号召和支持，自"下"主动申请参与。研究所选取的两个个案共同体属于第一种。我国大部分以"教研组"或"学科组"为代表的教学改进型共同体的建构和运行都是自上而下的行政安排。在这两个个案中，教研组作为学校固定的基层管理组织而存在，不仅负责学科教育教学研究，还承担一定的事务性和行政性工作。

在学校对教研组的管理中，一方面，学校规定和支持共同体活动的开展。学校对教研组的工作目标、运行方式等有较为明确的规定。比如 A 共同体所在学校设计"教师公开课"任务，并明确任务开展的要求，包括授课教师和组内其他教师就公开课内容展开研讨，在公开课结束后的周五下午开展交流反思活动。B 共同体所在学校也以集体备课（单元教学研讨）和课例研究为任务，规定教师研讨的时间、内容。同时，学校也对共同体中的教师研讨提供支持。比如针对教师集体备课存在的问题，学校请教研员到校诊断并帮助教师分析"哪些地方不到位，哪些内容需要调整，并明确备课应该怎样备，备到什么程度"（BL）。另一方面，行政还通过参与研修而影响教师研讨的方式。在课例研究活动中，B 共同体所在学校行政领导参与课例研究活动，并不断调整活动方式。首先要求教研组按照"集体备课—课堂实践—反思并修正教案—课堂实践"的流程开展教研。教学指导团队在深入研讨的过程中，发现教师不会研读教材，研讨内容分散。于是，他们提出"开展有主题的课例研究，细化教师的课堂观察"，并为组内成员安排不同的课堂观察任务和主题，要求教师在研讨时基于自己的任务分享"课堂故事"，以增强讨论的有效性。

在课例展示后，学校组织相关活动延续教学研讨：一是加强不同年级组团队间的交流。即学校选出优秀教师代表年级组展示交流，相互取长补短。二是探索下一次的课例研究活动。为了充分利用区域赛课中的优质课例，学校要求各教研组选择一个内容进行研讨。数学学科选择的是"整理复习课"。研讨过程是教师个体备课—对比赛课课例—教师个体性的修改—开展集体研讨并形成课例—师 1 试讲—研讨完善—师 2 试讲—研讨完善—师 3 展示。为了支持教研组的复习课研讨，学校请区进修学校科研部三位教研员到校指导。

（二）教学改进型共同体的活动内容

研究所选取的两个共同体个案的活动内容表现为两类：

（1）课题研究。学校研究课题来源于多个方面，包括学校教育理念的实践探索，学校申请或承担的课题或项目，学校发起而教师团队或个体承担的项目等。A 共同体的实践属于学校教育理念的实践探索。根据"需要教育"理念，学校要求教师以这样的思路设计教学——"有什么样的目标就有什么样的学科性学习活动，有什么样的学科性学习活动就有什么样的课后巩固练习，一脉相承"（AD）。而 B 共同体的课题研究就源于学校对教师课题研究的倡导。每个学科在学校的整体规划下选择一个共同感兴趣的问题作为"小课题"进行研究。B 共同体选择的课题是"小组合作学习在小学数学课堂教学中的应用"。在调研中，研究者还了解到进修学校会与学校联合做项目，其中"进修学校主持项目，主要提供方案、技术指导、进度控制等，学校或教师负责具体实施"（BM）。

（2）教学经验交流。以集体备课和课例研究活动为基础，共同体围绕特定内容教学展开经验分享。在集体备课活动中，首先由主备人、主讲教师或其他任务负责教师介绍单元或课的教学目标、重难点、教学设计思路和练习题的设计与使用。其他教师提出问题，分享经验、思考和建议。研讨中，学生的学习困难和易错部分受到教师的广泛关注。在课例研究中，教师的经验分享为授课教师的教学设计提供参考。在"平行与垂直"的课前研讨中，AH 教师建议授课教师引导学生体会建模的过程。他说："这是一节概念课，活动经验的积累是一个数学建模的过程。这个过程尽量让他们设计。分类的时候千万别心慌，学生有原始想法就让他们分，正好训练他们分类的思维。只要他们有不同的想法就引导他们互相说服对方，然后得出我们想要的结果。"

（三）教学改进型共同体的组织方式

从本研究的案例和已有关于教研组实践的研究来看，教学改进型共同体的实践主要有两种组织方式：

（1）集体备课。集体备课中的研讨表现为"互动交流和反思性对话"，流程为主备人分享单元教学的课时分布、教学目标、教学设计和作业设计方面的内容，之后其他成员提出问题并分享自己的经验、思考和体会。这种交流能实现知识的共享，提醒教师教学中应该注意的问题。BS 教师就提出："大家分享后我就把它记下来了。在课堂上我就强调一下。有人告诉你，你就少走弯路。记得我上班第一年的时候没有经验，每次都是回过来走回头路。往往都是教完这个单元，批改作业了，发现原来 2 加 2 等于 4 学生还有错误。然后回过头来第二节课再讲一遍。"

（2）课例研究。教学改进型共同体中的课例研究活动一般附属于公开课或参与赛课的规定任务。课例研究是教师所参与的较为完整的行动研究历程。核心活动是"制订教案—教学—研讨与反思—修订教案"，直到形成一个大家都认为不错的教案。在此过程中，"互动交流和反思性对话"是行动研究开展的动力。在最初的阶段，团队成员在交流分享中会形成教学的基本定位，但这往往只是一个模糊的方向。教师的教案能否以及如何更好地实现这个基本的思考和定位，抑或这种定位需不需要调整，有没有更好的可能性，都需要在成员的交流和反思性对话中落实。在访谈中 BX 教师就提到："这个赛课教案我改了 7 次……每一次修改教案后的试讲，我们组的老师都会一起来看课，课后大家会说说看课后的感受，看一下哪些环节还有问题，哪个方面怎么做会更好一些，然后我就回去修改。"

三、教学改进型共同体运行的基本特征

（一）知识本位教学传统下探索教法的优化

教学改进型共同体以数学学科教学实践为共同的关注点，研讨围绕着每周的教学内容展开。教师教研以知识本位教学传统为背景。知识本位教学传统的核心关注点是如何帮助学生掌握知识，以保证学生在区域测评中获得好成绩。在新课程改革的背景下，教学改进型共同体也关注教师教法的优化。这种优化缘于教师自身对新课程改革理念的认同和尝试，也缘于

外在的要求和任务。一方面，教师会因为自身对教育理解的变化而尝试新的理念和方法。在访谈中，AL 教师说："我个人认为，小学数学教学中学生思考问题的能力比知识的掌握要重要……平时我也会在网上找名师的课来看，看他们在相关问题上是怎么样启发学生，怎么样引导学生思考的。"BX 教师也提到："在上东师附小参观后，我们几个人也尝试着实践小组合作学习，看看在我们的课堂中会有什么样的效果。"另一方面，外在的任务和要求也是优化教师教学的重要契机。比如，A 校基于"导学稿"的研课要求在一定程度上规范和引领着教师的教研，并引导教师关注学科性学习活动的设计，关注学生的参与度。再比如，公开课或赛课的压力。"公开课"或"赛课"与"常规课"的要求不同。在"常规课"里，教师追求的是学生对知识的掌握。而由于"公开课"或"赛课"的评判标准发生改变，教师会尝试按照新课程改革的要求去设计教学。从总体上看，基于新课程改革的理念优化教学的尝试往往不是教师主动的，而是在某些任务的要求或触动下开始的。而且由于教研本身没有明确的理念导向，共同体一般没有形成对学科教学持续的研究关注、研究问题和教育教学理念。

（二）基于经验分享的研修实践

教学改进型共同体中的教师研修活动关注教育教学经验的分享，系统的研究设计和数据收集与分析意识体现得不够突出。教育教学经验交流有以下特征：一是教师交流更多是"关注教法的经验交流"。在 A、B 共同体中，教师们在研讨中普遍的对话方式是，"这个不行，从我之前的经验来看……我曾经看过一堂课，那位老师是这么处理的"。较少从学生学习的视角关注学生的学习基础，学生对相关问题的理解，知识基础对学生学习的影响，学生学习过程，如何为学生架构思考的空间等。二是缺乏相关的数据支撑。在 A、B 共同体中，教师提出的改进意见类似于"哪一阶段的教学学生的反应有点卡，学生回答问题答不到点子上来。这个活动放在这里学生跟不上，导致教学过度生硬""这个活动的设计很牵强，或者这几个活动有点重复，这个活动在达成这个知识的教学目标上不够充分"，等等。即团队研讨中提出的修正意见，大多基于成员对课和学生反应的"感觉"，很少真正去收集和分析数据。三是缺乏研究的主题和对某个问题的持续探究和关注。在本研究的两个个案中，教师研讨关注的都是某一节课的教学，都没有基于某个问题，某种类型知识的教学，或者某种教学方式的实践等开展持续研讨。总体上，活动都是按照规定开展，没有基于问题或者问题序列的"持续的探究与发展"的特征。

（三）行政力量驱动下的人为合作

专业学习共同体的研究认为，"孤立工作的教师不能显著影响学生学业成就"①，而协同合作则是帮助教师突破孤立工作状态的一种重要的实践模型。在教学改进型共同体中，这种协同是由行政力量驱动的人为合作，表现为"通过一系列正规和特定的官方程序来制订教师合作计划，以增加教师间相互讨论与学习的机会"②。即教师间的合作关系是行政命令强制推行的结果，团队合作只是基于惯例或任务要求。

在 A 共同体的实践中，决定教研活动安排的主要是教科室。学校教科室不仅总体部署教研工作（即决定活动的指导思想、工作目标，以及具体的工作措施和配套性支持策略），而且规定教研组的具体活动方式。虽然教科室在工作计划中要求教研组针对竞赛课活动"拟定好活动安排，活动要有主题、有系列，使参与活动的教师有收获"。但教研组活动安排通常只是统计和分配组内教师赛课的内容和时间，没有研讨主题的系统规划。

在这种行政规定的研讨活动中，教师的交流常常是被动的。在访谈中，AD 教师就说道："这种活动都是行政的安排，教师极少有主动的。"因此，为了延续活动的开展，学校行政管理人员不得不对活动的开展情况进行监督。BL 校长就提到："我们每周都会有一个值班领导去检查集体备课情况。教师们的参与积极性不高，要是没有检查，老师们出勤的情况可能都很难保证。"在这样的研讨中，教师只是按照规定行事，主动参与的程度较低。

（四）行政保障并干扰共同体活动的开展

学校行政从两方面保障个案共同体的活动开展：

---

① STOLL L, BOLAM R, MCMAHON A, WALLACE M, et al. Professional learning community: a review of the literature [J]. Journal of educational change, 2006, 7 (4): 226 –227.

② 邓涛，鲍传友. 教师文化的重新理解与建构——哈格里夫斯的教师文化观述评 [J]. 外国教育研究, 2005 (8): 8.

（1）促进合作的任务设计。教师的工作是相对独立的，如何建构促进合作的实践模型、建设合作共享的文化，是学校在支持共同体实践中非常重要的课题。在两个个案中，学校都通过设定"共同任务"保障活动的开展。但在"共同任务"的设计上，两所学校采取了不同的策略。A 共同体所在学校通过设计高难度的任务，强化个体对共同体协同合作的内在需求，以激发成员对互惠性相互支持的认同，从而将个体任务整合为"共同任务"。由于每一个教师都要上公开课，要上竞赛课，那么教师在研讨中就会积极参与别人的任务，以换取别人对自己的支持。B 共同体则从两个方面建设"共同的任务"：一是将任务直接设置为团队的"捆绑性任务"。在区域赛课的背景下，不选定参赛者而要求团队人人参赛，学校教学指导团队随机抽取教师上教研展示课，以促进集体备课的落实。二是通过任务分工强化团队成员的参与度。即为成员安排不同的课堂观察任务和主题，收集学生的学习信息，并要求教师在研讨中从自己观察到的"课堂故事"谈起，分享思考。

（2）学校从时间和地点上保障活动开展。为了支持"共同任务"的落实，学校统一安排研讨时间和地点。根据 A 共同体所在学校教科室的工作计划，数学组的校内赛课时间在每周四上午的第一节课，周五第四节课用于教研反思。B 共同体所在学校规定周三下午为固定研讨时间。学校为教师配备共同的办公室，便于教师交流和研讨。但学校管理也干扰共同体活动的开展，这种影响主要表现为：

（1）知识教学观对教师的主导性影响。学校将知识掌握作为核心的追求，将学生成绩作为核心的评价指标，这在很大程度上影响了教师教研的方向。A 共同体所在学校一方面要求教师在课堂上突出数学思想方法，另一方面也在"小学教学工作计划"（2015—2016 上学期）中提出教师"分析各个学科、各个年级，以及各个班级在区内和校内的成绩情况"。而且在两所学校校长的公开发言中，对学生在各类考试中所获得成绩的回顾和展望都是重要的内容。这就导致教师的价值观和理念很难真正转变。

（2）学校的事务性安排影响共同体活动的开展。研究者了解到，学校会因为各种大型活动占用教师集体备课的时间。比如为了迎接检查，B 共同体所在学校利用学生没有主课的周三下午排练大课间，而班主任必须指导学生排练，这就导致教师教研的中断。在访谈中，BJ 老师也提到："老师的事务性工作非常多，一旦有什么检查，比如前段时间的大课间检查、创强评估，学校需要老师准备很多东西，根本就没有时间参与集体备课。"虽然一直强调教研活动和教师培养，但学校实际上以"事"为核心，而非真正以教研为核心。所以，教师教研活动总是会受到"临时安排"的干扰，使得集体备课时断时续。

小结

教学改进型共同体以改进日常教学，帮助教师适应岗位实践要求为基本目标。共同体活动以基于合作任务的互动交流和反思性对话为主，辅以其他学习方式。由于参与者来自于组织内部，教师之间基于行政任务而开展线下集中交流。在共同体的实践中，组织用行政力量控制共同体的运行，但同时也为共同体的活动开展提供必要的支持性条件。

第一，在活动目标和内容上，两个共同体的实践都围绕日常教学问题开展。两个共同体的关注范围较广，小学数学教学的所有问题都是他们的关注点，所有课都是需要研究的内容。这种过于宽泛的"领域"导致共同体的实践没有特殊关注的问题。最终，教研活动表现为"围绕某课的经验交流"。虽然 A 共同体所在学校要求教师以"导学稿"为基础关注"学科性学习活动"，但实际上教师研讨还是没有针对"如何设计和实施学科性学习活动"这个问题真正开展行动研究。负责人 AD 教师也提到这个问题，"我们学校的安排还处于散点的状态，公开课的内容没有系统性。每个老师研究的只有一节课，而且课与课之间没有关联"。这不太利于教师开展真正的研究，并进行系统的思考。B 共同体所在学校也认识到这种碎片化教研的限制，开始尝试通过"课例研究"改革集体备课活动。

第二，在实践参与上，两个个案中的教师活动类似，都是基于集体备课和课例研究活动交流经验并反思教学实践中的问题。集体备课中的研讨表现为围绕某课的经验分享，它关注教学中的重点、难点，以及学生的常见错误，并梳理教学设计的基本框架，促进了教师教学的顺利展开。由于新教师缺乏教学经验，这种经验分享有较大的吸引力。但是对于经验教师和优秀教师，这种经验分享层面的交流往往不足以解决他们真正关注的问题。课例研究表现为一个较为完整的行动研究历程，能够通过基于多次试讲的反思性对话深化教师对某课知识点及其教学的认识和体会，并极大地锻炼教师的教学基本功。但这种研讨往往重"教"不重"学"。同时，研讨过程也更多源于经验的"分享"和"试误"，而非"调研"。这直接影响着教师研究的深度。

第三，在协同合作上，一方面两个个案共同体的常规成员由教研组教师组成。在特定的任务下（如区域赛课，学校新发起的项目或者任务），学校教学指导团队会介入进来。同时，学校会根据需要引入外部资源，或是组织教师外出学习。但这些助学者团队都是临时性、短暂性地介入教师研讨，不能持续跟踪和支持共同体的实践。另一方面两个共同体都表现为基于任务的合作模型。两个共同体中的教师都是基于任务而被动参与合作。这种任务来源于学校或者区域的安排，而非基于教师的兴趣和需要而形成的研究问题。教师以"独立"工作为主，只有在规定的任务下才聚集到一起交流和研讨。同时，由于成员的知识技能结构相似度较高，研讨如何突破经验的交流，真正带给教师新的挑战和视角需要认真思考。

第四，在共享领导权与支持上，一方面行政力量控制共同体的发起和运行。两个共同体所在学校对共同体的支持都表现为行政框架下的限定性支持。不可否认，两个个案共同体所在学校都重视教师的教研，并通过设定"共同任务"来支持教师团队的合作和研究。但行政的安排在某种程度上压缩了团队的自主权。共同体内的教师就像"戴着镣铐在舞蹈"，自主发挥的空间比较小。另一方面，行政部门从时间和地点上保障活动开展，包括将共同体的活动纳入学校的常规日程，并设置专门的活动场所方便共同体开展活动。同时，学校会因为其他的事务性任务而干扰研讨活动的开展。总体上看，行政的控制和支持对于共同体构建之初形成研究传统有利，但是在真正培育团队的自主研修文化上，学校如何退到服务与支持的位置，还需要进一步的探索。

第三节　教师发展型共同体的运行

一、教师发展型共同体个案简介

（一）案例三：C 教师高端研修项目

为了适应新时期教育改革对教师素质的要求，2010 年我国教育部、财政部启动了"中小学教师国家级培训计划"（简称"国培计划"），主要包括"中小学教师示范性培训项目"和"中西部农村骨干教师培训项目"两项。本研究所选择的个案属于"中小学教师示范性培训项目"中的种子教师高端研修项目（2014），持续时间为 2014 年 10 月—2015 年 10 月。

依据项目承办方对 2013 年参训骨干教师的调查，"有 86.4% 的教师认为'组织指导他人是领导和教研组长的事，与骨干关系不大'；有 52.1% 的教师认为'在教育教学方面走在其他人的前面就是骨干'。他们更关注自己的教学技能，忽视自己的示范引领作用，甚至根本没想到自己有指导培养他人的责任"。同时，"一线优秀教师在课堂教学设计及操作层面经验丰富，但是对小学数学教学背后的核心问题缺少本质性的理解。因此，他们期望通过培训获得对课堂教学的理性把握"。

据此，项目承办方将培训目标定位为：提升骨干教师的教育教学能力，发挥教育教学示范引领作用；增强骨干教师带队伍的责任意识，明确自己在促进教师专业成长中的目标任务；掌握混合研修背景下培训他人的本领，提升指导他人有效学习与工作的能力；掌握工作坊主持方法，学会通过团队建设提升自己与他人的综合素质。

在组织结构上，种子高端研修项目包括三个部分（如图 2 - 3），最上层的"继续教育网知识共享平台"和东北师范大学教育学部是项目的联合承办单位。"继续教育网知识共享平台"是全国教师教育网络联盟开展中小学教师远程培训的核心网站。它通过整合各个项目、各方资源为教师搭建了一个知识学习与共享的平台。东北师范大学教育学部是本项目的承办高校，是培训专家团队的组织者。中层的"2014年小学数学工作坊高端项目"是包含来自全国8个省14个工作坊的小学数学种子教师高端研修项目。下层的"各省市工作坊"是由省内一线优秀教师、骨干教研员（专职培训者）和高校学科专家（按照1:1:1的比例组成）担任主持人，省内300位地市级骨干教师和教研员组成的研修团队。

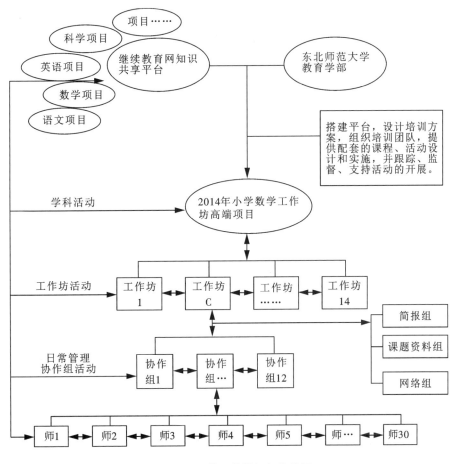

图2-3 C共同体的组织结构图

本研究的个案共同体是从工作坊层面选择的，即图中的工作坊C。工作坊的300位参训教师分布在全市12个区县近200所小学。为了加强教师之间的联系，便于开展研讨活动，主持人按地域将教师划分为12个协作组，协作组内教师人数在20～30人之间。每个协作组有两位组长，第一组长由主持人（坊主）指定，原则上由区县教研员担任，便于组织协调研修工作。

第二组长由第一组长推荐，主要是有工作热情、精力和能力的青年教师。第二组长协助第一组长的工作。同时，工作坊主持人还根据参训学员特长，挑选部分老师组建工作坊班委，成立简报组、课题资料组、网络组，协助开展工作。在网络平台上，每位教师有自己的个人工作室。

（二）案例四：D 区域教师进修学校

D 共同体属于教师进修学校所组织的区域教师培训项目。根据 2002 年教育部出台的《关于加强县级教师培训机构建设的指导意见》，"教师进修学校"以实施本地区中小学教师继续教育工作为主要任务，要建设一支集培训、教学、教研于一体的培训者队伍，"为本地区中小学校开展教师校本培训提供指导，并提供信息和技术方面的服务；承担本地区基础教育新课程、教材和教法培训等工作，成为本地区开展中小学教师继续教育工作的培训、研究和服务中心；指导中小学教师在教学实践中学习和研究，推动中小学教师开展教改实验；为广大教师研修学习提供必要的场所、设施、设备和资源等良好环境，辅导和帮助广大中小学教师充分利用各种信息资源开展自主学习"。

然而，进修学校"在教师培训中没有自主权，其教师教育活动由县级教育局统一安排；对教师培训缺乏长期、专业的规划，没有有效的、固定的培训方案或模式；教师培训的评价方式落后，培训流于形式化"[1]。据此，教育研究和实践领域也倡导教师进修学校的服务转型和提升。根据郑新蓉和黄力（2007）[2]，万文涛和黄友泉（2005）[3] 的研究，教师进修学校可以成为区域教师学习的信息与资源中心；开展并推进中小学教育行动研究；负责中小学教师实践类课程继续教育及考核；与大学合作开展师范生实践能力培养及考核；为校本培训、校际经验交流、特色学校的创建等提供指导、帮助和服务。但目前，教师进修学校的培训功能和形式比较单一，且

---

[1] 马永全. "治理"视域下"县级教师进修学校"发展路径建构 [J]. 黑龙江高教研究, 2015 (12)：8-9.

[2] 郑新蓉，黄力. 县级教师进修学校：新形势下的职能新定位 [J]. 人民教育, 2007 (5)：29.

[3] 万文涛，黄友泉. 教师进修学校发展定位问题探索 [J]. 江西教育科研, 2005 (6)：31-34.

培训活动设计缺乏相互衔接的主题。研究个案 D 也存在这样的困境，也在这样的困境中寻找出路。

在组织结构上，D 共同体是一个组织严密而活动松散的共同体。它在一定的行政框架下行动，有相对固定的组织活动框架。根据不同的活动类型，参与人员也不同。从总体上看，活动的参与者分属于两个不同的系统，即基层学校系统和教师进修学校。从图 2-4 可知，进修学校有几个业务部门与基层学校联系紧密，即小教部、教科所、继续教育部、电教部。小教部负责小学的教研，主要成员是教研员，是与学校和小学数学教师紧密联系的一个部门。教科所负责区内科研工作。继续教育部负责教师培训。电教部负责电教工作。它们相互独立，又在一定的活动中相互合作。同时，进修学校也会根据活动主题外聘专家学者支持区域或学校的活动开展。

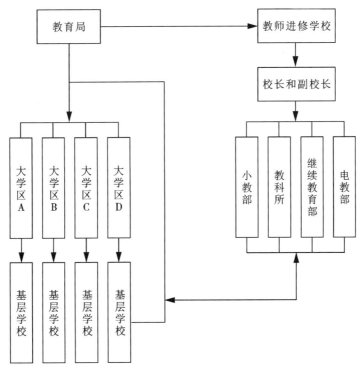

图 2-4　D 共同体的组织结构图

基层学校之间既相互独立，又存在一定程度上的合作，合作主要体现在大学区教研。为了提升薄弱学校教育质量，实现教育均衡发展，教育局采用强弱校联合的策略，划分了四个大学区（也叫片区）。片区由优质学校领头，教育局每年拨专用经费以支持片区内活动的开展。因此，区域内的合作就包括学校独立与进修学校合作，片区内部学校间的合作，以及片区与进修学校的合作。片区内学校之间是合作而非行政管理关系。在进修学校和基层学校的合作关系上，教师进修学校指导、监督基层学校教学研究活动的开展，并作为一种学习资源支持基层学校的教学和研究。即进修学校规划和设计活动，基层学校和教师参与和执行活动。同时，学校也会根据自己的需要邀请进修学校的教师到校指导或提供其他支持。

二、教师发展型共同体的运行状况

（一）教师发展型共同体的建构

教师发展型共同体由行政部门发起，但专业人员在运行过程中发挥重要作用。

首先，教师发展型共同体的发起者为教育行政部门。行政部门对共同体的目标、定位，以及核心任务等方面有规定。C 共同体是教育部所发起的，旨在应对新时期教育改革与发展对教师特别是农村教师队伍整体素质的要求。教育行政部门对"国培计划"的目标任务、重点培训方式，以及项目的组织管理提出明确的要求。同时，教育部相关部门还制定了《"国培计划"课程标准》及其使用指南，明确国培计划的课程目标、课程设置、课程内容，以及实施建议。但是行政部门的规定是一种宏观的要求和建议，不是项目最终的培训计划。比如培训课程内容方面，《使用指南》指出"建议课程内容供培训任务承担机构参考。"同时，"培训任务承担机构从建议课程内容中所选专题原则上不少于培训所设专题总数的50%"。而项目团队需要根据项目定位、教师需求和培训思路，制订培训计划，确定培训目标、主题、课程内容、培训组织，及培训跟踪和评价等方面的事项。

其次，专业人员主持共同体。行政部门作为共同体的发起者并不直接干预共同体的实践，而是寻求更有专业影响力的机构和个人组织实施活动。教育部通过招投标机制，遴选省域内外高水平院校、具有资质的公办和民办教师培训机构以及优质中小学承担"国培计划"的培训任务。在 C 共同体的实践中，东北师范大学作为教育教学研究机构，继续教育网作为专业的网络学习平台，发挥各自的专业优势，联合承担项目。在活动过程中，东北师范大学制订培训计划，设计培训课程，组建培训团队，组织实施培训。而继续教育网搭建学习平台，提供技术支撑。同时，东北师范大学与继续教育网协同跟进项目的开展，收集和分析教师参训数据、监督教师的参与，并适时反馈。D 共同体的发起者——教师进修学校是一个集专业和行政于一体的部门。它既代表区教育局的行政意志，又是专业部门，负责区域课程、教学和教师发展方面的业务。教师进修学校的教师大多是学科课程与教学研究领域的专业人员，在学校、教师、学生考评，区域教育发展研究，以及学校、教师发展方面提供专业的支持。

（二）教师发展型共同体的活动内容

教师发展型共同体的实践关注以下内容：

（1）新教材的把握与使用

课程改革背景下小学数学教材不断改版，教师是否理解新教材的编写意图，如何把握和使用新教材，是当前教育实践领域非常关心的问题。两个教师发展型共同体个案的实践紧密回应教师的学习需求，设计活动帮助教师理解和把握新教材，提升教师对新教材的使用能力。在 D 共同体活动中，新教材的学习包括多个方面，如组织"践行新教材，打造高效课堂"的教学研讨活动；"那些年我与小学数学教材的故事"征文与微课制作；组织参与北师大教材全国网络研修；学期初组织区域的教材解读活动；等等。

在 C 共同体中，项目设计团队整合学科活动和工作坊活动支撑教师的新教材学习。学科活动通过专家讲座帮助教师理解小学数学教材的整体构架、核心内容，以及教学建议，如"'数与代数'领域核心内容分析与教学策略"等讲座；工作坊承接学科活动，设计"新教材研究"专题活动。通过分享新教材解读的学习资源和"研究新教材"的学习任务，引导教师学习。"研究新教材"任务包括：教师分析每一册教材的内容和结构、整理全套教材内容的框架、梳理单元教学重难点、理解例题的教学功能。工作坊还要求各协作组协同学习并评选出一位教师展示研究成果。

（2）教学理论及其实践

在教师发展型共同体中，教学理论的学习和实践应用表现为多个方面，落实在多种学习形式中，常见的学习形式是专题研讨和专题讲座。专题讲座如 C 共同体学科活动层面的"构建自主学习核心课堂——从教学设计的角度谈学生学习主体性的发挥与落实"等；C 共同体工作坊活动层面的"小学数学思想方法及其在小学数学教学中的运用"等；D 共同体中的"关注数学本质，经历探究过程""小学数学基于问题驱动的典型案例分析"等讲座。专题研讨如 D 共同体邀请赵炜老师为两所片区学校针对"模块小组合作学习技术"进行讲解、研课、听课、评课、答疑，并进行示范；"小组合作学习"研讨课活动，"妙用思维导图践行新型课堂教学模式"展示课活动等。也有的是没有主题的，比如 C 共同体中协作组的同课异构活动和支教活动；D 共同体的教研活动展示，教研员的指导性交流，以及对薄弱学校的对口支援等。

（3）信息技术与课堂教学的融合

为了提升教师使用信息技术改进课堂的能力，教师发展型共同体开展多方面的活动。C 共同体开展的是主题性研修活动，即将学科活动中的微课制作整合为工作坊的研究主题，即"以概念教学为切入点进行翻转课堂的课例研究"。基于这一主题，共同体开展线上线下整合的课例研究活动，希望经过微课制作的理论学习、磨课研课、展示交流，形成一批优秀的课例。同时，项目组还结合继续教育网知识共享平台的全学科"V 课大赛"，通过比赛引导教师深度参与，真正尝试将微课融入教学。D 共同体则联合部分基层学校开展信息技术与课堂教学融合的活动，包括"CS 录屏软件的制作培训""微课教学培训""信息技术与教育教学深度融合课例研讨及技术培训会"等。

（4）教师发展型共同体的活动方式

教师发展型共同体的活动组织强调线上线下整合的混合式研修。由于成员众多且来自于不同的学校和学区，线下集中研修存在困难。为此，共同体建设网络学习平台以支持教师学习。C 培训项目中所有的学习活动都在网络平台上发起，并将教师的学习成果作为学习资源进行管理。为了方便教师之间和团队之间的相互学习，教师除了参与自己社区内的活动，还可以关注其他研修社区或其他教师的活动。

D 教师进修学校的部分研修项目也实行线上线下结合的混合式研修。即由进修学校教研员牵头，从市级以上骨干教师中选拔 15 位优秀教师作为支援薄弱小学的师傅，并借助区域教育博客平台实施一对一帮扶指导。在进修小教部的组织下，平台召开 4 次师傅会、3 次徒弟会，逐渐形成自助式网络教研模式。在线上活动的基础上，共同体也开展线下活动。由于线上活动"显得冰冷，如果没有集中研修，教师会觉得整个培训就是自己在网上听课学习，渐渐地就没有了参与的动力"。而且，"一些网络研修中的问题需要在集中研修中解决"（CD）。因此，共同体实践的基本思路就是，以线下活动为驱动开展线上研修，将线上线下研修整合，以落实学习活动的开展。

教师发展型共同体的实践整合多种学习形式。其中，主要的学习形式包括四种：一是自主学习平台学习资源，包括聆听视频讲座和学习其他同伴上传的资源两个方面。其中，专题讲座是重要的学习活动形式。C 共同体的讲座是项目组统一规划的学习课程，分为必修和选修，以 MOOC 的形式组织教师学习。教师需要观看讲座视频并提交作业。二是专题成果分享与学习会。专题成果分享与学习活动主要是对个体或小组学习研究成果的推广。比如 C 共同体开展的"例题功能及其使用交流展示会"；D 共同体开展的"核心素养发展与个性化教学综合改革行动研究论坛和成果发表会"等。这些活动将成果展示与专题交流、讨论结合起来。三是专题学习与展示交流会。活动主要是基于专题学习资源的自主学习、研究，以及集体分享与讨论。在 C 共同体开展的"教材结构分析与梳理活动"中，工作坊首先为教师提供教材分析的相关学习资源，教师在理论学习基础上绘制 1~6 年级教材的知识结构图，并与大家交流研究成果。四是教学展示与交流活动。包括同课异构活动、观课议课活动等。组织者希望通过一个或几个课例交流课堂教学经验，并提出某一类问题启发教师思考。

三、教师发展型共同体运行的基本特征

（一）探索课程改革理念及其实践

在课程改革的背景下，教师发展型共同体的实践旨在引导教师学习和实践新课程。基于这一目标，C 共同体关注教师对新课程改革的整体理解，对新课程改革中小学数学教育的理念、关注点，以及新教材的把握。相关专题讲座紧扣数学核心思想、核心概念和核心内容，以及课改前后的教学要求等方面的内容，如"小学数学中的核心思想""小学数学核心概念的理解与把握"。各工作坊活动也一脉相承，引导教师理解和把握新教材，如"教材介绍与教材结构梳理""教材例题功能与应用分析"等工作坊活动。

D 共同体作为区域课程实施的重要协调部门，相关活动也紧密围绕新课

程改革实施展开。在访谈中，进修学校小学数学教研员 DL 说："这几年我们特别关注教师对新教材的使用……组织教师参加北师大的教材网络研修，市教研室的教材解读活动……在区内，我们也开展了一系列的活动，比如'践行新教材，打造高效课堂'的教学研讨活动，'那些年我与小学数学教材的故事'征文与微课制作活动等。"不仅是教材，小学数学教学也被关注，如邀请市教研室专家做"关注数学本质，经历探究过程""小学数学基于问题驱动的典型案例分析"等系列讲座。这一系列的活动组织都旨在引导教师教学超越知识讲授，真正培养学生的学科素养。

（二）基于个体和团队学习成果分享的协作学习

教师发展型共同体中的学习方式包括个体学习、协作学习和团队学习。"个体学习是指个体化的学习行为；协作学习是指两个或两个以上的学习者直接或间接，同步或异步的交流与协作活动；团队学习是成员在分工合作和密切联系中完成团队任务。"[①] 教师发展型共同体的教师参与主要包括：一是基于个体学习成果分享的协作学习。即分享教师个体学习成果，并进行互动交流与反思性对话。在 C 共同体的实践中，教师在网络资源的学习中提交作业、记录思考、反思教育教学实践并撰写研修日志、我的教学故事，以及提交教学案例等，这些个体学习成果作为生成性的学习资源，为共同体成员的协作学习提供重要素材。二是基于团队学习成果分享的协作学习。即分享团队研究的成果，并通过成果展示与讨论深化和扩展团队的持续研究。如 D 共同体开展的专题研讨会和课堂展示与交流活动。在实践过程中，进修学校教师为团队提供学习资源和智力支持。取得研究成果后，进修学校组织成果展示活动，在学区内进行推广。

（三）任务驱动式学习下的个人主义文化

教师发展型共同体中教师的参与有两个方面的突出特征：

（1）以任务和活动为驱动。教师发展型共同体中的教师参与有详细的任务设计，包括学习主题、学习资源，以及教师参与的详细要求，这从根本上决定了教师学习的内容和方式。在 C 共同体中，项目组规定了"课程

---

① 桑新民. 从个体学习到团队学习——当代学习理论与实践发展的新趋势 [J]. 复旦教育论坛, 2005 (4)：11 - 13.

学习与坊主课堂"的活动环节，包括必修课程、选修课程、坊主课堂、研修作业和讨论区交流。同时，对任务完成制定了明确的标准，即完成必修课程，完成2节选修课程，完成3份研修作业。

（2）以松散联合为特征的个人主义文化。有研究认为，个人主义的教师文化是由"组织环境、工作性质和教师职业心理特征等方面因素决定的"①。教师发展型共同体中的个人主义教师文化也源于此：一是个体化学习的任务性质。共同体所设定的任务多是教师个体学习的任务，对教师的评价也是依据教师个体对任务的完成情况，较少有协同合作的要求。二是松散联合的组织环境。教师发展型共同体中的教师成员来自不同的地区和学校，相互之间没有行政层面的关系，也没有"人情"和"互惠"的责任链接。在异步和非实时的交往空间中，如果教师们没有自发建构并形成持续合作的小群体，或者没有就某个问题展开持续的研讨，他们的交流必然是松散的联合。三是"完成任务"的心理导向。"完成任务"是教师发展型共同体中教师成员的一种较为常见的心理定位。研究者在访谈中了解到教师们在经历多轮国培后形成了一种"网培是负担""网培就是挂时间"的心理定势。为了保证教师培训任务的完成率，共同体领头者不得不将培训任务与教师职称评定结合起来，并在组织方式上寻求突破。比如，寻求区域教研员做坊主，通过教研员的行政影响力带动教师参与。同时，通过开展丰富的线下研修活动提升教师线上研修的参与度。

（四）自主构建支持性的环境条件

教师发展型共同体由多个组织机构协同发起。共同体的实践不能只依靠某一种力量和关系，而是根据需要整合多方面的力量。所以，共同体组织者在实践中首先就面临着争取更多的资源和支持的问题，具体包括：

（1）上级行政领导的支持。主要表现为对共同体活动的认可、资金支持、对活动开展的参与，以及对成员参与共同体活动所得荣誉的认可。由于C共同体不是由区域行政部门发起的，也没有资金支持。以什么名义开展活动，如何获得活动开展的必需经费就是首先要解决的问题。为此，领头者积极寻求当地教育行政部门的支持。坊主CL教师提道：

---

① 邓涛. 个人主义教师文化：误解与匡正［J］. 教师教育研究，2007（4）：39.

摆在面前的第一个问题就是工作坊由谁来领导的问题。直到面授结束，我们工作坊都没有领导机构，就好像是继教网给个平台，让我们自己玩。这样肯定不行，不但没有教研经费支撑，而且会让很多研修活动（特别是线下研修活动）师出无名……回去之后，我向市教科所、市师训中心反复汇报、请示、呼吁，给领导汇报集中面授的所学所思，介绍工作坊现状、工作坊的研修方式、展望工作坊的未来，让领导看到工作坊研修的美好前景，支持工作坊的建设。这种付出得到了回报，我们坊得到了领导的高度重视，直接将我们坊纳入市师训中心管理，给予一定的经费支持，并责成各区市县教育局、进修学校、教研室全力支持。总算给我们工作坊找到个好娘家。现在，我们的各项研修活动都是由市师训中心发文组织。

（2）建设优质的学习资源库，以吸引更多有影响力的成员加入。教师参与教师发展型共同体是为了寻求更好的资源和平台，那么共同体本身的资源优势是非常关键的因素。教师发展型共同体，一方面要努力将自己建设成教师学习的信息和资源中心。比如C共同体建设系统的课程资源和管理教师学习中的生成性资源。另一方面，要引进有影响力的人员加入共同体，以切实吸引教师参与并提升教师学习和实践的成效。区域内有影响力的成员本身就是共同体中的教师学习资源，他们的影响力能提高教师参与度。在C共同体的实践中，坊主会引入教研员做协作组长。因为教研员作为学科领域内的直接领导有行政影响力，作为学区内的学科教学权威有专业影响力。这种具有专业影响力和行政影响力的成员的加入对教师有较强的号召力。再比如D共同体注重根据任务和活动需要而引入专家资源，邀请他们做讲座，诊断、指导教师教学和一些区域研究项目的开展。

小结

教师发展型共同体以促进教师专业发展，提升教师新课程实践能力为基本任务。共同体活动以课程学习、分享个人和团队的学习和实践成果为主，并根据不同个案的情况整合其他学习方式。为了解决成员在时空上的异步问题，并提升成员的参与度与学习效率，共同体建设研修平台，开展线上线下结合的混合式研修。同时，共同体活动开展以研修规划为本，成员基于研修活动松散联合。在共同体的组织运行中，行政部门主要扮演发起者和支持者的角色，选派专业人员领导共同体活动的开展。

第一，在活动目标和内容上，两个共同体都具有较为确定的目标和相对明确的内容，即研究集中于新课程改革背景下的教学改革和教师专业发展。C共同体活动的开展以深化新课程改革的"国培计划"为背景，重在提升骨干教师实施新课程的教育教学能力和作为培训者的培训组织能力。D共同体的活动相对零散，但有清晰的组织定位，即服务于区域教育发展规划、新课程改革的实施，以及常规的教师培训和区域教育质量监测活动等。由于目标和内容相对宏观，这一类共同体的目标和内容既有明确的框架，也有协商和调整的空间。从而，为将教师个体和团队的学习需要融入共同体实践留有余地。

第二，在实践参与上，两个个案共同体的学习活动以个体和团队学习成果分享为主要形式。个体学习主要是教师在完成任务和个体教学实践与反思中的学习；团队学习主要是项目研究，关注课程改革理念的实践和前沿教学方法的探索。学习成果分享以个体和团队学习为基础。在分享过程中，成果发表者与聆听者针对具体的话题发表观点、反思交流。它的价值在于开阔教师的视野，丰富教师理解和思考问题的角度，为教师的学习和发展奠定基础。

第三，在协同合作上，一方面共同体成员来源多样化，包括教研员、学校领导、教师、高校专家，以及相关教育教学研究者。在不同的活动中，成员有不同的组合方式。如D共同体的常规成员是教研员和教师，并根据特定的任务引入专家资源和相关教育教学研究者。在这类共同体中，优质资源以一种相对持续的方式跟踪和支持共同体的实践。另一方面，两个共同体中的教师学习都体现为任务驱动式学习。团队成员基于任务和具体的活动安排参与实践，即教师所参与的活动都有明确的设计，包括主题、内容、学习资源，以及教师参与方式和评价要求。同时，成员之间的联系以对活动的共同关注和松散联合为特征。成员因为共同关注的问题而聚集在一起，也因为活动的结束而离开。

第四，在共享领导权与支持上，一方面行政部门发起共同体但不参与共同体的实践。C 共同体由教育部发起，除了制定《"国培计划"课程标准》及其使用指南，相关部门并不参与共同体的具体运行，而是委派继续教育网和东北师范大学承办项目。D 共同体在区域教育部门的整体规划下，由教研员等专业人员主持共同体的实践。另一方面，C、D 共同体都表现为争取最多的资源和最大程度的支持。教师发展型共同体的实践常常不是在同一个组织结构框架内，所以它需要整合多方面的力量，以获取稳定而优质的发展环境。这种环境的营造包括，上级行政部门把共同体实践纳入行政框架内，确认共同体实践的合法性，为共同体实践提供物质支持、文化保障，以及制度激励。共同体自身也要建设优质的学习资源库，并吸引更多有影响力的成员加入，以增加活动对成员的吸引力，从而落实共同体实践对教师专业发展的价值。

第四节　教学研究型共同体的运行

一、教学研究型共同体个案简介

（一）案例五：E 校教学研究团队

E 校是一所具有实验性和示范性的全日制小学，创办于 1948 年。学校实行集团化发展战略，目前有四个校区和两所幼儿园。教职工 857 人，教师队伍中教授 1 人，博士 12 人（含在读），硕士 334 人（含在读）；特级教师 9 人；国家、省、市级学科带头人和骨干教师 224 人；国家、省、市级科研名校长、科研型教师 53 人。学校有深厚的研究传统，从成立之初到 20 世纪 80 年代不断开展单项、单科教学实验。从 1986 年后，学校开始开展整体改革实验研究。学校以科研为先导，实践开放式教育的系列改革。

"十五"期间，学校改革以现代教育思想的文化培育、物理环境改造为重点，提出"开放式·个性化"的办学理念，创设开放式的教学环境，创新了系列组织管理制度。"十一五"期间，学校以课程改革为中心，开发校本课程，重建课程结构；为了助力课程改革的推进，学校实施了"弹性时间制度改革"。进入"十二五"，学校以教学改革为中心统筹学校发展，不断创新单元教学内容，进行教学组织形式的变革。E 共同体的实践是教学改革的一部分，表现为常规而又特殊的"个性化单元教学设计"研究。

E 共同体基于学校《数学学科个性化教学改革实验三年行动计划 (2013—2015)》（以下简称《行动计划》）而开展活动，遵循"统筹安排—系统设计—分步实施—循序渐进"的行动原则，以教材比较研究和教学行动研究为主要思路开展学科个性化教学改革试验。规划要求"以中日教材比较研究、数学个性化教学学生培养指标研究、数学个性化教学基本规律和策略研究为三条基本路径。经过三年左右的时间，开发数学个性化教学单元案例 36 个，占国标教材的 50% 左右"。

根据计划，每个年级每学期都需要开展一个单元的教学研究。但是由于各个校区负责数学学科教学研究的领导只有一两个，无法真正深入到每一个研究中。为此，学校将研究调整为每学期挑选一个年级开展一项研究，并主要关注数学教学的重难点内容。研究主要针对现有教材的不足，进行二次开发。即以教学单元为对象，进行教学内容的重新规划和内容结构的重新组合，并以此为基础开展教学行动研究。这一项研究是整合三个校区的优势力量开展的，是对集体备课制度的深化发展，教师们称之为"精致的集体备课"。

在组织结构上，E 共同体的核心组成如图 2–5：

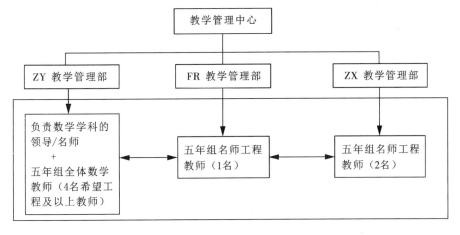

图 2–5　E 共同体的组织管理图

首先，研究在教学管理中心的统一规划下开展。基于学校教学工作委员会的工作方针和方案，教学管理中心统一规划学校教育教学常规和教学研究。近期，学校围绕"个性化教学"理念的理论学习和实践探索开展工作。E共同体的研究是学校探索"个性化教学"实践的一部分，即"实践个性化单元教学案例与教师指导手册的设计与研制"（相关研究如个性化教学模式探索、基于个性化教学的学习卡片开发与利用等）。

其次，共同体成员来自学校的三个校区，研究由三个校区轮流领头。研究工作以领头校区为主，其他两个校区配合。共同体研究的指导者是领头校区中负责数学学科教学的领导（也是名师），教师成员则是学校三个校区同一个年级的教师。领头校区该年级学科组的所有教师参加（新教师除外），配合校区则只有名师工程教师参加。如图2-5所示，本个案研究的是五年级的单元教学内容，参与成员就是领头ZY校区负责数学学科的领导和校区内五年级全体数学教师（"希望工程"及以上的教师参加，"青蓝工程"的新教师旁听学习，不承担具体的研究任务），以及其他两个配合校区"名师工程"的三位教师。

再次，共同体内部有相对明确的分工。研究指导者和组内擅长研究的教师（1~2位）负责文献的梳理、顶层设计、学生学习过程卡片的分析，以及调查问卷的编制与分析。其他教师每人负责国内国际一个版本教材的比较分析、单元一课时的教学设计。同时，所有教师根据实际情况负责多轮试讲中的部分教学任务。

（二）案例六：F省名师工作室

F共同体是在省教育厅的倡导下发起的，"以名师为引领，以学科为纽带，以研究为核心"的跨区域、跨学校的非行政性教师共同体。根据《××省教育厅关于落实××省促进中小学教师专业发展行动计划全面开展中小学教师继续教育工作的实施意见（2009—2013）》，××省教育厅2011年3月启动了"××省中小学名师工作室"建设工程。作为省培计划的一部分，名师工作室是为了充分发挥名师的示范、引领、指导作用，加快优秀教育教学人才的成长，促进省内骨干教师的成长和教师队伍的建设而成立。

为了规范名师工作室的管理，省教育行政部门和省教育学院还出台了

《××省中小学名师工作室管理办法（试行）》（以下简称《管理办法》）。《管理办法》规定名师工作室的工作流程是确定名师、选拔成员、工作方案上报审核、签订协议、挂牌运行。同时，教育行政部门还通过查阅资料、调查访谈、成果检验、影响检测等考核方式，对名师工作室进行每年一次的过程性评价和工作周期结束时的终结性评价。考核内容主要包括工作室自身的建设发展情况、工作室在培训和指导教师方面发挥的重要作用、工作室在教育教学科研中取得的成绩三个方面。而名师工作室成员的考核由名师工作室主持人负责。为了保障名师工作室的运行，教育行政部门提供条件和经费的保障（每年一万元）。

根据《管理办法》，名师工作室以三年为一个周期，是"集教学、科研、培训等职能于一体的教师合作共同体"，旨在"搭建促进中青年教师专业成长以及名师自我提升的发展平台，打造一支在全省乃至全国学校教育领域中有成就、有影响的高层次教师团队"。主要工作包括以下方面：

其一，培养、培训优秀教师。作为其他成员的导师，名师工作室主持人负责制订工作室工作方案和成员培养方案（包括培训目标、培训内容、培训形式、研究专题、培训考核等）。帮助工作室成员在省优秀教师成长"五级（县、市、省骨干，省学科带头人，省特级教师）梯队"中相应提升一级或成为在某一方面学有专长、术有专攻的知名教师。

其二，开展课题研究。即以工作室主持人专长为基础，以成员集体智慧为依托，针对教育教学实践中的重点、难点问题进行专题研究。共同体在工作周期内要完成一个省级及以上重点研究课题并取得相应成果，撰写出一定数量的高质量论文或专著，促进学科教学的理论建设。

其三，推广教育教学成果。名师工作室的教育教学研究成果应以论文、专著、讲座、公开课、研讨会、报告会、名师论坛、专题纪录片、现场指导、观摩考察等形式在全省范围内介绍、推广。

其四，开发、整合教育教学优质资源。即名师工作室要结合新课程实施要求，根据本学科特点和本工作室目标建立教育教学资源库。名师工作室要建立自己的特色网站或专题网页，使之成为工作动态发布、成果辐射推广和资源生成整合的中心，实现优质教育教学资源的共享。

F 共同体以名师姓名及其学科命名。如图 2-6 所示，名师工作室由省教育厅领导，省中小学幼儿教师培训中心负责工作室的日常管理、业务指导和考核评估工作。市、县级教育行政部门负责协助管理名师工作室。名师工作室挂牌学校协助教育行政部门对名师工作室进行日常管理。在人员组成上，它包括名师和省内同学科骨干教师，每期成员 15 名左右。从地区分布来看，城区教师 8 人，农村教师 6 人。其中教研员 2 人，教务主任 5 人，教研组长 5 人，备课组长 1 人，普通教师 2 人，平均年龄 39 岁。由于工作室以三年为一期，每期成员可以叠加，所以在工作室的持续发展中，教师成员可能多达六七十人。但每一期主要的活动成员是 15 人左右。在工作方式上，由于工作室是一个非行政组织，所以工作室成员之间以团队的形式合作。名师工作室的活动链接：一是与省、市其他名师工作室做联合教研；二是将成果辐射到名师和成员所在学校中；三是将活动成果辐射到区域内其他学校，以及偏远校和薄弱校。

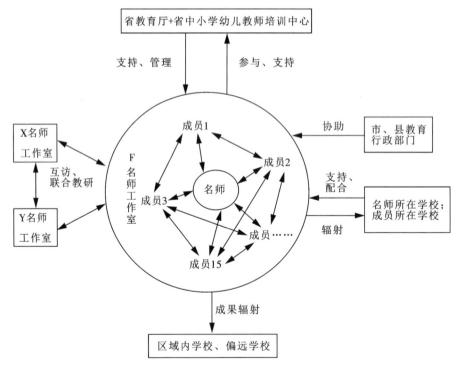

图 2-6　F 共同体的组织管理图

二、教学研究型共同体的运行状况

（一）教学研究型共同体的建构

教学研究型共同体的建构方式属于自"上"号召与自"下"申请相结合，即行政部门自上而下规划和学科教师自下而上申报双向互动的建构和运行机制。学校或者教育行政部门对共同体的发起和运行提供支持。这种支持或具体或宏观，取决于共同体发起者的规划和安排。E 共同体的研究是学校"十二五"发展规划的核心内容，是推进和落实学校办学理念的阶段性策略。学校为共同体的开展提供从宏观到微观的专业支持。一方面，学校提供了明晰的研究规划和研究路径。即通过教材比较研究进行单元课程开发，开展教学设计与实践的行动研究。另一方面，学科领导作为共同体成员参与研究活动。由于一线教师更擅长实践而非教学研究，所以学校委派具有研究能力的学科教学领导指导和参与研究活动。从制订《行动计划》，到具体某单元教学研究的设计、实施、评价，学科教学领导都全程跟进，确保研究的深度和实效性。F 共同体的发起者是省教育行政部门，但他们只是从宏观上对共同体实践提出要求，比如共同体的目标、定位、活动平台、评价方式和标准等，并不干涉共同体的实际运行。

行政部门授权专业人员主持共同体。无论行政部门以何种方式支持共同体的运行，都尊重共同体内部的自主权。为了保证共同体的运行效率，行政部门将管理重点放在选拔主持共同体的专业人员上。在两个个案共同体中，共同体主持者都是教学能力与研究能力兼备的特级教师。在 E 共同体中，学校虽然提出研究规划和路径的总体要求，但是不直接干预共同体的运行。根据《个性化教学研究成果集》的描述，学校通过学科委员会，召集各学科教师在共同体实践中"自主规划、自主研发、自主管理"，以确定"本学科三年的教学改革目标定位、具体内容、步骤、时间表和路线图"。而学科委员会的领头者就是学科中具有较高教育教学能力和研究能力的特级教师。

在 F 共同体中，除了明确共同体的定位、保障措施和管理机构等宏观要求和环境条件建设外，行政部门的核心工作是选拔共同体的领头者。根据规定，共同体领头者必须"堪称育人的模范、教学的能手、科研的专家"。除此之外，选拔成员、制订活动方案等一系列事情都由领头者自己决定。总体上，行政部门给予共同体充分的自主权。在特级教师的专业引领下，共同体成员主动申请参与，共同体的运行也有明确的目标，有清晰、可操作的活动规划。这在很大程度上提升了共同体的实践活力和教师的参与度。

（二）教学研究型共同体的活动内容

教学研究型共同体的活动主要体现在以下方面：

（1）课题研究。教学研究型共同体的课题研究以共同体的研究主题为核心，比如 E 共同体关注"个性化教学理念下的数学单元课程开发"，F 名师工作室关注"小学数学课堂中'有效探究'的研究"。虽然这两个共同体都关注特定主题下的教学研究，但是研究的开展方式存在差异。E 共同体是将任务进行分解，每个成员承担一定的任务，并将研究成果带回共同体进行协同分析、批判与整合。F 共同体则是其他两种不同的方式：一是成员根据自己的兴趣和特长，各自（或小组）领一个子课题，开展研究；二是成员轮流承担研究任务，即某一个或几个成员作为某一研究的主要承担者，其他成员则以参与讨论为主。这种组织方式主要因为成员分布较为分散，很难组织集中研究。

（2）教育教学理论学习。一是读书分享。E 共同体针对相关的理论学习要求，组织教师阅读书籍资料，比如佐藤学的《静悄悄的革命》。同时，组织具有一定研究能力的教师综述文献，明确相关内容的内涵、特征、观点，以及研究进展等，并向学校或组内教师介绍。F 共同体的主持人则利用专项经费为成员订阅杂志、购买书籍，并向教师推荐一些书籍。同时，每月安排固定的时间通过 QQ 群、微信，或者线下聚会等开展导读和读书分享活动，并鼓励和指导教师将书中的思想应用到教学实践中，如《思维导图》的阅读与教学实践应用。二是较高平台的学习参与。E 共同体所在学校针对相关研究议题召开学术会议，邀请相关领域的国内外专家和教师参会，一方面介绍学校的研究成果，另一方面听取国际国内相关研究的进展。F 共同体主持人则利用自己的资源和人脉，为教师搭建学习平台，包括聘请专家做教学观摩和专题讲座，走进名师课堂，参加国内的教学研讨会等。

（3）实践经验积累。一是联合教研。即与省、市的其他名师工作室开展联合教研活动，互为主场，相互补充，围绕工作室的研究问题进行课堂展示、经验交流、专家点评和领导寄语等活动。二是送培送课活动。根据《管理办法》对推广教育教学研究成果的要求，名师工作室主持人"应带领工作室成员开设一定数量的区级以上公开课、培训讲座或教学论坛（报告会、研讨会）；定期组织工作室全体成员去农村送教，或与某所农村学校结对帮教"。在这一要求下，名师工作室将"送培到县"，以及与本区域学校或成员所在学校的对接作为一项基本活动来开展。三是交流展示活动。名师利用自己的资源为教师提供更多的展示平台，如承担"国培""省培""市培""骨干培训""特岗培训""新教师培训"等的培训报告和示范课展示任务，或与名师一起（甚至代表名师）做交流展示活动。四是个人教学叙事与反思。工作室要求教师写教育随笔，记录教学案例，反思研究课和常态课，总结研修的心得体会等，并基于自己的思考撰写论文，以对个人实践经验进行积累和整理。

（三）教学研究型共同体的活动方式

教学研究型共同体的主要活动方式是教育行动研究。这类共同体的行动研究都经过了系统的研究设计，有利于促进教师对相关理论和问题的系统学习和思考。但从组织方式上看，研究所选取的两个个案还是存在一定的差异。

F共同体以支撑教师的系统学习为导向组织活动，即共同体的活动以"理论学习—实践探索—理论总结"为路径，包括"有效探究理论研讨""课例设计研讨""同课异构""专题研修"等四个理论与实践整合的活动。比如围绕"概念教学'有效探究'的研讨；概念教学'有效探究'的课例研究、设计；同课异构（某一概念课）；通过网络研修以总结与反思"开展活动。在专题研修中，共同体还针对学生的有效学习开展研究，包括学生学习前测、讨论并选择教学节点，开展教学设计研讨。此外，主持人还通过其他方式组织教师学习，如专题讲座和专题学术沙龙；名师与成员共备一课，引导成员从更高的站位反思教学实践；日常视频磨课（成员同课异构，讨论某课教学设计，成员轮流拿出一节录像课）等。

E共同体以系统严谨的研究设计和实施见长。E共同体实践表现为以下三个方面：

（1）以文献研究为基础进行单元整体设计。文献研究包括文献梳理和教材比较研究。文献梳理主要整理国内的数学专家、小学数学教育名师在本内容模块的主要成果，同时厘清本模块内容不同方面的意义和本质。教材比较研究主要是国内和国际教材的比较研究。共同体所在学校使用北师大版教材，所以教材比较研究主要是对北师大版教材与人教版、苏教版等版本教材的对比分析。基于文献梳理和教材对比研究，共同体以"教材单元"为基本单位，确定本单元的核心内容及其学科本质，并分析不同版本教材在编排上的特征，列出可以借鉴的内容，以此作为内容整合的参考。最后，根据学生学习调研的结果对所使用教材某一单元的主题、内容、结构、重点，以及素材的选择和呈现方式等进行调整和优化。

（2）以行动研究为路径优化课堂教学。行动研究沿着"设计、行动、考察、反思"① 的基本路径展开，旨在不断修正和完善单元教学设计。行动研究过程包括两轮教学设计与研讨，两轮课堂教学实践及其观课、反思与修订教案，并形成最终的单元教学设计。在教学活动之前有两个阶段的教学设计与研讨：第一阶段是教学流程设计研讨。主要是基于文献综述、教材比较，以及学生学习前测的结果，确定教学目标、教学内容和基本的教学任务设置。研讨活动关注教学目标、内容与单元整体结构设计的匹配度，以及设置的教学任务对教学目标、内容和学生学习的适应程度。第二阶段是课时教学设计研讨。研讨围绕每节课教学设计的合理性展开，最终形成教案、课件和学习卡片等。研究还设计了两轮的研课：第一轮由一位教师上整个单元的课，共同体内其他教师听课，课后进行共同研讨并修改教学设计；第二轮由另一位教师用修改后的教案上整个单元的课，共同体内教师听课、课后研讨，并确定最终版教案。最后，负责教师将最终版教案与教学视频分享到各个校区。

（3）通过多元化的研究方法分析学生学习与师生互动的现状和改进策略。学生学习研究是学校个性化教学研究关注的重点，包括两个方面的内容：一是个性化学习的专题研究。包括逐渐递进的"学生个别学习的问题

---

① 王艳玲，熊梅. 个性化教学单元设计的实践探索［J］. 课程·教材·教法，2014（1）：58.

及其表现""学生个别学习能力培养的策略研究""学生小组学习过程中存在的问题以及表现""学生小组合作能力培养的策略研究""学习卡片以及学习指南设计的策略研究""教师个别化指导的策略研究""数学个性化教学实践模式的研究"七项专题研究。这些研究以问卷调查、课堂观察、个案研究为主要的研究方法。二是"大单元开发"中的学生学习研究。即在单元开发中通过调查研究和文本分析掌握学生学习情况。其中，调查研究是指学生学习前后测。案例中，前测调查对象包括刚学完"分数初步认识"的三年级学生和五年级还没学"分数的意义"的学生。调查希望了解学生对"分数"基本知识的掌握水平，以及其他方面知识的学习对"分数的意义"学习的影响。后测调查包括两个方面：一是学生学习之后对"分数的意义"的理解情况；二是对比分析没有利用研究成果教学的学生和利用研究成果教学的学生对于相关内容理解情况的异同。文本分析是对学生学习过程的分析，主要是分析学生学习卡片。目的在于：一是理解学生对相关内容的学习过程，对学生学习过程进行分类、分阶段分析；二是了解学生的学习困难和问题，以分析教学活动如何支持学生对相关知识的学习，并尽量避免因为教师的教学设计增加学生的学习困难。

三、教学研究型共同体运行的基本特征

（一）探索特定教育教学理念及其实践表征

教学研究型共同体的实践源于某种教育教学理念或主张。这种理念和主张一般是共同体领头者对教育教学实践的理解。比如 F 共同体的"有效教学"和"探究学习"的教学主张是共同体领头者 FW 教师一贯的教育追求。他在访谈中提到："现在很多人会说你提有效教学就老土……但有效教学也是对现在教学和研究实践的一种理性反思……'有效探究'的关键在于对学生'学习路径'的把握，包括学生学习之前对于知识的理解，学生对于教学的反应等。"在共同体实践中，领头者的理论追求通过理论学习、实践探索、实践反思等方式为成员所共享。

E 共同体中的"个性化教学"理论在推进过程中经历了理论与实践整合的过程：一是学校领导层介绍"个性化教学理论"，引领教师阅读相关书籍，组织骨干教师针对理论做文献综述，组织专题研讨会进行学习成果分

享。二是学校的中层研究骨干从不同方面开展课题研究，提出个性化教学的实践模式（包括集体指导补充模式、学习进度模式、学习起点模式、学习顺序模式、课题选择模式等），个性化教学的理论与实践策略，以及个性化教学的学习卡片开发等系列研究成果。三是将研究成果转化为各个年级教研组开展行动研究的课题，探索理论的实践路径，以切实提升教师的理论水平和实践能力。四是个性化教学理论的常态化实践，即通过教师个体和团队的研究，使得个性化教学理论成为教师能够实践且真正认同的理论。总体上，作为共同体实践的思想基础和核心探究内容，共同体领头者的理论诉求在共同体实践中发挥着引领作用。

（二）系统设计的团队行动研究

在研究所选择的两个个案中，行动研究有两个显著的特征：（1）有系统的学习规划和研究设计。E 共同体的研究，一方面基于"教学单元"调整教材的教学内容结构，并基于行动研究优化"每节课"的教学设计。另一方面整合前测、学习过程分析、后测，以及实验班和对比班的学习后测分析，考察教学是否以及如何为学生的学习提供支持。这两方面的研究相对独立又相互支持。比如前测为教学设计提供支持，而教学设计与实践又为学生学习过程分析和后测的对比思考提供研究支持。（2）关注"学生学习"。在访谈中，领头者 FW 教师非常关注"学生学习路径"的研究，甚至规定将某个知识的学生学习路径分析作为课例研究汇报的重要内容。包括在研读教材的过程中思考和定位学生学习的节点，开展学生学习前测，以及分析学生学习过程中的相关表现（比如在角的认识中，学生在"绘制书桌上的角"的过程中的表现）等。这种系统的研究设计，一方面引导教师探索并掌握理论及其实践样态，从而强化教师对相关理论和共同体实践的认同；另一方面，通过对学生学习，以及教与学相互支撑的探索，提升教师对学生学习的把握能力。

（三）任务驱动的自然合作

教学研究型共同体中的教师合作是任务驱动的，即教师合作以一定的学习和研究任务为基础。在研究所选取的两个个案中，共同体实践都有阶段性发展规划的支撑。E 共同体的发展规划为《行动计划》。它设定了三年行动计划的目标——"开发数学个性化教学单元案例 36 个……形成'尊重差异、适切指导、经历发现、自主建构'的数学个性化课堂特色"。《行动计划》还指出了具体的研究内容,包括课程设计与实践研究、教学模式与策略研究,以及配套的教师培养机制、教学资源建设和教学评价改革。F 共同体的《××小学数学名师工作室 2012 年工作计划》也详细说明了共同体的工作目标、工作思路、工作任务、工作方针,并附以工作日程表和月工作表。教学研究型共同体的任务设计是共同体领头者对团队活动的整体设计和安排。具体的任务计划会根据活动开展情况进行调整。

教学研究型共同体中的教师合作是一种自然合作,体现为"多元开放的价值观念、自主自愿的职业态度,以及互动互利的行为原则"[①]。在个案中表现为:(1)团队合作中的角色互补与相互依赖。在共同体实践中,教师成员在角色上互补,在任务中相互支持。在 E 共同体中,具有较高研究能力的教师承担研究设计、文献综述、学生前后测设计与实施、学习过程分析等研究任务;具有丰富教学经验的教师进行教材比较研究,设计教案与修正,并承担多轮的研课授课活动。他们的任务是相互支撑的,文献研究为内容和课时安排指明方向,学生调研为教学设计提供依据,而多轮教学活动为学生学习过程分析和学习后测提供数据。(2)开放互利的合作态度。在合作过程中,共同体中的每一位教师都承担着重要任务,他们的思考和设计影响着团队研究成果。每一位教师的观点和思考都会被重视,并在研讨或试验的过程中被批判性地分析。因此,教师们会用开放而审慎的眼光分析自己和他人的观点,并将自己的经验和意见与团队成员分享,以提升团队研究的效率。(3)教师主动扮演核心角色。教学研究型共同体的任务制定不是对教师参与角色和方式的确定,教师的主动性在参与过程中更为重要。比如成员可以在任务框架下将自己的兴趣和关注点融入研究过程,根据需要在某些任务中承担某一类或更多的研究责任,抑或在某些自己并不感兴趣的领域或别人更擅长的领域中扮演"边缘学习者"的角色。

---

① 姜新生. 从个人主义到自然合作:教师文化的理性建构 [J]. 教师教育研究,2010(5):7 – 8.

(四) 以专业引领代替行政控制

行政控制用条例或者规章制度严格限制教师的行为，并通过行政权力对方案的落实情况进行监管，从而形成一种程式化的常规和秩序。行政权力强势介入共同体实践，教师的行为和个人专业权利被限制在行政规范的范围内。而专业引领尊重教师的专业权利，注重教师自主权和创造力的发挥，强调管理部门对教师学习和实践的引领、服务和支持。用专业引领代替行政控制就是指行政部门对共同体的定位从"标准化"向"创新型"转变，以真正激发教师的能动性，深入研究教育教学，并实现自我更新。个案共同体从以下三个方面体现出专业引领型管理的特征：

（1）专业思想和专业技术引领。任何教学改革或研究都需要有理念和方法的指引。共同体的发起者和主持者要为教师的学习和实践提供思想基础，以启发他们的思考，鼓励他们自主探索和实践。由于教师擅长的是实践而非科学研究，专业引领者还需要为他们提供具体的、可操作性强的研究路径，以指导他们有重点、有步骤地开展研究。E共同体所在学校确定了教材单元开发的研究目标，提供了教材对比研究和行动研究的研究规划，并指明了每个阶段的步骤、重点和方式方法，以确保教师研究的有效开展。

（2）充分授权。行政管理部门尊重共同体的专业自主权，允许共同体自主制订研究计划并开展学习与研究活动。E共同体所在学校成立学科教师的专业组织——学科委员会，委员会教师研究和决定学科课程教学改革、教师队伍建设、学科建设等事项。在本轮教材单元开发的研究中，它们根据学校的课程教学改革规划，自主制定学科发展和学科教学研究规划和实施方案，并根据实际情况进行调整。

（3）服务和支持共同体的实践。专业引领型领导注重营造有利于共同体实践的环境。首先，F共同体的发起者理顺共同体运行的环境，即共同体的管理部门——幼儿园中小学教师培训中心，协作部门——市、县级教育行政部门——名师工作室挂牌学校。其次，明确行政部门对共同体的服务与监管方式。即每年一万元的经费支持和基于标准的考核评估，明确名师工作室由名师全权负责（包括成员教师的评价），行政部门不干涉共同体的具体运行。这种尊重共同体自主权的服务和支持为共同体实践营造了宽松的环境，有利于调动共同体内部的自主性力量。

小结

教学研究型共同体以开展教学研究为主要任务。在活动开展上，共同体以系统设计的行动研究为主要方式，并根据需要整合其他学习方式。由于成员来源不定，共同体的活动设计也不具有固定的程式，教师的学习方式也不定，但总体围绕研究课题协同合作。行政部门则通过专业引领、提供支持性条件为共同体活动开展提供帮助。

第一，在活动目标和内容上，个案共同体都基于特定课题开展研究。"个性化教学"和"有效探究"两个研究课题的选择都是共同体领头者对新课程改革理念和自身教育教学理念进行综合分析的结果。共同体内其他成员可以在研究课题下提出自己的研究设想或是"子课题"。值得注意的是，这两个共同体的研究都关注学生的学习。E 共同体在研究设计中，从学习基础、学习过程、学习方法和学习成果等多个方面关注学生的学习。而 F 共同体则主要关注学生的学习基础，为教学设计设定更为合适的学习起点。在研究过程中，共同体实践强调通过理论学习、实践检验和实践反思等系列研究活动，真正引导教师思考课程、教材、教学和学生学习中的问题。

第二，在实践参与上，个案共同体以行动研究为主线，整合其他学习方式。E 共同体的研究以"单元课程开发"为主旨，一方面通过文献梳理和教材比较研究确定单元教学的核心目标、内容，并规划单元课时分布和课时内容。同时，结合"课例研究"的实践路径，进行"单元"和"课"的多轮教学设计、实践、反思和修正，最后形成系统的单元教学计划。另一方面，通过实验研究分析教学设计对学生学习的实际影响，并据此修正和改进教学。这两方面的研究既相对独立又相互支持。F 共同体则基于探索特定内容的"有效教学模式"开展行动研究。即通过"有效教学"的理论学习和特定内容的"教""学"特征分析，开展教学设计，在教学实践反思中总结出相关的教学模式或教学建议。由于教师发展是一个系统的工程，所以个案共同体还强调为教师提供其他的学习机会，如读书、参加专业会议、教学展示活动等。

第三，在协同合作上，一方面，共同体成员来源不定。由于发起者不同，共同体成员的来源也不确定。E 共同体的成员来自于校内（不同校区），F 共同体的成员来自于所在省的不同区域。基于成员聚集的可能方式，E 共同体的学习以线下集中研讨为主，F 共同体的学习以线上线下整合的混合式研修为主。由于课题研究对教师的教育教学能力和研究能力有一定的要求，所以教学研究型共同体的成员组合必须是强强联合。因此，两个共同体的成员都是特级教师和骨干教师。当然，共同体活动也不排斥新手教师，新手教师一般作为"边缘学习者"而存在。另一方面，共同体的合作表现为围绕研究课题的自然合作。在合作过程中，教师们共同对研究课题承担责任。为了深入开展课题研究，教师们基于能力、兴趣和特长而承担相应的研究任务，分享研究成果，并在尊重他人观点的互动交流中进行批判性思考，使得研究能够顺利开展。值得注意的是，共同体的研究设计一般由共同体领头者完成，而成员在不同的任务和阶段中承担相应的责任。

第四，在共享领导权与支持上，行政部门一方面为共同体实践提供专业支持。行政部门作为共同体发起者不直接规定和参与共同体的实践，而是甄选专业人员引领共同体的实践。E、F 共同体的领头者都是省内或学校内知名的特级教师，他们在小学数学教学和研究领域有较深的造诣，有广泛的专业影响力。同时，行政部门为共同体实践提供理论支撑。E 共同体引入专家团队为共同体的行动研究设计基本的技术路线。专家团队设计的基本路线为共同体研究指明了方向，同时也给予共同体空间，即共同体自己做具体研究设计。另一方面，为共同体实践提供环境支持。E 共同体所在行政部门通过统一规划，将研究设定为不同校区的共同责任。这种校区之间行政部门的配合为教师参与共同体实践提供了可能性。而 F 共同体所在行政部门既建设网络平台为各个共同体提供学习、交流和展示的空间，又为共同体提供资金、学习资源上的支持。

第三章
专业学习共同体中的教师学习类型

本章着重分析教师在不同类型共同体中的学习方式。研究首先根据个案共同体的活动开展情况，分析共同体的主要活动类型及其活动开展方式。其次，分析共同体中教师参与不同类型活动的方式，考察不同活动中教师的主要学习路径。最后，将具有相同学习路径的活动归类，并对不同学习类型中教师的学习路径和过程做详细分析。

第一节　不同类型共同体中的教师学习活动

波兰尼认为，人类是通过积极地对自身体验进行创作和组织来获取知识的。在此过程中，人将自己和事物的细节融合，以从整体的角度进行理解并创造该事物的意象和模式。所以，我们所拥有的大多数知识是我们自己在与世界打交道时刻意努力的果实。① 而我们与世界打交道的过程就是我们所参与的学习活动。因此，分析教师在共同体中的学习，要从梳理教师在不同类型共同体中所参与的学习活动开始。

一、教学改进型共同体中的教师学习活动

本研究中的 A、B 个案属于教学改进型共同体。在两个个案共同体的运

---

① 竹内弘高，野中郁次郎. 知识创造的螺旋——知识管理理论与案例研究 [M]. 李萌，译. 北京：知识产权出版社，2006：48 – 49.

行中，集体备课和课例研究是两种主要的学习活动，其余还包括讲座报告、专题培训、讨论、读书等。其中，A 校基于"以公开课促进教师成长"这一日常教师培养机制，将"集体备课"改为"课例研究"。B 校同时开展"集体备课"和"课例研究"这两种学习活动。课例研究活动为满足校外赛课和校内研究需求而开展，一学期 1~3 次。而集体备课虽然时有"因为检查、学生活动等忙不过来"而中断，但仍算是学校一种常规的教研形式。下面简要介绍个案共同体中的"集体备课"和"课例研究"实践。

自我国教研组成立以来，集体备课就是其常规活动。但是由于活动中"备教学内容落实多，备学科长远发展少；分工备课多，合作交流少；备教材多，备学生少；备讲法多，备学法少；备课前预设多，备课后反思少"①，更多"解决教师通过个人努力或个别交流就可以解决的教学细节问题，疏于解决教师个人难以解决的教学法学习与运用问题"②，为研究者和一线教师所诟病。虽然存在诸多问题，但集体备课依然是我国大多数学校的常规教研活动，因为它在规范学校教学、加强教师之间的交流、促进教师经验分享等方面有重要的价值。在 B 教研组的实践中，团队讨论旨在分享单元教学的相关经验。在活动中，团队成员轮流担当"主备人"。"主备人"首先呈现单元教学思考和课时教学设计。其他教师会做笔记、评论、提出问题，或分享他们的故事和思考。遇到问题，他们会进行协商，但也可以保留不同意见。教师也许会用"主备人"的教学设计，也可能只是采纳他们认为有价值的内容。

课例研究活动在教学改进型共同体中主要围绕某课教学展开。A、B 两个共同体的课例研究活动有相似的流程，即授课教师呈现教学设计，其他教师评论、分享经验，或是提出问题。之后，便展开多轮的实践—研讨—修正活动，直到形成相对完善的教学设计。A 共同体的课例研究活动主要以教研组为单位展开，服务于每位教师每学期一次的公开课任务。同时，学校也会因为一些特殊的目的组织课例研究活动，比如参与赛课、接待课，

---

① 渠东剑. 从集体备课视角看校本教研 [J]. 中国教育学刊，2009 (4)：75.
② 陈桂生. "集体备课"辨析 [J]. 中国教育学刊，2006 (9)：41.

或者为了探索一些特殊问题而开展研究（比如，基于"需要教育"的导学型课堂如何开展，如何在课堂教学中使用合作学习理论等）。B 教研组的课例研究主要以学校的具体任务为基础开展，比如学校课题研究、家长开放日、区教师授课比赛等。B 共同体所在学校要求教研组在课例研究中集体教研和集体上课。即每一轮试讲任务都由不同教师承担，教研组共同对研究成果负责。

二、教师发展型共同体中的教师学习活动

本研究中的 C、D 个案属于教师发展型共同体。通过对 C、D 共同体任务设置和教师参与的分析，研究发现 C 共同体中的教师学习分为三个阶段：第一阶段"梳理学科教材整体结构"（2014.11—2015.3），旨在引导教师在学习中"提高整体把握教材结构的能力、分析单元知识内在逻辑的能力、处理知识点教与学关系的能力"。第二阶段"深入分析教学案例"（2015.01.28—2015.5.31），包括"提高学员对教学案例的分析能力与提交个人优课案例""深入研讨学员提交的优秀教学案例"两个内容。第三、四阶段可以合并为一个阶段，研修主题为"工作坊金钥匙活动"（2015.6.12—2015.8.15），包括"指导网络研修"和"需求调研与实践方法"两个内容。教师在不同阶段的学习可以分为两到三个部分，即专家引领的课程学习（学科活动）、工作坊的学习活动（工作坊活动）和协作组的学习活动（协作组活动）的不同组合。

D 共同体的活动则以具体的"任务"为主，包括常规型和临时型两类。常规任务如区教师进修学校根据区域教育发展规划所发起的常规赛课活动，学期初的新教材学习活动。临时安排的活动如根据阶段性研究活动所发起的"核心素养发展与个性化教学综合改革行动研究"论坛和成果发表会，以及以某学校教学研究成果为基础的区域展示推广活动等。教师发展型共同体中的学习活动一般包括以下五类：

（1）讲座。讲座是两个个案共同体中的重要活动。因为 C 共同体的讲座比较系统，下面以 C 共同体为例，说明共同体中的讲座设置。在 C 共同体中，讲座被称为"专家引领的课程学习"，包括必修和选修两类。第一阶

段的必修课程主要帮助教师熟悉平台，并结合平台中期的"全国教师 V 课大赛"活动，设置"微课程学习"课程。基于课程学习教师需要完成相应的研修作业，包括微课视频制作、教学设计和观课反思等。选修课程则结合本阶段"梳理学科教材整体结构"的研修主题，关注三个方面的内容：一是数学学科内容，如"小学数学学科内容研究"；二是学生学习及其教学，如"小学生数学学习疑难解析"；三是网络研修与教师专业发展，如"小学教师的专业发展研究与案例"。第二阶段的专家引领课程包括 3 门必修课和 2 门选修课。必修课以坊主的同课异构课例为主。选修课中的专家引领课程包括教师专业发展、课程改革与教学，以及学生学习与教学三个模块。除此之外，坊主资源中也有相关的讲座视频。这些内容紧密结合本阶段"深入分析教学案例"的研修主题。在为教师提供经典教学案例的同时，也引导教师理解案例设计背后的思想，并思考其实践应用。第三阶段"设计指导网络研修"是指教师组建工作坊和开展培训活动。本阶段的学习以专家引领的课程学习为主，辅以教师以校为本的实践探索。专家引领课程包括 2 门必修课程，即"基于网络研修的工作坊主持"和"主题活动课程化简介"。选修课程 3 门，都是关于工作坊研修方案设计和实践案例。教师以校为本的实践探索则指教师研修方案设计和讨论区交流研讨活动。

（2）专题研究。专题研究是指共同体基于某个话题或研究问题组织教师学习和研究。两个个案共同体的专题研究活动组织存在差异。C 共同体强调以教师个体学习为基础，并辅以团队、集体学习。活动关注两个方面的内容：一是基于共同体的研究课题开展研究。整合区域正在开展的研究和项目组所推进的微课研究，个案工作坊确立了共同体的研究主题"基于翻转课堂的小学数学概念教学课例研究"。为了推进这一研究，共同体组织的活动包括开展专家讲座、组织教师学习理论资料、坊主的概念教学课例展示。这些活动从理论到实践向教师展示小学数学概念教学的取向、过程和教学案例。二是研究新教材。在"梳理学科教材整体结构"的基础上，工作坊开展研究新教材活动。具体过程是提供学习资料供教师学习、教师独立分析教材的内容结构和例题价值、协作组层面组织研讨活动并整合资源、工作坊层面选取优秀研究成果、被评优的教师到区里做分享并颁发证书。D

共同体则是以团队研究成果的分享为主，如"妙用思维导图践行新型课堂教学模式"展示课活动。团队成员在与区教研员、外聘专家、学校领导协作研究中学习。区域其他教师主要参与研究团队的成果展示活动。

（3）课例展示与交流活动。在个案共同体中，课例展示与交流活动主要以线下观课议课活动为主。有的有主题，如 D 共同体中"转变学习方式，提升课堂实效"的教学展示与研讨活动；有的没有主题，如 C 共同体的支教交流活动。以 C 共同体为例，教师的学习包括三类：一是网络教学案例分享，包括必修课中的同课异构案例和坊主资源中的知名案例。二是工作坊和协作组层面的课例研究活动。工作坊层面以"概念教学"为主题开展赛课活动。工作坊组织者要求协作组在课堂展示和研讨活动中选出代表参与工作坊赛课，为获奖教师颁发证书，并在市内进行课堂展示和巡讲。三是以共同体教师学习需求为基础组织的专题课例展示活动，如"小初对接研讨"。活动中坊主 CL 教师与一位初中数学教师同上"三角形的内角和"一课。CL 教师在描述活动过程时说：

> 我用四年级的学生上课，然后和老师们分享小学阶段应该以什么为起点，应该拓展到什么程度。老师们一起研究我拓展得够不够，深度是否合适。中学老师就用初二的学生来上课。让小学老师们看一看，三角形内角和到了中学会怎样进行证明，怎样进行推理……我们小学老师感受到，小学正是培养学生学习习惯、探究能力、主动思考意识的阶段。中学真的是大密度轮番轰炸，你听得进要听，听不进也得听。

活动还邀请了首都师范大学，省教育学院初等教育研究所，以及省教科所的专家和研究员进行现场评议。

（4）专题研讨。这项活动指教师在网络平台的"自由讨论区"中的交流，只有 C 共同体有这项活动。项目组在"学科活动""工作坊活动"和"协作组活动"中都开辟了"自由讨论区"。教师们在讨论区中围绕学习内容发表主题帖，或是阅读其他人的主题帖，并发表自己的观点或提问。如在"微课制作与课程学习模块"，教师们就发表了许多关于微课价值、微课如何融入数学教学、微课制作中的问题等的看法。同时，教师们也会根据个人兴趣和需求发表主题帖，涉及的主题较为广泛。既有教学疑难，如"为什么学习不好的学生学习习惯都差"，也有具体教学问题，如"多边形的面积如何进行有效的作业练习课教学"。从自由讨论区的参与权限来看，"学科活动"中的自由讨论区允许项目所有教师参与，"工作坊活动"和"协作组活动"仅供工作坊成员和协作组成员参与。

（5）个人日常教学的分享与交流。该活动属于工作坊开辟的"日常教学"模块，包括"研修日志""我的教学故事""教学案例""我来当坊主"4个方面的内容。项目组对教师在本模块上传的内容有数量上的要求，"研修日志"每学期4篇（共8篇），"我的教学故事"每学期2篇（共4篇），"教学案例"每学期2篇（共4篇），"我来当坊主"（1篇）。这几个内容的设计目的不仅在于记录教师的研修故事，给予教师展示自我的空间，更为重要的是进一步生成教师学习的资源，促进教师之间的学习和分享。

三、教学研究型共同体中的教师学习活动

本研究中的E、F个案属于教学研究型共同体。通过对E、F个案活动过程的分析，研究发现教学研究型共同体主要通过课题研究探索特定内容的教学策略及其对学生发展的价值，并通过理论学习和实践经验积累开阔教师的视野。E共同体的课题研究是基于学校教育教学发展的阶段性规划开展的，即"个性化教学理念下的数学单元课程开发"。课题研究以教材比较研究和学生学习研究为基础，对所用教材进行二次开发。即重新定位教学目标，通过引入、补充和嵌入等方式对教学内容的结构、课时进行重新安排，并进行单元教学设计和实践的行动研究。F共同体的研究以"有效教学"和"课堂探究"为领域，通过引导教师学习理论，结合课例对某一领域或课型进行"有效探究"的教学设计，并建构与之相适合的基本教学模式，促进教师在实践中学习。总体上，这类共同体的活动主要包括理论学习、课例研究、学生学习研究、教学展示与交流等。

"理论学习"主要包括两个方面：一是为课例研究做准备的理论研读。为了进行单元内容整体设计，共同体开展文献梳理和教材比较研究。文献

梳理关注国内研究在单元核心内容及其教学方面的关注点、观点。教材比较研究是将北师大版教材与国内外不同版本教材进行比较，关注的内容包括教学目标、教学内容的选择与编写、课时设置，并以教学目标对比和教材呈现背后所体现的学生学习过程分析为重点。F 共同体的文献资料研究主要关注研究主题所涉及的核心概念（如"有效教学""概念教学"），学习方式主要是名师推荐相关资料、组织专题讲座、组织专题学术沙龙等。二是以开阔教师视野为目的的理论研读。这方面的学习通过读书、听讲座和参加学术会议来开展。

　　"课例研究"是为优化教学设计而开展的。E 共同体以"设计、行动、考察、反思"① 为基本路径开展单元教学设计与实验，包括两轮教学设计与研讨，课堂教学实践及其观课、反思与修订教案，最终形成单元教学设计。具体内容包括单元教学目标、单元内容框架、单元教学计划、课时教学流程。F 共同体的课例研究活动主要分为两类：一是落实阶段性研究主题的研究课，基本流程包括多轮教学设计研讨—成员轮流上课—线上线下的教学研讨—研究课展示与汇报；二是名师与成员共备一课，基本流程包括教学设计研讨—成员上课—课后研讨—共同体内的课例呈现与反思。后者一般服务于共同体的课例展示活动、外出支教活动。

　　"学生学习研究"是对学生学习的基础、过程和结果的系统分析。F 共同体的学生学习研究以学生学习基础研究为主，包括学生的知识基础、对相关概念的理解，以及主要存在的问题，以确定教学着眼点。E 共同体的学生学习研究主要是从纵向上对学生单元学习的知识基础、学习过程和学习结果进行跟踪研究。学生学习基础和学习结果的研究一般以测试卷为主要研究工具，主要关注学生学习前后对相关知识的掌握水平和存在的问题，以分析单元课程开发和教学设计的优势与不足。而学习过程研究则以课堂观察和学生学习任务卡分析为主要研究方法，关注不同水平学生在相关内容学习中的学习过程、学习类型，以及学习困难。研究一般由共同体领头者做研究设计并介绍研究的思路，接下来由共同体内具有研究能力的成员

---

① 王艳玲，熊梅 . 个性化教学单元设计的实践探索 [J] . 课程教材教法，2014（1）：57.

配合共同体领头者设计研究工具并分析研究数据。研究数据的收集则由共同体成员协同完成。

"教学展示与交流"活动一般独立于共同体内的教学研究，且不具有固定的主题。这一类活动是 F 共同体所独有的，旨在支持共同体成员个体化的学习和实践。活动的开展有以下几种情况：一是基于共同体成员各自的研究课、展示课任务开展研讨。研讨过程一般是授课教师上传教学设计，共同体领头者和其他教师一起评议和反思。二是共同体领头者所设计的常规交流活动。由于共同体成员分散在不同的区县，线下集中研讨存在实际困难。为了促进教师学习，共同体领头者组织教师每半个月开展一次线上视频磨课活动。活动以同课异构为主，即两名左右成员分享某课教学设计、共同体领头者和团队成员一起分析和研讨。三是课例展示活动。这类互动一般围绕着共同体的联合教研、送培送课任务和名师为教师所争取的课例展示活动等开展。

总体上，三类共同体中的学习活动既相似也有差异。第一，它们都将学习活动的重心放在"单元"或"课"上，但是侧重点有差异。教学改进型共同体和教学研究型共同体关注研课的过程，而教师发展型共同体关注课例的展示。"研课"将教师作为研究者，是具有专业判断、探究和行动能力的意义创造者、学习者和发明者（Lieberman & Miller, 2004）。而"课例展示"重在理论的传递和宣扬，给予启发和引导。第二，它们都关注特定主题理论的学习。教学改进型共同体和教师发展型共同体中的理论学习以"专题"为基础，活动的开展以讲座、读书为主，关注教师对资料所负载的信息的了解。而教学研究型共同体中的理论学习以"问题"为基础。后者要求教师不仅要了解文献资料所传递的信息，而且还需要进行进一步的加工、整合，形成自己的观点，并针对所面临的"问题"提出自己的思考、启发和解决方案，以实现教师对理论及其实践应用的系统把握。第三，关注活动的系统化设计。这三类共同体都系统设计学习活动，以实现教师理论学习与实践学习的整合。教学改进型共同体中的课例研究是教师从实践出发反思教学策略并学习理论的过程。教师发展型共同体中的专题研究以理论学习、课例展示和理论反思为主要学习过程。教学研究型共同体则是通过行动研究将理论学习与实践学习整合，形成统一的学习过程。

四、三类共同体中教师学习活动的比较分析

从上述分析不难发现，教学改进型共同体中的教师学习活动以"集体备课"和"课例研究"为主。同时，有的共同体将"集体备课"逐步发展为"课例研究"。这是由此类共同体的目标和组织形式决定的。由于共同体实践旨在帮助教师适应岗位实践的需要，关注日常教学的集体备课就成为重要的活动形式。然而，由于集体备课缺乏对教育教学实践问题的系统探索，教师学习往往停留于经验交流层面。为了提升教师学习的效率，也为了适应学校和区域课程改革实践的推进要求，"课例研究"成为一个更受关注的活动方式。

教师发展型共同体中的教师学习活动以讲座、专题研究、课例展示与交流活动，以及教师个人日常教学的交流和分享为主。这也是由此类共同体的目标和组织形式决定的。当前，教师发展型共同体服务于国家和地方教育行政部门推进新课程改革的需求。因此，课程改革的理念及其实践形式的传递就成为共同体活动最为重要的目标。而讲座、专题研究和课例展示与交流等是实现这类目标的高效方式。由于此类共同体成员往往跨越组织边界，集中研修存在困难。为了支撑教师的学习，共同体活动只能以任务驱动的个体化学习为主，辅以对于学习成果的交流研讨。

教学研究型共同体中的教师学习活动以课题研究为主，以理论学习和实践经验积累为辅。这是由此类活动的定位和教师学习需求决定的。教学研究型共同体重在探索教育教学实践重难点问题的解决方案，以突破教师经验的限制，获得更为本质和系统的认识。这必须要通过系统研究来实现。同时，教学研究型共同体的成员都是优质教师，他们具有丰富的教学经验。对于他们来说，理论传授和经验交流式的学习"不解渴"。同时，他们知识结构相对完备，有意愿且有能力开展教学研究，以课题研究为本的活动设计能更好地满足他们的需求。

从表 3-1 中可以看出三类共同体中教师学习活动的共性和差异。从共性上看，课例研究是共同的活动方式，这源于教师改进教学实践的实际需求。对于教师们而言，无论是理论学习还是实践探索，最终都需要落实到教学实践上。尤其是教师发展型共同体，他们的实践虽然立足于传递理念，

但还是必须要借助于实际的课例，让教师看到理念的实践形式。从差异上看，教学改进型共同体的活动方式比较简单、传统和实用，教师发展型共同体的活动方式更为多样和开放，教学研究型共同体的活动方式更成体系。同时，教学改进型共同体的学习活动更加关注教师教学策略的分享。教师发展型共同体的学习活动强调通过理论和实践的整合引导教师接纳和认同课程改革理念，并形成主动探索的愿望和能力。而教学研究型共同体的学习活动强调通过"理论—实践—理论"整合的学习路径整体提升教师的理论水平和实践能力。

表 3 - 1　不同类型教师共同体教师学习活动方式比较表

共同体类型	学习活动						
	集体备课	课例研究	讲座	专题研究	教师的交流与分享	理论学习和经验积累	学生学习研究
教学改进型	√	√					
教师发展型		√	√	√	√		
教学研究型		√				√	√

第二节　教学改进型共同体中的教师学习类型

研究根据罗姆·哈瑞的学习环路模型分析教师学习的路径和过程。根据教师学习活动在路径和过程上的特征将其分类，以归纳出典型的教师学习类型。在以集体备课和课例研究为主的学习活动中，教师们分享关于教育教学的理论和实践经验，以提升岗位实践能力。通过对个案共同体中教师主要学习活动的分析，研究认为教学改进型共同体中的教师学习可以分为讨论与协商型学习和实践与反思型学习两类。

一、类型Ⅰ：讨论与协商型学习

讨论与协商型学习是教学改进型共同体中较为常见的学习类型，这种类型的学习在个案共同体中主要指集体备课活动、读书分享活动、报告讲座，以及专题研讨等。它对教师发展的价值一方面在于研讨日常教学问题，强化已有的教育教学观念与实践，而另一方面在于传递新的教育教学经验和信息，以开阔教师视野。从而，通过促进教师群体知识和经验的分享，提升教师在严守传统和适应变革博弈中的岗位适应能力。

（一）讨论与协商型学习的学习路径

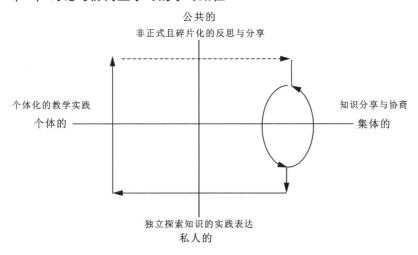

图 3 - 1　讨论与协商型学习的学习路径图

从上图 3 - 1 可知，此类学习的学习路径可以表达为：知识分享与协商—独立探索知识的实践表达—个体化的教学实践—非正式且碎片化的反思与分享。研究用虚线标示"非正式且碎片化的反思与分享"意味着这一阶段的学习缺失或不充分。其中，"知识分享与协商"是此种学习类型的核心学习阶段，指教师们围绕某一话题开展交流和研讨。"独立探索知识的实践表达"是第二个学习阶段，即教师将研讨中的内容融合到自己的教学过程中。如在集体备课活动中，教师会部分采纳主备人的设计或其他教师的观点和建议，并将其融入自己的教学实践中。"个体化的教学实践"是第三个学习阶段，指教师授课。除了"徒弟"听课或是"师傅"指导，教师很少会进入其他教师的课堂。因此，教师如何践行集体研讨的内容、实践效果如何，都不是共同体关注的问题。"非正式且碎片化的反思与分享"是第四个学习阶段，指教师与其他教师分享上课的感想和思考。由于个案共同体所在学校将同年级教师安排在同一个办公室，因此，教师之间分享课堂教学状况非常便利。尤其是讨论中提及的关键内容，或教师在授课过程中所遇到的郁闷的、疑惑的，或是意外的事情，大都愿意和其他教师分享。

（二）讨论与协商型学习的学习过程

讨论与协商型学习包含分享与协商、整合与具体化、分享与反馈三个过程。其中，分享与协商属于"知识的分享与协商"环节，指向知识的采纳与内化，是成员通过呈现、讨论、质疑、建议等活动分享观点和经验的过程。整合与具体化属于"独立探索知识的实践表达"和"个体化的教学实践"环节，是教师整合其他人的观点，并将其落实到教育教学实践中的过程。分享与反馈属于"非正式且碎片化的反思与分享"环节，是教师之间分享上课经历和心得的过程。

1. 分享与协商

本阶段学习主要包括三个方面：一是新理论和新技术的培训，主要通过听讲座、阅读学习资料和教师之间正式与非正式的研讨来实现；二是集体备课，主要学习活动是单元"主备人"进行主题发言，基于主备人发言进行研讨和教学经验分享；三是教材研究，主要是在学期初研究新教材并做总体教学设计。这三个方面的学习显示出系列特征：

（1）只有那些和教学实践紧密结合的内容才能为共同体所关注。在课程改革背景下，对教材的把握是教师非常关注的内容。基于这种要求，A 共同体所在学校要求教师们在假期研读下学期要教的整册教材。不仅要理解知识内容，而且要具体分析不同知识所蕴含的数学思想方法。负责老师 AW 教师在访谈中提到："对于每一章每一节，都要考虑如何结合具体内容进行数学思想方法渗透。渗透哪些数学思想方法，怎么渗透，渗透到什么程度，应有一个总体设计。"基于教师个体化的研读，数学研究小组和教研组会在开学第一周组织教材分析活动。活动开展方式是高年级教师代表为低学段教师解读所教过的教材，让低学段教师"认清教材编排结构与意图，掌握数学知识与思想方法的有效结合点"（AS）。同时，结合下一学段相关知识的教学要求，在教学目标、知识教学的侧重点和难易度安排等方面给教授低学段的教师更为合理的建议。

（2）不同层次教师对学习内容的需求存在差异。分享教案、教学经验和资源的活动是教研组内的常态化活动。在研讨中，青年教师认为经验教师对于教学重难点及其教学处理的分享最为有用。正如 BF 教师所言："学生什么地方最难理解与掌握，教师要设计什么样的活动，给予学生什么样的帮助，都要心中有数才能灵活应对。"而对于经验教师而言，这种学习"可有可无"。一方面，主备人所陈述的内容往往和教参趋同，没有较高的分享价值。另一方面，因为同伴的视野和水平都差不多，分享的内容立意和新意都有限，且往往没有经过深入研究，对教师吸引力有限。对于经验教师而言，"听也可以，不听也没有多大损失"（BX）。所以，面对繁重的班级事务，单元集体备课成为"第二选择"，要班级里没有别的事才会参加。

2. 整合与具体化

整合与具体化指教师将学习到的观点应用于教学设计与实践中。教师们在访谈中多次提及将其他教师分享的经验融入教学实践的经历。内容涉及教材主题图的理解和使用、教学活动的组织，以及具体的教学策略等多个方面。如 BS 教师在访谈中提及："有经验的教师会提出在哪里让学生动手操作是最合适的，设计什么样的活动能激活学生的思考，让我们有更多的'招'去解决这个问题。"同时，也有部分教师在访谈中提到，基本上还是自己设计教学，集体备课对于教学设计的影响不大。由于整合与具体化是个体化的实践转化过程，是否采纳讨论的内容，采纳之后如何落实都是教师个人的事情，所以，教师们的观点和做法就会有显著的个体化特征。

本阶段的实践应用若有持续的指导，则会真正影响教师教学实践。A 共同体在理论学习基础上的实践应用探索被教师认可。为了帮助教师学习数学思想方法，学校发放学习资料并组织讲座。AH 教师提到："学校给我们购买了一些书籍，还组织 10 多个数学教师在去年暑假编了两个读本《小学数学思想方法》《小学数学知识版块结构》，要求我们学习。"同时，学校邀请区里的教师做教学中渗透数学基本思想的专题讲座。

在实践应用环节，学校组织专题研讨"将最早的模拟形似的版本与后来自我感觉尚可的版本拿来作比较和说明，阐明实践过程中会出现的种种窘境，以及教学设计顺应教与学实情所需要做的相关调整"（AL）。除此之外，还通过公开课强化理念的落实。正如 AD 教师所言："我们强调'学科思想方法＋活动'，但是多数老师都不知道怎么做，即便你提供几个教学视频给他们看，他们仍然不会用、不敢用……我们就只能一点一点来，在公开课教学中一点点分析，一点点引导，老师们才能慢慢了解，哦，是这样做，那我的那个课是不是也可以这样做。"在此过程中，教师深入理解理论，持续探索理论的实践形式，并逐渐将其应用于日常教学中。而因为没有教学实践与反思的跟进，B 共同体的几何画板、研究方法和可持续发展理念等方面的培训只能为教师们所了解，没能真正影响教师的教学实践。

3. 分享与反馈

分享与反馈是知识从教师个体的私人领域返回公共空间的阶段。这对于生成共同体的故事，丰富教师的经验，提升教师对于教学、学生和环境的理解都有非常重要的价值。研究者在办公室观察中注意到，教师上完课回到办公室后，还未放下书本就和其他教师分享课堂教学的故事，述说自己对研讨中所关注的理论和方法的实施效果、出现的问题及其相关思考和理解。当然，教师之间的研讨还关注其他偶发事件。比如学生的不良表现、课堂管理的困惑、对突发事件的处理，以及教学过程中的发生的挑战自己认知和理解的事情。提出问题和协同研讨的过程让教师不断澄清自己的思考，并在质疑、反思和补充中深化对相关问题的理解。这个过程能有效将教师内隐的知识外化，成为团队共享的知识，即是罗姆·哈瑞所提及的"知识的习俗化"。

二、类型Ⅱ：实践与反思型学习

在教学改进型共同体中，实践与反思型学习主要是指"课例研究"活动。它通过多次的实践与反思优化教学设计，以提升教师的教育教学表现。与集体备课相比，它更为关注两个方面的内容：一是分析学科知识与教学。在研讨过程中，教师们不仅分析某课的核心内容、重难点，更强调深入分析学科知识的内涵、学科知识之间的关联、学科本质，以设计和调整教学策略。二是基于教学实践分析学生学习与教学。即教师们通过多次"试讲"分析学生在特定内容学习中的学习能力、学习困难、思维方式等，以调整教学内容和教学策略。这是教师协同合作以解决教学实践问题的过程。

（一）实践与反思型学习的学习路径

这种学习类型的学习路径可以表达为：集体讨论与分析—协同探索理

论知识的实践表达—持续的协同实践—协同反思与分享（如图3-2）。其中，"集体讨论与分析"包括：其一，明确课例研究主题活动的相关要求。这一过程通常是学校领导对组长的上传下达，然后组长与教师一起讨论学校的要求。其二，分析学科内容。关注相关知识在不同年级的分布、知识之间的关系、教学重难点，以及相关内容的数学本质和所体现的数学基本思想。"协同探索理论知识的实践表达"即教师独立或在他人的指导下（一般是师傅）进行教学设计，并在集体讨论中呈现和修正教学设计。"持续的协同实践"可以简要地描述为试讲、讨论和修正教案。在个案共同体中，这一过程一般会重复2~5次。在试讲过程中，教研组教师会观课并做详细的观察记录。下课后，组内成员会聚在一起讨论试讲中的优点、疑惑、问题和建议，协商出修改方案，并形成最终的教学设计。"协同反思与分享"是共同体内教师对于课例的重新思考和解读。活动包括授课教师说课，学校领导、教研员或外部专家评课。在特殊情况下，学校会针对课例研究的主题展开专题培训，以深化教师的学习。案例最终可能被共享，也可能不会，这取决于学校和共同体的资源管理意识。

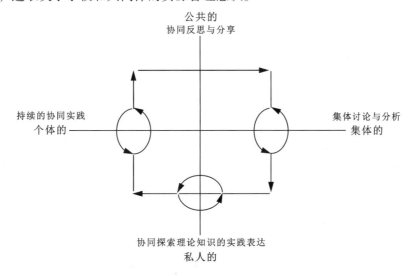

图3-2　实践与反思型学习的学习路径图

（二）实践与反思型学习的学习过程

实践与反思型学习的核心在于，基于教师的多轮"试讲"进行教学分析和反思，以优化教学设计和实践。在这个过程中，教师的学习包括"研读与交流""实践与修正""反思与分享"几个阶段。其中"研读与交流"属于"集体讨论与分析"和"协同探索理论知识的实践表达"环节,主要是明确课例研究的要求,教师独立设计教案并在他人的指导下初步修正教案;"实践与修正"属于"持续的协同实践"环节,是教师在团队协同合作下不断分析学生学习并修正教学设计;"反思与分享"属于"协同反思与分享"环节,主要是教师团队进一步分析教学过程。

1. 研读与交流

课例研究提供了一个系统思考课例形成的过程,从而真正认识到实践中的问题与解决方法。而研读与交流就是这个过程的开始。在研读与交流活动中,组内教师的研讨和授课教师对知识的实践转化是一体的。在个案中,虽然学校要求教师们在研讨中首先分析学科知识及其学科思想方法,但是这个过程和教学设计是整合在一起的。一般研讨程序是授课教师说课并提出问题,小组教师反馈、追问、分享经验和案例,并针对教学设计中的个别问题进行研讨。本阶段的研讨内容包括:确定教学重难点,分析教学内容,优化教学设计的整体思路,系统设计教学环节,以及调试教学细节,最终形成试讲使用的教学设计。

本阶段学习能帮助教师进一步理解课题内容并厘清教学思路。同时,同伴的质疑、建议和争辩能够让教师跳出思维和视角的局限,更为全面地了解其他可能的思路和原教学设计的漏洞。对此,有教师提出,这个过程是发现自己知识和观念模糊点的过程,"你在研讨中会发现,一些你原本认为很清楚的概念,其实你理解得并不深入。有时候你讲不出来道理,说不清楚它们之间的区别和联系。为了说明这个问题,你就会努力去想,努力去说清楚自己的观点。你的观点可能还是很模糊的,但是别人的反馈和补充就会让你的观点更清楚,以后这个问题你也搞明白了"(AS)。还有一些教师提出,这个过程在尝试新的教学理念和方法中非常重要。教师在知识转化中能利用教学案例做情境化的解释。但对具体怎么用,教学设计是否真正体现和落实了这种思想,教师其实并没有把握。而集体研讨就能利用集体的智慧去辨别,去设想和探索其他可能的替代方法,以完善教学设计。

2. 实践与修正

实践与修正是群策群力地对教学实践进行持续的反思和修正。它通过教育理念和观点的情境化和再情境化，为教师理解和应用这些抽象理论提供了机会（Little，2003）。这种对教学的深入分析和解读极大地优化了教师的教学设计。一方面调整教学环节的整体设计。在初次试讲后，教师们发现"学习任务太细，给学生搭了太多的桥，每一个问题学生能做的事情很少。学生根本不需要深入思考，基本上一步一步做就得到结果了"（BX）。据此，他们将任务整合，用一个问题情境整合几个问题，让学生在问题情境中分析问题、寻找有效的数据和信息制订计划，并解决问题。另一方面深入思考教学细节。在访谈中，AW教师分享了他的研讨经历："从长方体过渡到正方体，我最开始思维比较陡。问学生，研究平面图形时，是从哪些方面进行研究的。一句话就把学生问糊涂了……为了缓和一些，我们就把问题具体化了。就问学生长方形有哪些方面：边，有几条边，你是从哪几个方面来看这几条边的；角，是什么角，你是从哪几个方面进行研究的；然后是面。接下来就进入到本课时的研究内容——从哪几个方面研究长方体和正方体。"这种研讨能启发教师多角度思考，在优化教学设计的同时真正支撑教师的学习和发展。

本阶段是课例研究活动中讨论最为深入的阶段，它基于实践引导教师发现问题、分析问题和解决问题。这个过程对于教师而言是一个重新思考教学的过程，它虽痛苦却也饱含着收获。AH教师曾写下这样一段文字：

作为教学十多年的教师，面对如何设计导学稿，如何以学定教，如何将抽象的理念物化到具体的课时设计，像"三日入厨下，洗手做羹汤"的新妇，忐忑得不知怎样才能取悦审视者眼光。一个方案放弃了，第二个方案还是有问题，最后还要再三推敲，才复印出来进行小组讨论。人人发表自己的观点，让你吸取别人的真知灼见……面对你的第一批学生，如何把刚学到的新方法有效地施展运用，如何让开始的第一战别输得太难看，怀着千种愁思，真让人忧心忡忡，手颤脚颤。送走学生，迎来了绵绵不绝的课后反思与修正……接踵而至的就是不断地反思、应用、改进，甚至是"大动手术"。

对于多数老师而言，这是一个艰难的过程。但是在学校的要求下，教师们不得不尽力去做，并努力做到最好。在这个探索的过程中，教师们会有所收获，并逐渐形成对于学习活动的认同。

3. 反思与分享

本阶段进一步分析所建构的问题解决方案的使用情况，引发成员对课堂教学的思考。在研讨过程中，教师们会结合课堂教学实践，阐述理念应用中的优点和存在的问题。比如在优点方面提出"情境创设能真正激发学生的兴趣……能为课堂教学的内容服务……能体现数学知识本身的特点"。在缺点方面指明"因为创设情境、整堂课活动过多，本节课重点、难点不够突出。有些环节过于拖沓，影响了整个教学进度"。对于教师们而言，这种分析是对理念及其应用的再解读。

AS 教师在说课中就对比分析了所参考的两种不同的教学设计，"思路一：已知盒子里球的数量—确定可能性—实验验证，感受随机性；思路二：盒子里球数未知—通过实验，记录数据、分析数据—猜测盒子里球的情况—倒出小球看看—确定可能性—分析随机性"，说明自己选择第二种思路的缘由在于实践探究性学习，并阐述了教学设计的改进过程，以及不同教学环节的设计和应用中可能存在的问题。这种情境化的解读使教师们获得更为全面而形象的学习资源和经验。

同时，本阶段也是对教学设计起点和思路的整体反思，以形成系统的认识。在研讨中，其他教师、教研员、学科领头人，以及外部专家还会提出进一步改进教学的建议。在教学设计思路上，比如"对于《长方体认识》的教学，是否能突破单纯直观思维的教学思路，迈向直观思维和分析思维相结合的教学思路？"（AD）在内容的拓展上，比如"我觉得这节课可以拓展很多东西，比如说，就感受单位一，单位一分成几份，单位一是多个物体的，你都可以感知一下"（BM）。这种分析和提议能启发教师的持续思考与改进，并成为教师个体和集体下一个探究的话题。

第三节　教师发展型共同体中的教师学习类型

教师发展型共同体是一种松散耦合的系统，成员之间大多基于任务和活动而建立联系。在教师发展型共同体个案中，教师的学习主要有讲座、专题研究、课例展示与交流、话题研讨、个人日常教学经验的分享与交流五种方式。这五种活动方式在学习类型上可以分为观摩与反思型学习和研究与展示型学习两种。

一、类型Ⅲ：观摩与反思型学习

观摩与反思型学习是教师发展型共同体中最主要的学习类型之一。这种类型的学习旨在为教师提供学习资源，以激发教师思考并开阔教师的视野。为了清晰地认识这种类型学习的特征，研究从学习路径和教师学习过程两个方面进行分析。

（一）观摩与反思型学习的学习路径

观摩与反思型学习在学习路径上包括知识的分享与协商和独立探索知识的实践表达两个阶段（如图3－3）。"知识的分享与协商"是正式的学习活动，学习方式包括平台学习资源的自主学习（如讲座、个人日常教学经验的分享与交流）和课例展示与交流活动（包括优秀课例资源学习、同课异构、观课议课活动等）。活动旨在通过分享优秀的学习和研究成果引导教师思考并展开讨论。"独立探索知识的实践表达"属于知识从集体层面向私人层面的转化，代表教师基于集体知识分享形成个人关于实践的原理、原则和意向，并尝试将其落实在教学实践过程中。由于成员众多，共同体无法关注教师的知识实践过程。所以，本阶段的学习是非正式的学习活动。在图3－3中，研究者用了一条实线箭头和一条虚线箭头标示知识协商环节的学习。这表示根据不同的活动组织方式，知识协商活动有的充分、有的浅表。总体上，这种学习类型通过分享信息传递共同体内外的知识与经验，进而启发教师将新的理念、目标、理论和策略等应用于学习和实践活动中。

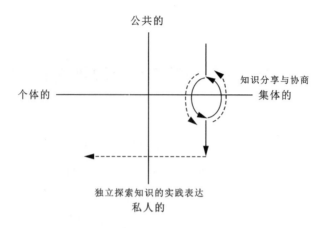

图 3-3 观摩与反思型学习的学习路径图

(二) 观摩与反思型学习的学习过程

观摩与反思型学习包含分享与协商、整合与具体化两个阶段。其中，"分享与协商"属于"知识分享与协商"环节，是成员通过分享、质疑和反思等建构思想和观点的过程，是教师对知识的采纳或内化；"整合与具体化"属于"独立探索知识的实践表达"环节，是教师整合前一阶段建构的知识并与教学实践建立联系的过程，强调知识的转化。

1. 分享与协商

在分享阶段中，共同体组织者提供多种学习资源，以传递关于课程、教学的理论和实践策略方面的知识。一方面，有配套实践探索的理论学习受教师欢迎。在讲座"微课程制作"结束后，C 共同体设计了微课程制作任务，并举办全平台教师参与的"V 课大赛"。在活动中，讲座作为理论素材支持教师的持续学习和实践，受到教师的广泛关注。另一方面，教师对结合实践案例的理论学习评价不一。个案共同体的讲座选题紧扣教师所关注的课标、教材、学科知识和教学等方面，内容讲解也结合具体案例。组织者希望通过课例向教师传递数学学习和数学教学研究的相关理论、实践和思考，让教师们觉得"理论不是虚的，是可以做的"，而真正受到启发。对于这种学习形式，有的教师觉得很实用，并在听讲座时记录下核心内容和思考。但也有不少教师提及对讲座的倦怠。CD 教师说："现在培训太多了，刚开始的时候还觉得新鲜，现在都麻木了，很多都是在挂学时……理论学得再多，如果没有应用到教学中，也只是听听而已。"对于他们而言，这样的学习是对理论和实践的转述、传递和分享，与实践行动还有相当的距离。

协商阶段的学习是教师对于相关内容的讨论，本阶段的活动组织方式包括线上线下两种。教师的学习活动参与表现出以下两个特征：

（1）教师在线下交流中的参与度高，讨论比较深入。在课例展示后，教师们的交流非常系统深入。活动内容包括三个方面：一是授课教师说明教学设计背后的意图，分析目标达成情况，以及改进教学的思考。二是结合相关主题评析课例。这一步重在拔高和落地。拔高在于评课人从一个更高或者更新的视角，评价课例展示活动、授课内容、研究主题的价值和意义。落地指评课人分析某种教育思想和学科思想方法在教学中的体现，引导教师关注教学活动所存在的个性或共性问题，供成员思考。三是针对特定问题展开讨论。本阶段学习重在引导教师结合自己的经验和观点，提出对相关教学问题的思考。讨论不一定能达成一致意见，但是能引导教师们从多个角度思考问题。对于教师们而言，这种交流是对所分享信息的进一步拓展和反思，是重构知识的重要过程。

（2）线上交流的效率有待加强。为了分析教师的线上交流，研究选取两条点击量和评论量处于中间位置的主题帖进行分析（如表3－2）。数据显示，主题帖的点击数远远大于参与数。这说明许多教师关注到话题，也有意愿了解他人观点，但不参与讨论。在讨论中，教师表达"赞扬和认同"的比例最高，分别是41%和53%，这说明部分教师对主题帖的内容认同度高。其次是"实践操作说明与建议"，分别是21%和37%，这说明部分教师虽然认同理念，但也存在一定的实践困惑。同时，回帖中提出的实践建议多停留于理论层面，几乎没有结合实例的说明，且教师之间没有针对某内容进行深入对话，这说明教师交流的深度和持续性不够。而在"感叹"这一类的回复中，两个主题帖有不同的表现，分别是28%和3%。由于"感叹"类回复的内容以"表达实践的问题、质疑和困惑"为主，这种差异说明教师对不同类型问题的反应不同。"主题帖1"是一个新问题，教师们的问题和疑惑较多。而"主题帖2"的相关问题已经有较为广泛的实践，教师的问题和困惑较少。总体上，线上对话点到为止，缺乏真正的思想碰撞。这回应了教师学习路径中用虚线表示话题讨论的情况。

表 3 - 2 教师基于讲座的话题讨论情况分析表

主题帖 1	回应类型与数量	比例	主题帖 2	回应类型与数量	比例
适度课后延伸抓住数学本质的思想将学生的思维引向深处。（点击数262；回帖数39）	赞扬和认同（16）	41%	一题多解，鼓励创新。（点击数293；回帖数57）	赞扬和认同（30）	53%
	感叹（11）	28%		感叹（2）	3%
	实践操作说明与建议（8）	21%		实践操作说明与建议（21）	37%
	疑惑与提问（2）	5%		疑惑与提问（1）	2%
	延伸说明（2）	5%		延伸说明（3）	5%

2. 整合与具体化

基于知识的分享与协商，教师会结合自己的经验对相关知识进行反思，并构想新的理念、方法与策略的实践意向。在课例展示后，教师会总结课例中值得借鉴和学习的地方，以及改进教学的思路和实践策略。CM 教师在听示范课"复习用比例知识解决问题"后总结道："……首先，让学生理清知识点，构建知识结构……其次，教师用心地设计教学，为学生留足表达、思考、合作的空间……再次，教师注重拓展延伸，沟通知识间的联系。"这种课例展示与反思深受教师欢迎，因为"多听别人的好课，多学别人的优点，你才会有进步"（CT）。在专题研究过程中，教师也会结合实践对相关知识进行批判性理解。在学习"小学数学 1 ~ 6 年级教材介绍"的过程中，有教师结合具体案例，对教材的使用进行分析。也有教师质疑教材本身的编排，如"改编后的教材将遗漏的部分知识作为补充内容，篇幅太小，教学深浅不好把握"。在这种以批判性采纳为特征的学习中，教师关注新知识的意义，并将其与教学研究与实践结合起来。

由于本阶段学习不是正式的学习活动，教师学习具有强烈的个体化和偶然性特征。从访谈结果来看，一部分教师对于学习结果的转化有强烈的兴趣和意愿。教师们提及"他们的小组合作真好，我们几个老师也琢磨着，看看在现有的课堂中能做些什么"（CY）、"新课程改革的一些理念是对的，学完以后，我会去看名师的视频，看看他们是怎么解决这个问题的，我又能怎么做"（DH）等观点。另一部分教师则认为这种学习与自己的实践关系不大。他们说，"专家说的都是理论，新课程改革宣扬的理论多了，听着都很好，实践起来还是很困难"（CM）、"这是别人整个团队做的事情……如果没有经过系统的学习和研究，看着是好，可是你也学不来"（DL）。由于本阶段的学习个性化比较强，转化的充分程度有待考证，所以研究用虚线表示这一学习过程。

二、类型Ⅳ：研究与展示型学习

研究与展示型学习存在于"专题学习与展示交流会"这类学习活动中。这类学习以主题和活动任务为依托，组织教师个体或团体开展研究。取得研究成果后，共同体层面开展研究成果分享会，以引导教师成员理解相关理论及其实践策略。前期研究既可能是共同体成员独立进行的，如 C 共同体要求教师独立研究教材内容结构和例题价值。也可能是共同体组织者委派某个团队承担研究项目，如 D 共同体中"核心素养发展与个性化教学综合改革行动研究"。之后，教师个体或团队的研究成果将成为共同体的学习资源。

（一）研究与展示型学习的学习路径

研究与展示型学习以个体或团队的研究成果为基础开展集体学习与反思。在 C 共同体中，这类学习存在于不同层面。如工作坊层面的"研究新教材"活动，协作组层面的"概念教学之反思与重构"活动。学习路径可以表示为：知识分享与协商—独立或协同探索理论知识的实践表达—外化学习成果—共享学习成果（如图 3 - 4）。

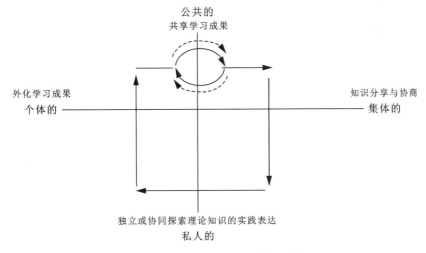

图 3 - 4　研究与展示型学习的学习路径图

其中，"知识分享与协商"是第一阶段的学习。活动发起者在本阶段为成员提供学习资源，从思想、内容和方法各个层面为教师的学习和研究提供支撑。"独立或协同探索理论知识的实践表达"是第二阶段的学习。即教师们选择自己感兴趣的内容进行分析和研究，在新的条件下不断推敲和重新表征问题，以有形的方式表达学习和研究中的思考，比如设计一堂概念教学课。"外化学习成果"是第三阶段的学习。即教师团队基于前期学习实践进行多次互动，形成较为成熟的结论、实践方案或设计，并以作业和作品的方式公开。"共享学习成果"是第四阶段的学习，包括三种情况：一是教师提交研修成果到共同体平台，其他教师根据需要搜索和学习；二是协作组组长评阅教师作业，并推送优秀成果供共同体内教师参阅；三是组织优秀成果的交流与分享活动，即坊主选择优秀的、有代表性的研究成果，组织线下交流展示会。研究者用虚线表示共享优秀成果这一学习阶段，表示有的活动开展得充分，有的不是很充分。

（二）研究与展示型学习的学习过程

研究与展示型学习的学习过程包括分享与协商、整合与具体化、分享与借鉴。其中，"分享与协商"属于"知识分享与协商"环节，是教师内化组织者所提供的学习资源以了解任务、理解知识和想象任务实践的过程；"整合与具体化"属于"独立或协同探索理论知识的实践表达"和"外化学习成果"环节，是教师在任务实践中转化理论知识，并选择合适的形式表达研究成果的过程；"分享与借鉴"属于"共享学习成果"环节，即教师在共同体内分享研究成果，共同体组织者给予反馈，并挑选优秀研究成果进行推荐和共享的过程。

1. 分享与协商

本阶段学习是教师理解学习资源的过程。对学习资源的理解是教师探究的基础，它能帮助教师重新思考课程、教材和教学，并萌生出对于新的探究和实践的想象和设计。为了分析教师在本阶段的学习，研究对教师在"小学数学概念教学研究之理论研修"任务的交流与评论区中的发言进行分析。本阶段是"概念教学之反思与重构"主题研究活动的第一个阶段，任务规定教师"自主学习基本资源"。学习任务的评论区共有 222 条发言，106 名教师参与。教师评论大致可以分为四种类型：

（1）表达学习态度和对任务主题的认同，评论数102，占46%左右。如"小学数学概念教学，我们以往的教学过程就是理解重点词语，明白意思，给出概念。课后学生忘得很快，掌握不牢固。李老师的教学给了我很大的启发""概念教学是一个较难的课题，多向同行们学习"。由于研究主题与教师学习经验和需求相契合，教师学习动机被激发。

（2）整理学习中的理解并提出困惑。此类评论数38，占17%。在评论中，有的老师关注数学概念的定义、类型，以及概念教学的价值。如"在概念、判断、推理三种思维形式中，概念是判断和推理的前提，没有正确理解概念，就不可能有正确的判断和推理，更谈不上逻辑思维能力的培养"。有的老师关注概念形成的条件，如"必须能从许多事件中认识或抽象出它们的共有特征，以便概括；必须能辨别与概念相关或不相关的标志，以便进行区别归类"。有的老师关注概念教学的要求，如"在教学中，首先要让学生感知引入概念的必要性；其次，要呈现多种现实情境，有丰富的感性材料作支撑；再次，通过变式、正反例证、对比等方法理解概念的内涵；最后，及时运用概念进行判断、分析、推理或计算，在运用中理解概念"。这些关注和思考说明，基础理论的学习启发和指导着教师的持续学习和实践。

（3）理论的实践想象。此类评论数64，占评论总数的29%。这一类学习代表着教师开始思考所学理论的教学应用，是对相关理论实践的初步构想。教师们提到，"今天，我又学习了'概念教学为什么总不成功？数学概念的丰富性与教学改革'……要透彻理解一个概念需要多维度、多层次的感悟，经历概念形成的过程。不要指望靠背诵抽象的概念名词就能掌握其内涵"；"在小学数学概念教学中，对概念的理解与领会和用语言进行描述往往是不同步的，理解了不一定能描述清楚，还需要进一步设置任务"。也有的老师还提出困惑，如"小学生学习数学概念在什么样的情形下是'概念的形成'，在什么样的情形下是'概念的同化'"。总体上，教师在学习过程中逐步内化知识，并形成下一阶段学习的理论方向和实践雏形。

（4）其他。评论数18，占评论总数的8%。这一类评论与内容主题无直接关联。表现为求助，如"打不开视频"；或是提出下一步学习活动的建议；或是分享自己在当日教学中的感想。这一类学习辅助和支持教师学习，并在共同体内共享情绪情感体验，在教师学习中也非常重要。

总体上，教师在学习中思考概念教学的问题，确认概念教学的相关理论，并初步想象概念教学的实践样式。这种高度的认同和参与为教师持续学习打下了基础。值得注意的是，教师的参与度与研修主题高度相关。因为"概念教学"不仅是教师教学实践中所面临的一个共性难题，而且是共同体所在区域当前阶段的研修主题，所以本主题学习为教师所高度关注。同时，虽然教师的学习认同和投入度很高，但本阶段的学习仍处于对知识的理解层面，还没有转化成实践。

2. 整合与具体化

"整合与具体化"在研究与展示型学习中包含"独立或协同探索理论知识的实践表达"和"外化学习成果"两个环节。其中，"独立或协同探索理论知识的实践表达"是教师在研究和实践中将理论知识向实践性知识转化。"外化学习成果"是在理论和实践的多次互动中建构实践模型，并用合适的形式表达研究成果。这两个阶段在教师学习中相互融合，不能截然分开。为了解教师学习情况，研究者查阅了部分教师研修日志，并对相关教师进行了访谈。

结果显示，教师学习分为两个步骤：其一，参阅范例以把握任务成果表达的基本规范。在"概念教学之反思与重构"主题研究活动中，坊主基于课例展示与交流引导教师结合理论思考如何分析数学概念，如何根据对概念的分析安排教学内容和学生学习活动。教师们在研究中借鉴坊主的思路，利用"对比分析教材"和"延伸阅读文献资料"的概念分析方式开展研究。因为教师惯于讲授概念，缺乏分析概念的经验，所以这一学习过程对教师而言非常重要。实践案例的指导为教师提供了研究过程和方法的指引，能帮助教师把握学习和实践的方向。其二，开展实践研究并撰写研究成果。由于研究任务的不同，教师的学习和研究过程存在差异。在"教材内容结构分析"中，教师将单元内容罗列出来，并分析相关内容之间的关系。接着，协作组内整合教师的学习成果，建构知识的年级分布图，以及相关知识学习的支撑性知识，进而绘制"知识学习地图"。"教材例题价值分析"遵循相似的路径。教师独立完成对单元例题教学价值的分析，协作组整合不同教师的研究成果，形成关于某单元内容、某册、某几册教材例题分析的资源包。最终形成的"知识学习地图"和"例题价值资源包"都是系统化的资源包，能支撑教师进一步学习、教学和研究。

对于"概念教学课例研究"任务，教师学习以课例研究的方式展开。从教师的授课反思来看，概念教学不同环节的设计存在不同的版本。比如"百分数的意义与写法"一课，教师在课堂引入阶段先后考虑了三种不同的引入设计。而最终的教学设计是试讲和修正的结果。根据理论和实践的不断互动，团队最终形成某概念教学的系统设计。

3. 分享与借鉴

"分享与借鉴"属于"共享学习成果"环节，即教师在共同体内分享自己的研究成果。共同体组织者给予反馈，推荐优秀研究成果，建设共同体成员共享的学习资源。本阶段分享有线上和线下两种方式。相对而言，网络共享效率较低，而线下展示活动共享效率较高。

为了分析网络共享情况，研究者对 111 份优秀作业（包括组级优秀和市级优秀）的评论情况进行统计分析。其中，"研究新教材"作业 52 份，"例题价值分析"作业 59 份。除去作者感谢评阅组长和邀请其他教师评论的相关内容，一共有 9 份作业有其他教师的阅读和评论，回复率为 8.1%。其中"教材内容结构分析" 5 份，"教材例题价值分析" 4 份。这种较低的评论率反映出，团队成员对教师作业这种生成性资源的共享和研讨率不高。9 份作业中共有 15 条评论，且评论内容多为"赞扬和认同"，如"对单元知识结构把握到位"，只有一条是对作业内容的进一步思考，即：

> 867 + 98 此类简便计算题，如果单纯跟学生说把 98 看作 100 以后就多加了 "2"，"多加了几就要减几"，学生是不好理解的。西师教材高明的是把 98 融入收电费的生活情境。试想本来只需要交 98 元电费，你拿了一张 100 元的人民币给何叔叔。如果叔叔不找你 2 元钱，你愿意吗？所以"多加了几就要减几"，这样学生就好理解了。

值得注意的是，评论集中在组长推优作业中的前 25 条，之后的作业即便得到"市级优秀"荣誉也没有教师关注。这说明共同体组织者如何组织成果分享活动，并激励教师学习优秀研究成果，是一个非常值得思考的问题。

　　线下展示活动是坊主组织的优秀学习成果交流活动。分享的内容既有教师个体的成果，也有协作组层面的学习成果总结。由于成员人数较多，共同体在两个会场同时开展成果分享会。有 5 位成员在第一会场分享了学习和研究成果。成员们的交流内容各有侧重（如表 3 - 3）。活动通过展示3~5 年级上册的例题分析成果，向教师呈现了系统分析教材例题的角度、方法和成果。在总结中，坊主要求教师从宏观方面结合本册教学目标，捋清新教材发生了哪些变化，编写意图是什么，从而更好地把握教材；从微观方面进一步分析小节例题间的关系，分析每个例题的教学要求，切实提高教学质量。同时，展示活动还邀请专家做专题讲座，为后续研究和实践提供了理论基础和方法指导。

表 3 - 3　例题价值分析交流汇报的内容分析表

主题	内容侧重点
小学数学三上教材第 4~8 单元例题教育价值分析	结合教学中学生容易出现的问题，提出相关教学建议
小学数学三上教材第 1~3 单元例题教育价值分析	对每个单元多少个小节、多少个例题作了统计，做到单元教学心中有数
小学数学四上教材例题教育价值分析	把全册教材分 4 个知识板块进行分析，然后对各个例题的教育价值作了分析
小学数学五上教材第 1~2 单元例题教育价值分析	重点关注例题间的联系，在分析中把例题教学价值和教学建议紧密结合
小学数学五上教材第 3~7 单元例题教育价值分析	全面分析本册教学目标，以目标为引领分析教材编写特点，从全局把握教材

第四节　教学研究型共同体中的教师学习类型

　　教学研究型共同体以特定教学理念的学习及其实践探索为轴心，辅以读书、讲座和教学经验交流等学习形式，引导教师团队在行动研究中实现专业发展。在研究所选取的两个共同体个案中，共同体领头者依据教育理念、观点，以及研究教育教学实践问题的路径系统设计和实施行动研究。本研究将这种以理论的实践探索为核心的学习命名为学习类型 Ⅴ "研究与实验型学习"。尽管对理论的实践探索未必能带来系统的教育变革，但对理念的意义协商、情境化解释和实践表征使教师的学习逐渐从利用性学习向探索性学习转变。这种引导教师发现问题、分析问题和解决问题的过程，能极大地改变教师的观念和理解，并综合提升教师的理论和实践研究能力。

一、研究与实验型学习的学习路径

在研究与实验型学习中，教师们分析教育教学实践中的问题并寻求解决问题的方法。在这个过程中，教师的学习路径可以表达为理论学习与研讨—协同探索理论知识的实践表达—持续的协同实践—成果分享与制度化（如图 3 - 5）。

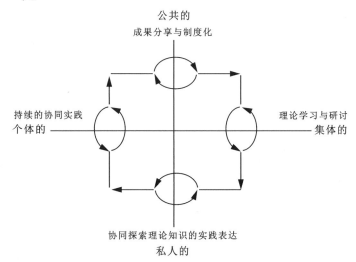

图 3 - 5　研究与实验型学习的学习路径图

"理论学习与研讨"是确定研究的问题和构想的阶段，重在为单元或课例教学设计积累知识基础。在两个共同体个案中，本阶段的学习主要是通过理论研读和教材分析确定研究问题。E 共同体的研究有基本架构的支撑，他们的研究问题可以归纳为 "以课程开发与实践研究促进学生核心能力养成"。理论学习与研讨的目标就在于确定单元的核心内容和需要培养的核心能力。F 共同体领头者在研究之前确定了方向性问题 "有效教学模式研究"，而具体的研究问题由共同体成员协同研讨确定。

"协同探索理论知识的实践表达"是基于研究问题形成单元（课时）教学设计，即梳理单元（课时）教学目标、单元（课时）内容框架，以及单元（课时）教学计划。其重点在于两个方面：一是确定单元核心内容，梳理单元具体内容，并分析单元具体内容及其与核心内容之间的关系，以系统规划核心内容在具体教学内容中的渗透，以及不同教学内容的递进关系。二是分析不同内容的意义和本质，规划该内容教与学的核心指导思想，并确定单元和课时教学目标。

"持续的协同实践"是共同体成员协同设计教案，并在实践中反思与修正的过程。两个共同体个案都有相似的活动过程，即两轮"教学设计与研讨—试讲—课后研讨"活动，活动开展遵循着设计—实践—反思—修正的研究和实践路径。以 E 共同体为例，活动包括简案设计与学生学情调研、教学详案设计与研讨、两轮试讲、讨论和修正教案。教师根据最后一轮试讲后的研讨结果，对教学设计、学习任务和课件等进行修改，并与教学录像一起形成最终的教学资源包。

"成果分享与制度化"是共同体中分享研究成果的过程，是教师学习成果的"习俗化"阶段。包括两个方面的内容：一是研究反思与总结。学校层面以成果发表会的形式分享团队确定研究问题、设计研究过程、制定研究工具和实施研究的全过程，以及研究中的发现、成果、问题、经验与感受。F 共同体则是以论文、专著、讲座、公开课、研讨会、报告会等形式推广研究成果。二是研究报告的撰写与分享。即以报告的形式梳理成果并集结，再分享给组织内（学校和省教育部门）的相关人员。通过研究范例分享，本阶段活动逐步将行动研究规范化和制度化，这对于组织和共同体的持续学习有非常重要的价值。

二、研究与实验型学习的学习过程

研究与实验型学习是教师的行动研究历程。在研究过程中，教师发现问题、分析问题、解决问题，并分享问题解决的成果。其中，"发现问题与提出问题"属于"理论学习与研讨"环节，主要是在研究过程中明确具体的研究问题；"分析问题与制订研究计划"属于"协同探索理论知识的实践表达"环节，是团队根据单元主题制定内容框架和单元整体教学计划的过程。"实施和修正研究计划"属于"持续的协同实践"环节，是成员协同分析学生学习，以反思、修正教学设计的过程。"分享研究方案与成果"属于"成果分享与制度化"环节，是团队总结、反思、分享研究成果的过程。

（一）发现问题与提出问题

虽然两个共同体个案的研究都有方向性的问题，但具体问题是什么，教师们可能有零碎的想法，但是并不明确。个案共同体研究问题的选择过程包括：一是选择研究内容。选择研究"单元"或"内容"的标准是"教师难教，学生难学"，且本单元在学科知识体系中具有核心地位。二是确定研究问题。确定的研究问题一般包括单元课程开发问题和配套的教学方式选择与使用问题。其中，"单元课程开发问题"是核心。对于"单元课程开发的核心内容是什么，需要培养学生哪些方面的核心能力，以及从什么角度去培养学生的这些核心能力"等问题，团队一开始尚不清楚，需要通过学习理论、研读教材和开展学情调研来确定。学校已经在教学方式方面做了系列研究，并出版了系列研究成果，因而，配套的教学方式一般不作为具体的研究问题予以设计和论证。只是结合具体单元内容将"教学模式或教学组织形式的实践探索"作为研究问题加以陈述，并落实到教学设计和实践的研讨中。

E个案共同体中研究问题的提出有两个背景：一是学校的规约与导引。《行动计划》指出，由于"一线教师更擅长的是实践，而非科学研究，因此，不仅要提出研究规划和研究方法，还要为教师提供具体的、操作性强的研究路径"。学校对研究方法的选用做出具体的指导，即"首先通过中日教材比较研究，开阔视野，完善教材单元。本着'边研究、边实践、边反思、边提高'的实践路径，加大个性化教学单元改革试验的力度"。同时，为了支持教师团队深入开展研究，学校在团队中配备了一个具有研究和领导能力的学科领导，由他（或她）带领教师做研究。二是学校研究传统的支撑。除了宏观层面的导引，学校多年的研究成果分享提供了丰富的研究范例，可以供教师团队学习和参考。研究者在访谈中了解到，在以往研究范例的启示下，单元课程开发研究已有相对成型的"套路"。因而，教师们对于如何做研究、不同阶段的研究应该如何开展、应该关注什么问题等都有较为清晰的认识。

(二) 分析问题与制订研究计划

本阶段学习开始将研究问题从理论构想逐步落实到实践探索中，并制订明确的实践研究计划。这一阶段的研究以确定单元教学内容框架为主，围绕确定单元教学内容、规划教学核心指导思想，以及梳理教学目标展开。以教学内容调整为例，ES1 教师在访谈中提到：

> 这次研究的是分数的意义……虽然看起来跟北师大版教材的内容基本上是一样的。但是，每一节课的侧重点实际是不一样的……像分数单位那节课，我们从测量的角度去理解分数的意义。我们要把分数、小数、整数的意义联系起来，把理解分数意义跟以前的面积测量、体积测量全都联系上了。

经过系统的分析、反思和梳理，教师对单元和课时内容及其教学目标都有了更为深刻的理解和把握。研究不仅支持教师深入理解教材，还帮助教师形成批判性分析教材的意识和能力，从而真正学会"用教材教"而非"教教材"。这种认识能力的发展改变了教师的角色定位，也潜在地改变着教师的教学观念和教学行为。

除了对教材和单元内容本身的分析，教师们还会结合学情调研的结果对内容和课时安排做出调整。比如增加或删减内容，在特定内容中增加或减少课时，以真正适应学生的学习；对比分析学习过和未学习过特定单元内容的学生对相关内容的理解情况，明确学生学习的困难和常规教学中存在的缺失，以确定教学设计与实践的方向。面积单元的调研结果显示，高年级学过"面积"单元的学生知道公式、会用公式，却解释不清楚公式的道理。教师们认为这是因为常规教学以学生对公式的记忆与应用为重点，忽视学生对公式建构过程的理解。据此，研究将学生对面积公式的理解作为单元课程开发的重要内容。在教师看来，这种对于学生学习的深入分析有利于帮助他们反思教学，并解释教学实践中的问题。总体上，E、F 共同体的研究都关注学生的知识基础和相关学习经验对特定内容学习的影响，并以此规划教学内容和设计学习任务。

（三）实施和修正研究计划

在前阶段确定"单元教学内容框架"的基础上，本阶段的学习以课时为单位做教学设计并修正。对于教师而言，本阶段学习的价值在于：首先，深化了教师对单元教学的理解。部分教师在访谈中提到：

> 我们原来上这个课的时候吧，就是分数单位不知道怎么讲。一般就直接跟学生讲几分之一就叫分数单位。但是这次挖掘得比较深，和分数的意义结合起来了。在分数单位这节课中还解释了分数的组成，几分之几是由几个几分之一组成。到后面的课时中还会再学。比如前面讲八分之六是六个八分之一，后面假分数那节课我们还有十六个八分之一，那么多分数，我们把数轴利用起来了……每一节课都是关联的，层层渗透，学生对整个分数都理解得比较好。知识之间的关系也都建立起来了。（ES1）
>
> 这个单元开发完了之后，老师在教学过程特别注意引导学生归纳整理出分数的几个意义。学完分数的几个意义之后，我们还给学生举了很多例子，让学生可以体会分数可以表示什么。比如可以表示一个数；可以从测量的角度表示几个几分之一；还可以表示一种关系，整体和部分的关系，部分与部分的关系。我们整体都理了理，所以学生对分数还是比较认可的。（EH）

其次，帮助教师综合考虑知识本质、知识之间的联系、学生对特定内容的学习情况，以思考教学内容的安排和教学策略的选择。有教师在访谈中提到：

> 我们备课的时候，自己感觉那课备得挺好的，教案也是比较成熟。但上的时候就是另外一个样，每次上课每个老师都会有新的调整，每次回来我们都改。就像假分数，就是先给一个长度是八分之一米，拿八分之一米去量。量完小孩就出来八分之十四，八分之十三。最开始我们会把这个分数记在黑板上让他们看，分子大于分母的分数是假分数。但后来我们就把这个和数轴结合起来了。结合起来就方便了，孩

子对于分数是一个数理解得更深刻。（ES1）

无论是教师基于学生学习反馈将数轴引入分数意义的教学，还是强调引导学生系统梳理相关内容，这些改变都直接影响着学生的学习过程，为他们的有效学习提供重要的支撑。同时，这一过程丰富了教师对特定内容的理解，并促进了教学内容的系统化，对教师知识的结构化发展和教学设计的改进都有非常重要的价值。

（四）分享研究方案与成果

研究方案和成果的分享对共同体内的教师和组织内的其他教师都有非常重要的价值。对于共同体内的教师而言，成果梳理的过程是他们反观研究历程，提升课程和教学理解的过程。在重新整理研究资料的过程中，教师还会结合自己的教学实践对相关内容做进一步的分析和调试。在访谈中，ES2 教师就提到不同的实践方式：

> 分数单位学习中的分数墙这一块我不作为重点内容。我的重点在测量，体现分数单位的产生。到分数墙的时候领孩子简单看一看，说一说你发现什么，几分钟就够……EL 老师讲的时候把分数墙作为重点，让学生去发现，看看分数墙里面能找到哪些分数，你能发现什么。孩子们在分数墙里发现了很多东西。EF 老师上的时候就列出很多事件让学生去发现。学生对几个几分之一和几分之几理解得挺深刻的。对分数单位的大小也理解得挺深刻的。有些学生甚至能发现等值分数。他们那个也上得挺好的……但这节课主要是讲分数的产生。它不仅是产生，更重要的是体现分数单位的意义。

对于教师而言，学习不仅体现在研究过程中，更是体现在实践应用与反思中。总体上，教师在研究过程中把握了教材的目标、内容，并根据自己的观点和理解进一步改进教学。这种不断改进使研究真正成为教师学习的起点，真正影响教师的教学实践。

本阶段学习通过物化和扩散研究成果来实现组织学习。物化是指整理研究成果。学校强调将不同共同体的研究成果集结，编辑成"研究成果集"。每个共同体需要撰写的研究报告包括"单元教学设计""课程开发与实践的行动研究报告",以及"学生学习研究报告"。前两个报告的内容撰写有具体的要求。"单元教学设计"包括单元主题、开发时间、研究团队、研究构想、单元教学目标、单元内容框架、单元教学计划、教学流程(以课时为单位分别陈述,并附学习任务卡等辅助资源)等内容。"课程开发与实践的行动研究报告"则基于单元研究的构想介绍了研究背景、研究工具、研究历程和研究结论。规范的内容结构使得共同体的研究过程和成果得到系统的梳理和保存。

而扩散则是对研究成果的分享。为了持续推进共同体的研究,学校一方面组织成果交流会,让不同共同体分享研究成果和经验,另一方面将"研究成果集"分发给教师,让其他教师个体和团队的研究实践有丰富的实践范例支撑,并促使研究成为组织内的规范化行为,即将研究实践制度化。

第五节　三类共同体中教师学习类型的比较分析

一、三类共同体中教师学习类型的分布

研究在三类共同体中分析出五种主要的教师学习类型,分别是"讨论与协商型学习""实践与反思型学习""观摩与反思型学习""研究与展示型学习""研究与实验型学习"。其中,教学改进型共同体中的教师学习类型主要是"讨论与协商型学习"和"实践与反思型学习"。这两种学习类型以经验的交流和基于实践问题解决的意义建构与协商为主,这是由这类共同体的目标和活动组织决定的。教学改进型共同体以规范教学并提升教师的岗位实践能力为目标,教学经验分享与实践问题解决是此类共同体重要的活动内容。由于共同体成员研究能力的缺乏和知识能力的相似,共同体的问题解决活动很少依赖于系统的研究设计与实施,而更多依赖于教师的经验与反思。

教师发展型共同体中的教师学习类型主要是"观摩与反思型学习"和"研究与展示型学习"。这两种学习类型以信息的展示和推介为主，这是由这类共同体的目标和活动组织决定的。教师发展型共同体以课程改革理论的推介与实践为主要目标。课程改革的理念和实践模式这一类理论层面的知识是重要的学习内容。同时，由于共同体成员人数众多且其来源跨越组织边界，共同体实践难以像教学改进型共同体和教学研究型共同体那样组织持续而系统的教学实践研究，并进行跟踪与研讨。这两方面的原因使得这一类共同体只能通过布置个体或团队的学习与研究任务，并通过分享和反思个体或团队的学习与研究成果来促进教师学习。

教学研究型共同体中的教师学习类型主要是"研究与实验型学习"。这种学习类型以开展课题研究解决理论和实践问题为主，这是由共同体的目标决定的。在活动目标上，教学研究型共同体服务于组织和个人的发展。为了服务于组织发展，共同体发起者往往将其职能定位为研究理论与实践问题，以实现组织知识更新。在服务成员发展方面，教学研究型共同体的成员都是具有丰富经验和完备知识结构的教师，他们主要的学习需求不是学习某一类知识或是分享教育教学经验，而是在更高的"站位"上研究教育教学问题，解决教育教学实践难题。这使得教学研究型共同体的实践必须以课题研究为主，通过理论研讨—实践问题定义—问题解决探索—理论提升的路径深化教师的认识并提升他们的研究能力。

二、不同教师学习类型的比较分析

研究以罗姆·哈瑞的"学习环路模型"为依据，结合已有研究，将教师学习过程分为四个阶段：分析、设计与开发、实践与反思，以及形成心智模式或建立资源库。由于共同体学习强调成员与他人和环境的交往互动，研究首先确认不同的教师学习类型中有哪些学习环节是在共同体背景下发生的。从表3-4可以发现，"讨论与协商型学习""观摩与反思型学习""研究与展示型学习"在共同体层面的学习相似，都以"1-2象限：分析"为主。而"实践与反思型学习"和"研究与实验型学习"在共同体层面的学习相似，学习过程覆盖完整的四个环节。

表 3 - 4　不同教师学习类型的学习环节对比分析表

学习类型		学习环节			
		1 - 2 象限： 分析	2 - 3 象限： 设计与开发	3 - 4 象限： 实践与反思	4 - 1 象限： 形成"心智模式"， 或建设资源库
教学改进型 共同体	讨论与协商 型学习	√			
	实践与反思 型学习	√	√	√	√
教师发展型 共同体	观摩与反思 型学习	√			
	研究与展示 型学习	√			√
教学研究型 共同体	研究与实验 型学习	√	√	√	√

同时，从已有研究来看（Darling-Hammond & McLaughlin，1996；Shulman & Shulman，2004；Illeris，2007；Korthagen F A，2009），"教师学习过程的分析要素"主要包括学习活动的起点和目标、学习资源与支持，以及学习路径与方式三个方面。研究将从这三个分析要素出发，分析相似的学习类型之间存在的异同。

（一）第Ⅰ、Ⅲ、Ⅳ学习类型的分析

研究发现"讨论与协商型学习""观摩与反思型学习""研究与展示型学习"有相似的特征。

第一，这三种学习类型的目标都在于引导教师学习共同体层面的资源，以理解相关的知识。在这三类学习中，教师在共同体层面的主要参与方式是信息的分享和交换。在"1 - 2 象限：分析"环节的活动中，三种学习类型中的教师学习都以分享教学经验和研究成果为主，并就相关问题交流意见。"研究与展示型学习"在"4 - 1 象限：形成'心智模式'，或建设资源库"环节设计有共享学习成果活动，但其核心也是分享教师个体或团队的经验或研究成果。对于参与教师而言，本阶段学习的核心同样在于理解相关内容所承载的知识。

第二，学习资源的来源包括两类，个体或团队提供的学习资源和团队交流生成的学习资源。在三种学习类型中，教师最初的学习资源是个体和团队提供的学习资源。学习资源包括教学经验与设计（如集体备课中主备人的单元教学分析和教学设计）、学习资料（如教师发展型共同体在网络平台上提供的课程资源、线下活动中展示的课例，或是专题研究中提供的支撑性学习材料）。基于初始资源的学习，教师会开展对话与交流（存在线上、线下交流的不同），交流过程中所分享的观点也是重要的学习资源。

第三，学习过程都包括"分享与交流""整合与具体化""分享与反馈"三个阶段（如表3-5）。在这三种教师学习类型中，"分享与交流"是核心学习环节，也是知识学习的起点。在"整合与具体化"阶段的学习中，三种教师学习类型的实践都以"独立探索知识的实践表达"和"个体性的外化学习成果"为基础。即对前一阶段所学习的知识的"转化"和"外化"要依靠个体化的学习和实践来实现。虽然研究与展示型学习会在团队实践中协同整合知识，但是这种学习实现程度不高，更多是由团队中的"某个人"或"某几个人"完成。在研究成果的展示中，教师所展示的成果基本上由教师个体完成。而在"分享与反馈"阶段的学习中，"讨论与协商型学习"和"观摩与反思型学习"都没有专门的活动设计。由于空间上的接近，"教学改进型共同体"中的教师便于展开交流或是习惯于交流，从而非正式地进行碎片化的反思与分享。

表3-5 第Ⅰ、Ⅲ、Ⅳ学习类型的对比分析表

学习类型		学习环节			
		1-2象限：分析	2-3象限：设计与开发	3-4象限：实践与反思	4-1象限：形成"心智模式"，或建设资源库
讨论与协商型学习	学习路径	知识分享与协商	独立探索知识的实践表达	个体化的教学实践	非正式且碎片化的反思与分享
	学习过程	分享与协商	整合与具体化	分享与反馈	

（续表）

学习类型		学习环节			
		1-2象限：分析	2-3象限：设计与开发	3-4象限：实践与反思	4-1象限：形成"心智模式"，或建设资源库
观摩与反思型学习	学习路径	知识分享与协商	独立探索知识的实践表达		
	学习过程	分享与协商	整合与具体化		
研究与展示型学习	学习路径	知识分享与协商	独立或协同探索理论知识的实践表达	外化学习成果	共享学习成果
	学习过程	个体知识理解与交流	整合与具体化	分享与反馈	

（二）第Ⅱ、Ⅴ学习类型的分析

"实践与反思型学习"和"研究与实验型学习"两种学习类型的学习活动囊括了四个环节（见表3-6）。它们在学习活动的起点和目标、学习资源与支持，以及学习路径与方式等方面存在共性，属于同一种学习类型。第一，在学习活动的目标方面，这两类教师学习都是以设计和开发研究方案（或称教学方案）为目标，即建构"成熟的"活动方案或是获得系统的研究成果。其中，第1、2阶段是对研究方案（或称教学方案）的初步设计，第3阶段都是以教学实践及其反思为基础，通过多轮的试讲—反思—修正形成课时或单元的教学计划。第4阶段虽然在活动方式上存在差异，但都是对研究方案及其实践的回顾、分析、反思、梳理与分享。第二，在学习资源与支持上，两类共同体的学习资源都来源于团队对相关学习材料的学习与解读，以及在交往过程（研究推进过程）中生成的学习资源。对相关学习材料的研究和解读即理论的分析与研讨，是系列学习活动的起点。它包括对活动要求的分析和对活动方案本身的理论基础的分析。对活动要求的分析在"实践与反思型学习"的个案中体现为对"课例研究"主题和要求的分析，在"研究与实验型学习"的个案中则体现为对研究理论框架或导引的理解和把握。对活动方案本身的理论基础的分析在个案中体现为对与"课"相关的知识、教材、教参、研究资料，以及学生学习的分析。因为这两种教师学习类型在整个活动过程中都以协同合作为学习形式，学习资源的生成贯穿于学习活动的全过程。第三，在学习过程上，两种学习类型都包括了分析、设计与开发、实践与反思，以及通过反思与分享形成"心智模式"或建设资源库几个环节。同时，这几个环节像一个系统的链条"相互铰接"，环环相扣，前者作为基础和依据支持后者的活动开展。虽然在活动方式上存在差异，但不同环节的学习都表现为"理论—实践—理论"的多次互动。

表3-6 第Ⅱ、Ⅴ学习类型的对比分析表

学习类型		学习环节			
		1-2象限：分析	2-3象限：设计与开发	3-4象限：实践与反思	4-1象限：形成"心智模式"，或建设资源库
实践与反思型学习	学习路径	集体讨论与分析	协同探索理论知识的实践表达	持续的协同实践	协同反思与分享
	学习过程	研读与交流		实践与修正	反思与分享
研究与实验型学习	学习路径	理论学习与研讨	协同探索理论知识的实践表达	持续的协同实践	成果分享与制度化
	学习过程	发现问题与提出问题	分析问题与制订研究计划	实施和修正研究计划	分享研究方案与成果

同时，虽然第Ⅱ、Ⅴ学习类型可以从理论上归为同一种类型，但它们在实践方式上存在很大的差异，这种差异直接影响着教师知识学习的效果。

（1）活动方案的设计是否基于对相关理论和学习资源的系统研读。"实践与反思型学习"的第一个阶段是"研读与交流"，它在活动中整合了"集体讨论与分析"和"协同探索理论知识的实践表达"两个环节。在交流的过程中，教师们讨论的内容不仅涉及对理论的分析和分享，还关注到教学设计和实践层面的内容。这一方面缘于"课例研究"活动基于对初始教学设计的修正而分析其他内容，将教材研读、学科知识分析与教学设计讨论融合在一起。另一方面缘于教学改进型共同体的活动立足于"基于教的经验交流"，而缺乏对教材、学科知识和学生学习知识的系统关注。而"研究与实验型学习"立足于制订单元教学计划。它以单元教学中的问题为起点，将第一阶段的学习定位为通过"理论学习与研讨"以"发现问题与提出问题"，并开展系统的知识梳理、教材对比研究和学生学习研究。这种系统的研究深化了教师对相关内容的理解，并形成团队整体的共识性理解，为方案的设计和之后的教学实践研讨与反思奠定了深厚的知识基础。

（2）反思与分享层面对研究成果的梳理、分享和保存是否系统。在"4－1象限：形成'心智模式'，或建设资源库"中，"实践与反思型学习"讨论课堂观察的内容。教师之间会结合课堂教学的具体情况，说明教学设计和实践的优点与问题，并整体反思教学设计的起点和思路。这有利于引导教师思考教学改进的策略和方向，并形成教师个体和集体持续探究的话题。从实践上看，由于缺乏对研究主题的设计，教学改进型共同体中的"课例研究"活动呈现为"一个""一个"的散点状态，教师所学习的内容缺乏结构性。由于缺乏对研究资料的梳理和保存，相关研究成果往往因为学校和教师个体没有资源管理意识而丢失，很难成为持续学习的资源。而"研究与实验型学习"强调资源管理，第四个环节就是对成果的梳理、分享和反观。一方面教师可以根据自己的观点和理解进一步改进教学计划（或方案）。另一方面他们编辑"研究成果集"，并借助"学校网络资源平台"将研究成果物化和扩散，形成组织内部的知识资产。进而，让研究成果成为其他研究的资源、基础、范例，实现研究成果的"制度化"。

总体上，第Ⅰ、Ⅲ、Ⅳ学习类型有利于提供多元的观点，以开阔教师的视野并扩展教师的思考。但是，这种学习类型对教师知识的实践转化并不关注。由于它对教师学习的支持主要是通过提供信息来实现的，所以是一种"信息分享型学习"。而第Ⅱ、Ⅴ学习类型在目标上都是为了建构"成熟的"活动方案或是获得系统的研究成果，从而，在建构有效实践方案的过程中，教师自然形成对于特定主题教学实践的系统认识。这一类学习强调在理论分析与意义协商基础上的知识建构，是一种"知识建构型学习"。

第四章
专业学习共同体中教师学习的主要知识类型

　　教师知识是衡量教师专业发展情况的重要指标。因而，对不同类型共同体中教师所学习的知识类型的分析，能反映教师在不同类型共同体中所学习的内容，以及不同类型共同体对于教师专业发展的价值。由于教师知识建构过程也是活动参与过程，研究将跟踪教师学习的过程，并通过教师观点和行为在学习过程中的变化来理解教师所分享的知识和建构的意义。

第一节　教学改进型共同体中教师学习的知识类型

　　教学改进型共同体个案中教师的主要学习活动是课例研究和集体备课。研究收集 A、B 共同体中的两个课例研究活动，B 共同体中的教师集体备课活动，以及教师访谈的数据，分析教师所学习的知识类型。研究首先对两个课例研究活动［"摸球游戏"（AS 教师）和"组合图形的面积"（BF 教师）］中的三次教案改动（AS 教师的三次改动包括自主设计初始教案并试讲，组内研讨形成二次教案并试讲，组内研讨形成三次教案并上公开课；BF 教师的三次改动包括自主设计初始教案，与师傅研讨形成二次教案并试讲，基于组内研讨形成三次教案并上公开课）、课堂录像，以及教师交流的资料进行分析。同时，研究将课堂划分为话题引入、知识讲解与学生探究、学生练习、拓展活动、课堂小结几个阶段，分析教师在不同教学阶段的行为变化。教师访谈则主要关注团队讨论所涉及的内容。在数据分析过程中，研究者依据五种教师知识类型及其要素对资料进行编码，以确定教师在教学改进型共同体中所学习的主要知识类型。结果显示，教师在教学改进型共同体中所学习的知识以学科教学知识、一般教学法知识和学科知识为主。

一、学科教学知识的学习

学科教学知识是一种实践性知识，这种知识强调"怎么做"的问题。但是"怎么做"这类方案和策略的变化依赖于教师对"为什么要这样做""原本的做法有什么问题"的思考。在与同伴协同研讨、实践和反思的过程中，教学改进型共同体中的教师分析相关主题所涉及的学科知识和学生学习情况，理解原有教学策略存在的问题并设计新的教学策略，体现了教师对学科教学知识的学习。

（一）在分析学科知识设计教学策略的过程中学习学科教学知识

分析学科知识以设计教学策略或安排教学内容是教学改进型共同体中教师学科教学知识学习的突出内容。这类学习贯穿于课堂教学的全过程。

1. 把握学科知识的内涵设计课堂引入策略

在话题引入阶段，如何引入知识是两个研究个案都特别关注的内容。在课堂引入阶段，AS 教师在"摸球游戏"的第一次教学中直接提出"可能性"这一概念。同伴 AW 老师认为这会导致学生先入为主地认为答案是固定的，而不理解后面的实验活动。为此，AS 教师进行了自我反思并修正教学设计。在第二次授课中，教师开展摸球活动，让学生估计摸出某一种颜色乒乓球的可能性有多大，并根据活动中的现象初步感知"可能性的大小"。由于第二次活动在课堂教学中显得唐突，师傅在讨论中建议："在学生进教室之前，咱们在把门那块弄一个大盒子，里面放很多小纸条，都是学号。每个学生抽完纸条之后拿着学号进班。"根据这一建议，教师在第三次上课前设计了一个"抽学号"活动。这个设计通过一个与学生有关的、易于理解的活动引导学生初步体验"可能性的大小"，并感受到目标事件出现的可能性与目标在群体中的数量直接相关。在研讨、实践和反思中，教师基于"可能性"这个概念本身的意义设计和调整教学活动，体现出教师对学科教学知识的学习。

2. 分析和利用知识关联设计教学表征策略

教学改进共同体的研讨关注学科知识关联，并强调将这种关联渗透于学生学习活动中。在"摸球游戏"教学中，用分数表示概率是重要的教学内容。在几次教学设计中，这一知识点的讲解基于学生小组合作探究的成果展示活动而展开。但如何讲解知识以帮助学生建立所展示的成果和知识本质之间的联系，成为教学改进的重要内容。

在第一次课堂教学中，教师直接提问学生"你能用一个数表示摸到白球的可能性吗?"，学生就用一个分数表示。在接下来的学习中，学生模仿这种方法，直接用分数来表示摸到不同颜色球的可能性。由于学生已经学过分数，教学过程很顺畅。所以，教师在第二次教学中也沿用了这种方式。在第二次试讲之后，这一方式被同伴质疑。他们认为，这种教学只是让学生通过模仿而从表面上知道可以这么表示，但没有引导学生理解用分数表示可能性背后的缘由。

与师傅进一步讨论后，AS 教师将这一内容的教学重点调整为引导学生理解"为什么用分数表示可能性"。在学生提出"摸到白球有三分之二的可能性"之后，教师追问:"三分之二，你是怎么得到这个数的呢?"通过多次对话，教师引导学生理解这样表达的缘由。教学更为接近"可能性"和"分数"这两个知识点间关联的本质，使学生真正利用已有知识去理解新知识。

3. 分析学科知识本质以调整教学内容

教师对学科知识的理解程度直接影响他们对教学内容的选择与组织。如果教师对学科知识的本质理解不够深入，那么教师的教学内容选择可能更多停留于"知识和技能"的浅层。那些有关知识本质的内容可能就会被忽视，进而直接影响学生的学习深度。由于"可能性"是对数据统计的估计，结果与事情原本的情况并不一定完全一致。而数据收集的"偶然性"是其根本原因。在第一次教学中，教师在内容安排上没有关注到这一知识点，在与学生互动中也没有提及这个问题。

在课后评议中，师傅提及:"学生在可能性表达中认为结果一定是这个……而且，可能性估计结果指向一个唯一正确的答案……这种观点不符合可能性的本质，可能性是一种估计，它回避不了偶然性。"根据这个问题，授课教师进行反思并在第二次试讲中引导学生思考这个问题，让学生意识到可能性是一种理论估计，摸球次数越多，数据准确度越高。但是可能性的理论估计值与事情本来的情况并不完全一致。第二次教学后，师傅建议增加一个"数学家抛硬币试验"的数学文化扩展环节，把"偶然性"的概念单独提出来，以引导学生理解活动次数的增加能够使得结果尽可能地接近可能的理论值，但是这一理论值并不一定就会出现。

对学科知识本质的把握不仅会影响教学内容的选择，还会影响教师教学设计的整体思路。从访谈结果来看，对学科知识本质的分析会启发教师从起点上重新梳理教学内容，及其不同内容在教学环节中的分布，并将重点放在学生对学科知识本质的探索上。而学科知识本身则作为学生探究的结果来处理。在采访中，BS 教师提到，在乘法口诀教学中，以往她会将教会学生背口诀作为最重要的教学内容，但是学生常常就是记不住，"比如 6×7 就是一个难点，六七四十二小孩就是背不住。还有 4×9、7×9、3×6、2×9、2×6、5×9、5×7、6×9、7×4 等，孩子就是错得特别特别多"。

经过公开课的研讨，她认识到乘法教学中最为本质的内容是对乘法意义的理解。她说："学生其实最后都会背口诀，但是他们对 $1 \times 1 = 1$ 的意义不是很理解。所以我们讨论后，教学重点就确定为对乘法意义的深入理解。比如二三得六到底是什么意思，是三个二相加或两个三相加，就关注这个意义。"分析学科知识及其背后的思想方法，能帮助教师们跳出固有的以结论为本的教学模式，关注知识在学科研究中的建构过程及其蕴含的学科思维方式和思想方法，并将其作为核心的教学内容。

4. 分析学科知识本质以调整教学引导策略

两个个案均采用小组合作学习的教学方式。那么，在提出小组学习任务之后，教师从哪些方面以及如何引导学生设计探究活动方案，是学生成功合作的关键所在。两位教师都用对话、讨论的方式引导学生思考小组合作学习的开展，这在课例研究的几次教案修改中没有大的变化。但是在引导学生理解小组活动规则和活动背后的学科知识本质的过程中，选择哪些内容，如何安排这些内容在教学引导中的先后次序，成为影响教学效果的关键所在。

为了引导学生通过"摸球游戏"估计盒子里不同颜色小球的可能数量，

AS 教师的引导包括三个步骤：首先，让学生了解每个盒子里都有 6 个球，盒子里不同颜色球的组合有 6 红 0 白、5 红 1 白、4 红 2 白、3 红 3 白、2 红 4 白、1 红 5 白、0 红 6 白几种情况。其次，引导学生思考和讨论如何才能更好地估计出盒子里不同颜色球的数量，引导学生意识到"通过多次摸球活动叠加数据，估计不同颜色球的数量"这一探索方式。最后，组织各小组展示活动过程与结果，并通过分析和评价小组活动方式与结果，进行可能性知识的教学。

在第一次教学中，教师首先提出问题："里面一共有六个球，那你能不能知道里面红的有几个白的有几个？思考一下，你有什么办法知道里面分别有几个白球和红球。"在之后与学生的讨论中，教师没有抓住"通过多次摸球活动叠加数据，估计不同颜色球的数量"这一讨论主题。而是游离于"一次性摸完所有球""对摸出来的球做标记""拿出来再放回去"等摸球的规则上。同时，在之后小组研讨结果的汇报上，没有对学生提及的"我们小组打算摸五次""摸六次"等发言进行引导和评议，使得学生到最后都没有理解"多次摸球"与"估计球数量可能性"的关系。

最后，教师只能要求学生在小组活动中边做边想，按照自己的想法来实验，以估计不同颜色球的数量并说明依据。这导致学生在汇报猜测依据的时候提出："……红球摸两次，都是一样的，我们看了那两个红球又比较相似，所以我们就觉得应该是 5 个白的一个红的。"甚至还有学生提出："老师，我觉得应该是每个人一人摸一次，把自己摸的球拿在手里，然后再看……"从这里看出，由于教师的教学引导不到位，学生没有真正形成数据意识，也没有理解"可能性"是基于"数据多次叠加的估计"这一本质性的内容。

教研组研讨之后，这一问题逐步得到解决。在第二次教学中，教师对学生的思考做了有针对性的指导和评论。当学生提出"六个人每个人都抽一次，自己想着自己的是什么颜色，就能……""我们小组有六个人，一个人摸十次，然后求出它的平均值，然后再把所有的加起来再求它的平均值"时，教师就引导学生理解可能性的估计通过活动数据的累加来实现。

在第三次授课中，教师让学生上台摸球，通过活动演示引导学生了解"可能性大小与盒子中不同颜色球的数量有关"，同时盒子里球的数量需要根据活动数据进行猜测。这种清晰的指引不仅让学生理解了可能性这个概念，培养了学生的数据意识，而且还为学生合理制订活动计划、合理采集数据提供了基础。学生的反馈也证明教学策略改进的有效性。比如学生在说明得出结论的依据时说："我们组是组员按顺序抽取球，一共进行了三轮。每次都抽到红球，我们用画正字表示。所以我们猜测是 6 红 0 白。"从学生的回答可以看出，学生利用数据分析可能性的意识建立起来了。

（二）在分析学生学习设计教学任务和策略的过程中学习学科教学知识

教师团队在研讨中分析学生的学习过程、学习方式和理解能力，以调整教学内容和教学策略。教师的学习主要体现在如下方面：

1. 根据学生学习能力合理安排教学内容

在研讨中，教师们强调把容易理解的重点内容留给学生自主学习和探究。在"组合图形的面积"一课中，将组合图形转化为基本图形进行计算是解决问题的关键。在最初的设计中，BF 教师在课堂引入阶段通过回顾基本图形、利用基本图形拼接图案，以及辨别组合图形中的基本图形引导学生理解组合图形由基本图形组成。紧接着就提出"计算老师家客厅的面积"这一合作学习任务。这一设计在讨论中被师傅质疑，认为"时机不对"。因为组合图形概念简单，课堂引入阶段对基本图形和组合图形关系的提示会降低学生思维的难度，限制学生的思考。

基于此，BF 教师查阅了相关文献资料，在后两次的课堂引入中直接引导学生回顾"我们学过哪些平面图形的面积"。这一任务完成了对基本图形、基本图形面积知识的回顾，为组合图形面积的学习打好知识基础又不过多主导学生的思考。同时，不直接研究"组合图形可以看作基本图形的组合"这个问题，而直接设计真实的任务"计算老师家客厅的面积"，让学生探索如何计算没有计算公式的不规则图形的面积。这种既提供支架又为学生思考留足空间的处理方式，能让学生真正直面问题，寻求条件，并解决问题。

2. 在经验分享中关注学生学习困难以设计教学策略

学生对相关知识的理解和把握是教师教学设计的起点。教师的学生学习知识不仅来源于日常的教学积累和反思，也来源于共同体中的研讨与共享。在教师学习中，了解学生学习困难是基础，基于学生学习困难设计教学策略则更为关键。在"数对"的教学研讨中，AC 教师原本的教学设计关注数对的规范化表达及其应用。但在与师傅 AW 老师的交流中她意识到，对学生而言，位置的生活化表达与数对的关系才是一个真正难点。因为数对这种简化的表达与学生的生活经验不符，学生不理解数对与位置的生活化表达的关系，以及数对的价值。他们的主要交流过程如下：

AW：你认为这里边什么最重要？

AC：一定是数对呗。

AW：对，一共有两个数然后怎么怎么样。但是，讲这个言语描述对我们这个数对的准确定义重要，还是什么重要？

AC：那些表达的方式重要，规范的书写也很重要。

AW：这个书上有啊，我们两分钟就能讲完。到底还有什么重要？

AC：我不知道怎么说了。

AW：我们原来说过程很重要。我们看，第五组第三个，这个是孩子生活里有的。从第五组第三个到（5，3）这个过程，孩子怎么能认可它？

AC：这个简洁啊。

AW：这个是简洁。那这个呢（第五组第三个）？

AC：这个麻烦啊。

AW：难道麻烦就是不可取的吗？换句话说，当我们自己面对这两个数的时候，你选哪个［指"（5，3）"和"第五组第三个"］？

AC：我说的时候会说"第五组第三个"，写的时候写（5，3）。

AW：那好。你用这个比较巧的方式表达了。但是，对于那些对数对没有认知的孩子来说，从这个（"第五组第三个"）到这个［"（5，3）"］难不难？难吧？学生会更倾向于哪一个呢？教学中的一个难点就在于，孩子本来的认识是"第五组第三个"，老师硬把他往这个（5，3）拉。如果硬拉，孩子就会有疑问，为啥要这样呢？这个多清楚啊，第几组第几个，你非得这样写。学生学习从熟悉的到陌生的，从清晰的到抽象的，这个过程很难。如果不解决这个问题，学生不可能学好，这个课也不可能上成孩子感受特别深的课。

AC：对啊，多用点时间"第五组第三个"更清楚啊。而且我们平时也是这样说的，也不会说（5，3）。硬说这个好，确实是不行。

AW：对啊，最关键是沟通它们。解决不了它，这节课就完成不了。

为了帮助学生理解这个内容、把握数对的简化过程，并形成内在的认同感，AC 教师与师傅 AW 老师在讨论中重新设计教学，即引导学生体验位置表达法简化为数对的过程并理解其原因，而不仅仅只是要求学生牢记数对的标准表达法。师傅 AW 介绍具体的方法时说：

在建立完规矩之后，你快速地说五个位置，教师快速地说，学生在记录的时候就会遇到困难，特别慢，跟不上。孩子可能就会想，我写一个第几组第几个，然后在下面只写数字，还有可能会写成斜杠的（比如5/3），或其他方式的。孩子们就开始发明创造了。最后你再引导学生发现，"第""个""组"这些文字能省掉，这两个数字怎么省也省不掉。最简练概括的数学语言就是这样"不能再缩的，不能再减的"一种表达。这就是数学。喜欢不，喜欢。但是也有麻烦，稍不小心这两个数字就挨一起了，或是颠倒了。前后顺序调了，错；不写间隔呢，错；不加括号，和别的混在一起，也可能变成一个普通的数，又错。然后呢，全世界人都遵守这样统一的表达方法，然后好了。之前不统一呢，"第五组第三个"简单，（5，3）麻烦。现在全世界都通用了呢，（5，3）简单，"第五组第三个"麻烦。

总体上看，对学生学习困难的分析能提高教师的教学效率。在教学活动中，有些内容是学生基于以往的知识和经验能够理解的，而有一些内容则超越了学生的理解范围。对于这些超越学生理解能力的内容，教师在教学中就必须设计充足的支架，让学生能从理论或经验上对所学知识及其建构过程产生认同。只有这样，教学过程才能真正成为培养学生学科素养的过程，他们所学的知识才能真正成为他们分析和解决问题的工具，学习目的才能真正达到。

3. 基于知识巩固和能力发展安排课堂练习

课堂练习既能帮助学生巩固知识和技能，也能培养和提升学生的思维能力，而如何处理这两者的关系为教师们所关注。BF 教师关注课堂练习在巩固知识和技能上的价值。在最初的教学设计中，BF 教师在课堂练习环节安排了另一个不同于"客厅"平面图的组合图形，让学生把它分为基本图形并计算它的面积。这一设计因为"只是一个变相的模仿"而受到了质疑。同时，同伴还提出该图形只能用"分割"的方法，用不到"补"的方法，作为总复习也不是很合适。其师傅还强调，练习要为学生提供适度的挑战，要有利于培养学生的思维能力。同时，练习不只有习题，也可以有游戏、活动等多种形式。

于是，BF 教师在第二次、第三次的教学设计中利用特殊的组合图形，挑战学生的识图能力、画图能力和观察能力。这些任务的完成需要学生巧妙地运用"割""补"方法组合图形，并利用辅助线寻找更为隐蔽的计算面积的条件。同时，教师还安排了"T 字之谜""拼图游戏"等活动让学生分析和解决更为复杂的问题。在学生的"最近发展区"内，让学生感受到数学既有挑战性又好玩。

二、教育基本理论知识的学习

教师教育基本理论知识的学习包括学生及其学习的知识、教学理论与实践的知识、课堂管理理论与实践的知识、教育目的与价值的知识、教育评价的知识等方面。这一类知识超越具体的学科内容，是支持教学活动顺利开展的一种重要知识类型。教师在教学改进型共同体中所学习的教育基本理论知识主要体现在以下方面。

（一）在理论研读与实践反思中学习教学理论与实践知识

教学改进型共同体的实践经常关注教育理论并探索其实践形式，比如课程改革背景下的教学方式转型。调研结果显示，教师在日常教学中并不经常采用新课程所提倡的教学方式。因为"自己有时候不知道该怎么做……有时候也觉得浪费时间"（AL）。由于学校和区域公开课组织者将其作为评价标准或"硬性要求"，教师会在公开课教学中尽量使用。共同体也往往有意识地组织专题研究活动，以引导教师学习和实践某种教育理论。个案 B 在这次活动中关注的是小组合作学习，它指教师"在教学中采用小组的方式使学生在完成任务的过程中协同努力，充分发挥自己和同伴的学习优势"①。而如何组织小组合作以使学生学习成为真正的协作参与过程，而非小组讨论这种形式上的改变，是教师们特别关注的问题。

从研究对数据的分析来看，教师们讨论的内容关注到如下问题：

（1）什么样的任务需要合作学习？在"几何图形的面积"这节课的教学中，BF 教师在最初的教学设计中设置了两次合作学习：一是探索基本图形和组合图形的关系，二是计算不规则图形的面积。基于与师傅的讨论和试讲，BF 教师认识到"探索基本图形和组合图形的关系"能通过独立学习和集体授课完成，不需要采用小组合作学习。因为这样的任务如果采取小组合作学习"实际上就是学生在小组中各自说了自己的想法"，没有协同合作和资源共享的需要，"反而会占用很多课堂时间"。

（2）什么时候开展小组合作学习最为合适？教师们认为，小组合作学习需要建立在独立学习和集体授课的基础上。因为只有让学生带着问题进入小组讨论，才能使得小组讨论有目的、有问题、有碰撞，真正达到小组合作学习的目的。AL 教师提及："要让学生带着思考和想法进入小组讨论，不然小组中成绩比较好的学生就会把想法都说出来，成绩相对较差的学生根本没有思考。"同时，在小组合作中要引导学生明确活动的任务和规则。在最初的教学中，由于 AS 教师没有引导学生清楚理解任务和小组活动的规则，导致学生的活动设计偏离了"可能性的探索"这个主题。由于活动规则不明确，"学生直接从盒子里拿出球来看"，或是"在球上做标记"，这使得活动完全背离探究的目的。

（3）小组合作学习中组内如何分工和交流？个案 A 所在学校长期关注小组合作学习，并在探究中形成了小组成员轮流担任组长、记录员、发言人等角色的活动组织方式。这种方式让组内不同水平的学生都有承担各种任务的机会，不至于被边缘化。同时，教师们在观察学生的小组活动之后还提出了一些细节性的问题。比如教师在小组活动之前要强调"听懂别人的想法"，如有不同意见要追问"别人的思考过程"等细节方面的内容，使

---

① 马兰. 合作学习的价值内涵 [J]. 课程·教材·教法，2004（4）：14.

得小组合作中的协作、分享和相互接纳的文化真正建立起来。

（4）教师如何组织小组汇报并合理利用小组合作学习的成果？在第一次试讲之后，有教师问了BF教师几个问题："你是怎么安排不同小组的汇报的？""在学生讨论的时候，你有没有记录一下不同小组的方法？"BF教师说："我就是随机让各个小组汇报的，在学生小组活动的时候我下去看了不同小组的方法，但是组有点多我没有记下来。"其他教师接着就指出有些小组汇报了好几种方法，这导致后面有些只有一种方法的小组没有展示的机会。因此，"要让那些整体学习能力比较差的组先汇报他们的方法，再让有很多种方法的小组补充"（BX）。为了实现这种方法，教师就要用纸笔快速地记录不同小组的方法，在学生汇报之前安排好小组汇报的顺序。经过这种共同的探究，教师能更好地理解小组合作学习的价值，与其他学习方式的关系，以及实践应用中的注意事项。从而，更为系统地掌握小组合作学习的实践策略，以真正提高教学实践效率。

（二）在教学研讨与反思中学习课堂管理的理论与实践知识

在个案共同体的实践中，教师对课堂管理知识的学习主要涉及学生的注意力管理和课堂时间管理两个方面。具体体现在：

1. 学生的注意力管理

小学生注意力有限，持续时间短，教师必须有意识地管理学生的注意力。个案教师在学生注意力管理方面的学习包括：

（1）合理组合不同形式的学习任务。学生的注意时间有限，教师要根据不同的任务转换不同的学习方式，让学生的注意力始终集中在学习活动上。在"组合图形的面积"这节课的教学中，教师在探究活动之后设计了两个环节的练习题。共同体成员建议在拔高练习之后，设计一些学生喜欢的学习活动，这样能使学生更好地关注学习任务，保持较高的关注度和投入水平。

（2）合理安排需要学生高度注意的任务。在"摸球游戏"第二次教学中，教师计划让学生观察盒子里球的数量。但是由于刚上课，学生的注意力还没有完全集中到学习活动上来。这直接导致学生根本没有注意到教师希望他们观察的内容。在课后评议中，成员一方面认为球的数量是一个支持探究的事实性条件，既非探究性活动也不涉及学生深度思考，可以直接告诉学生。同时，重要的事情不要安排在课堂的引入阶段，因为学生注意力还没有集中，难以关注到教师需要他们观察的内容。

（3）营造良好的课堂氛围。师生的良性互动有利于营造积极的课堂氛围。共同体成员建议 BF 教师在小组合作学习和全班集体学习中强调分享与聆听的态度；在与学生互动的时候巧用表扬、提问等激发学生的成就感；在话题过渡的时候用感叹、质疑等较为强烈的语气代替平铺直叙的陈述性语气，以引起学生的注意，如用"这样的线可太重要了"代替"不能少了它"。同时，良好的课堂氛围还与学生学习兴趣的激发有关。兴趣是最好的老师，而学生的学习兴趣与学生在学习过程中所体验到的乐趣、成就感，以及学生的学习动机和求知欲有关。为此，教师们强调向学生们提出具有挑战性的任务，采用一些奖励的措施，并变换多种活动形式（比如闯关、游戏等），以激发和维持学生的学习兴趣。

2. 课堂时间管理

课堂时间管理是指教师要合理控制不同学习任务所使用的时间，既要使不同环节的学习目标能有效实现，又要使最重要的学习任务充分展开。课堂时间管理涉及两个方面：一是合理安排不同环节的活动任务，即不同教学环节的活动任务要清晰，利于学生直接理解教师的意图，达成教学目标。二是合理分配辅助性学习任务和主要探究任务的时间。辅助性任务达成目标即可，不用过多地展开。

在"摸球游戏"活动规则的处理上，AS 教师在第一次和第二次的教学中，将"活动规则的讨论"与引导学生理解"可能性的探索是基于数据的推测"糅合在一起，导致学生将大量的时间使用在对"不能全部倒出来""不能往盒子里看""不能做标记"等活动规则的讨论上。在第三次教学中，教师直接要求学生朗读并逐一讨论活动规则。这有利于学生理解规则，且能防止学生在制订小组活动计划时将思路偏向"机灵"的办法，而达不到活动的意义。这种处理方式不仅使教学活动的目标清晰可把握，还大大地减少了探讨活动规则的时间，为主要学习活动的开展留足时间。

(三) 在研讨与反思中学习学生及其学习的知识

学生及其学习的知识要求教师关注到学生的心理需要和心理能力，以使得教学能真正适应和支持学生的学习。在个案中，教师的学习更多关注实践技能而非教育心理学中的理论知识。一方面，根据学生的理解能力调整教师提问的抽象化程度。由于小学生的理解能力有限，教师的提问如果过于笼统和抽象，会使学生难以理解学习任务和问题。为此，教师的提问应当具体而明确，使问题能真正被学生理解，进而真正引导学生深入思考并清晰表达。比如在引导性语言上，用更为具体的"在任务单上分一分，画一画"代替较为笼统的"把你的想法画在任务单的图上"。另一方面，设计具体的问题指引学生思考的方向。教师们认为，虽然开放性问题能够引发学生自由联想与思考，但是半开放性的问题在引导学生关注特定内容时更为有效。在"组合图形的面积"这节课的教学中，教师最开始这样提问："大家还有什么问题想问这位同学的吗？"这种模糊的提问使得讨论很难关注到具体的问题。根据共同体的讨论，BF 教师这样提问："谁同意他的方法？他的方法什么地方很关键？""这个长方形的宽怎么知道的？"以及"你觉得他在计算的时候什么很关键？你有什么想法？"这种半开放式的提问将学生的思考细化，自然地引入到对辅助线的使用和面积计算中隐藏条件的寻找上。

三、教育环境知识的学习

教师的教育环境知识包含班级、教师团体、学校、学区和国家几个层面。从对教师访谈和共同体中正式与非正式对话的分析来看，教学改进型共同体中教师对教育环境知识的学习主要体现在班级、教师团体和学校三个层次。

(一) 在日常交流中了解学生与家长的基本情况及其相处方式

班级作为教师工作的第一环境，是教师最为关注的。相关内容主要包括三个方面：

(1) 学生的特征及其利用方式。包括：家庭背景与学生素养的关系，比如部分由保姆带的孩子生活习惯和规则意识比较差；特殊学生的表现及其处理，比如部分智力超常学生生活能力差，交往能力差，有一定的破坏行为，需要在任务布置等多个方面给予他们特别的关注；如何利用学生的特征解决班级问题，比如那些嗓门大的、爱动的学生，可以安排他们组织课间操活动。

（2）理性处理与家长的关系。处理与家长的关系既是教师工作的重要内容，也是教师工作的难点内容。BJ 教师说："家长不尊重你的个人时间，我有好多次晚上十二点了还在接电话……早上六点又有家长打电话，一打一两个小时，真的很受不了。"面对这样的问题，教师 BJ 在同伴的建议下明白了要建立规则、明确家长与教师的合理距离，以及表明相互尊重的态度。同时，通过典型事例提醒家长尊重、配合教师的工作。

（3）与家长配合教育学生。教育不只是教师的事情，家长与教师需要协作配合，才能达到最好的教育效果。比如 BX 教师提道："我们班有一对龙凤双胞胎，小男孩被家里宠坏了，经常上课讲话，欺负同学。其他家长都反映好多次了，要求换座。跟家长沟通，家长觉得孩子调皮正常。我用了好多办法都没有用。后来有老师建议我把双胞胎安排到一桌。这个办法一下就起作用了。这个小女孩天天回去跟妈妈告状，家长才意识到真的有问题，才开始管教这个男孩。"

（二）在实践中了解学校对于教育教学的定位与要求

教师对待教育工作的方式很大程度上是个人认同和学校要求之间权衡的结果。教师对学校环境知识的学习体现在三个方面：

（1）学校层面的教育教学定位。学校对教育教学的定位和要求极大地影响着教师的教学。A 小学虽然提出"需要教育"的理念，但家长和社会以分数为标准的衡量方式影响着他们所践行的教育倾向。学生在学区成绩考核中获得的好成绩被放在学校网站上最为醒目的地方。学生所获得的各种比赛成绩和奖励也依然是教师大会重要的宣讲内容。面对这样的要求，教师们不得不在教育创新和关注学生分数上做出权衡。AL 老师在访谈中提道："其实我们平时上课都不用学校要求的'导学稿'，小组学习那些，这些东西用起来很花时间，而且你想要学生掌握知识，要拿到高的分数，反复地练习巩固还是很重要的。"

（2）学校领导的价值倾向和工作方式。个案 B 所在学校的领导以规定任务的方式来安排学校工作，而忽视对教师学习和创新文化的培育，以及为教师学习和创新提供支持的实践方案和组织结构的建设。在这样的工作方式下，教师们习惯于等学校安排，并以完成任务的态度来对待学校布置的任务、组内的学习实践和班级的教学活动。在这样的文化背景下，教师的学习活动成为学校任务布置的伴生物，如果学校没有明确提出要求则不用做什么。

（3）特殊事件的处理。A 校管理部门在各个教师办公室里张贴处理危机事件的流程，比如学生发生意外事件的处理流程。这为教师们的实践提供了切实的指导。AC 老师在访谈中提到："这种安排还是很有用的，能最大程度地处理好问题并明确责任。不然啥事都是老师的责任可麻烦了。有一次学生在外面玩，一个学生把另一个学生推倒撞破脑袋了。我先安排班长和撞人的学生带受伤的学生去学校医务室处理伤口，同时赶紧给领导和家长打电话。"对于特殊事件的规范处理流程能帮助教师理性处理问题，更好地适应岗位要求。

（三）在交往互动中了解教师团队中的学习资源和群体亚文化

对团队学习资源和群体亚文化的认知，一方面关系着教师在群体中的生存和对环境的适应。因为教师需要建立与他人的联系，以更好地适应教育教学实践的需要。另一方面关系着他们的归属感和身份的建立。因为只有了解群体成员的价值、认同、交往方式等群体惯习，教师才能表现得像群体中的一员，被群体所认同和接纳。从访谈和观察的结果来看，教师的学习表现为：

（1）了解群体内的学习资源。包括群体和个体的专业水平、特长、合作意愿等方面内容。教师们在访谈中提到：

> 我们组的 AW 老师是数学科班出身的，他上课的深度、逻辑和知识拓展就很不一样。AL 老师在管理班级上很有一套，她们班的学生被她管得井井有条，每次升旗仪式他们班的纪律是最好的。AS 老师上课风格最自由，他们班的学生思维最活跃，参与度非常高，很多到我们学校上公开课的老师都喜欢借他们班。（AC）
>
> BS 老师非常愿意帮助别人，也非常喜欢讨论问题。我上次准备公开课的时候跟她商量了好久，还一起做教具。她以前上过这节课的公

开课，给了我好多想法。（BX）

（2）团队的价值、工作方式与态度。团队文化形成于共同的实践过程。教师也在共同的实践过程中形成对团队文化的认识。教师们在访谈中提到：

其实我们主要还是各做各的事情，因为每个班的情况都不一样……而且虽然我们有办公室，但是我们都是班主任，大部分时间都在班级里，不是上课就是批改作业，所以大家交流的时间还是比较少。（BJ）

我一般都主要去听师傅的课，因为学校有这种新老配对，师傅也比较愿意指导我……其他老师的课就听得比较少一些，实在想去听的时候得提前跟老师说一声……因为没有人听课的时候自己上课比较随意，所以大部分老师还是不太喜欢有人听课。（AC）

集体备课很多时候都是照着教参说一说，学校有检查，随便聊一聊，大部分时候都没有很成型的设计，备课回来自己还是要重新看看，主要还是按照自己的想法来。（BF）

从教师访谈来看，教学改进型共同体中的教师认为，共同体内的合作是一种基于任务和安排的人为合作，而基于共同价值和愿景的自主合作文化还没有培育起来。

第二节　教师发展型共同体中教师学习的知识类型

教师发展型共同体以推进新课程改革为己任，在学习内容上关注新教材的把握和使用、课程改革的理论及其实践，以及信息技术与课堂教学活动的融合。在学习方式上提倡线上线下融合的混合式研修，包括组织教师学习网络平台中的资源，参与专题学习与成果展示交流会，以及教学展示与交流活动等。为了提升数据对个案总体情况的代表性，研究选取共同体不同类型活动的部分数据进行分析。数据选择情况如表4-1。从总体上看，共同体个案中教师所学习的知识以学科知识、教育基本理论知识，以及课程知识为主。

表4-1 教师发展型共同体中教师知识学习的数据来源表

活动类型	数据类型与来源	示例或特征
讲座	C 共同体必修和选修课程内容，教师学习笔记、作业，以及评论	"梳理学科教材整体结构""深入分析教学案例"和"工作坊金钥匙活动"三个阶段中的部分必修、选修课程
	D 共同体所组织的讲座	如"关注数学本质，经历探究过程"等讲座。
专题研究	C 共同体工作坊层面的学习任务和成果分享活动	如工作坊的"研究新教材"活动，包括坊主分享的学习资源、教师的研修作业和优秀作业的交流分享活动
	D 共同体的专题学习与成果分享会	如"妙用思维导图践行新型课堂教学模式"展示课活动等
课例展示与交流活动	C 工作坊层面的坊主课例展示、教师赛课活动 C 协作组层面的课例研究和支教活动	分析的资料包括平台上传的授课视频、课后交流反思视频，以及共同体"成果集"中教师所撰写的课例研究过程与反思
话题研讨	C 共同体学习平台中自由讨论区的话题研讨活动	选取"课程学习与微课制作"（学科活动）、"研究新教材"（工作坊活动）、"智慧的碰撞——同课异构"（协作组活动）任务中的自由讨论区交流进行分析
个人日常教学的分享与交流	C 共同体"日常教学"模块中的数据	包括教师在"研修日志""我的教学故事""教学案例""我来当坊主"几个模块中所上传的资料，以及与其他教师的互动交流

一、学科知识的学习

学科知识的学习是指教师的学科信念建构、对数学学科内容知识的理解，对知识之间相互关系的把握，以及对数学学科本质的掌握。从总体上看，教师发展型共同体中的教师知识学习主要体现在以下三个层次：

（一）基于专家讲座理解学科知识及其背后的基本思想

研究通过整理 C 共同体中与学科知识及其教学有关的专家引领课程和 D

共同体中专家讲座的核心内容发现，讲座主题囊括了数学学科本质、数学课程内容，及其教和学的各个方面。讲座主要引导教师关注以下内容：一是数学基本思想与数学思想方法。在"基于学科本质教学"理念的指导下，讲座关注教师对数学基本思想和数学思想方法的理解，及其在教材与教学中的体现。同时，讲座还引导教师分析具体的领域和内容中所蕴含的数学思想和方法。二是课程改革背景下的内容变化。讲座从宏观上分析小学数学课程目标、课程内容的变化；从中观上分析不同学段具体领域的内容变化，以及改革后的内容主线和内容选择与组织；从微观上分析特定领域内容在小学各年段的分布，并以领域内特定内容为着眼点引导教师理解和分析学科内容之间的相互关系。三是体现数学学科核心内容及其本质的教学案例分析。相关讲座从价值层面关注到新课程改革所强调的数学教育功能，从内容层面关注到核心内容的学科本质及其教学案例，并从操作层面分享体现数学基本思想的教学设计，包括单元和课时教学设计与实践。

（二）梳理教材结构，明晰学科知识及其相互关联

梳理学科教材的整体结构是 C 共同体在第一个学习阶段的核心主题。在学习专家讲座的基础上，教师需分析教材的核心内容以及相关领域知识的关系和结构。其过程可以分为三步：一是教师个体分析单册教材的主要知识点，以厘清单册教材中的核心内容和教学目标。二是协作组内研讨和整合教师的单册教材分析成果，梳理不同年级内容及其内容之间的关系。从而，明确特定领域内容在不同年级教学中的侧重点、程度和水平，以及其他相关要求。三是绘制知识学习地图。本阶段的分析有利于教师明晰学科知识的相互关系，把握学生的知识基础，了解相关主题内容在不同年级的分布，进而依据知识之间的关系和学生对相关内容的学习设计教学。

（三）基于课例分析特定内容的内涵和结构

课例展示通过引导教师分析特定内容的内涵及其教学侧重点，深化教师对学科知识的理解。课例展示活动从三个层面引导教师分析学科知识，包括梳理特定主题在教材系统中的位置以确定教学内容，分析不同版本教材编排以确定教学内容和侧重点，反思教学以进一步思考教学内容选择。

1. 比较研读教材以安排教学内容

在对教材的比较研读中，教师对教学内容的分析包括两个方面：

（1）分析不同版本教材的内容编排。在"周长"课例中，教师比较人教版、西师版和北师大版数学教材，发现不同版本教材在编排上有细微差别。在"边线"的认识上，人教版在"练习十八"出现"描出封闭图形的边线"的要求，北师大版一开始就让学生用彩笔描出树叶边线和书籍封面的边线，而西师版没有涉及"边线"这一内容。结合所查阅的相关资料，教师认为，"从对直观教学的基本认识和学生的生活经验来看，在学生学习'一周'时，需要有意识地基于'边线'这一更原始的概念进行认知"。并在教学内容和目标上做出调整，强调"通过观察和测量实物边线的活动，形成周长的概念；通过描画和测量平面图形的边线，理解图形的一周和周长的含义"（CL）。对不同版本教材的比较是一种横向分析。虽然采用这种方式分析教材的教师比较少，但这种分析能够帮助教师更为深刻地理解不同版本教材的内容设置，更为理性地调整和安排教学内容。

（2）分析所教内容在小学数学知识结构中的位置。在三年级上册第七单元"长方形和正方形"一课的教学中，教师 CY 首先分析了教学内容在数学知识系统中的地位和作用，并梳理了相关的知识，包括"本单元的知识，即四边形（长方形、正方形），周长（计算周长，不规则图形、长方形、正方形；运用周长等知识解决问题）；已经学过的相关内容，即一年级上册的认识图形（一）：立体图形，一年级下册认识图形（二）：平面图形，二年级上册的厘米、米，线段，测量长方形、正方形；后续的相关内容，包括三年级下册的面积相关知识，六年级上册的圆的周长"。基于相关分析，教师对教学内容进行适当调整，即"调整教学内容，名称改为'长方形和正方形'；删掉'四边形分类'，直观认识平行四边形前移至一下；增加长方形、正方形各部分名称和特征，为学习周长、面积做铺垫；增加解决问题的内容，进一步体会图形特征和周长之间的关系；同时，将这一单元从'多位数乘一位数'之前移到之后，便于丰富用周长解决问题的素材"。

还有教师通过分析教材知识结构，确定学生的知识基础和学习困难。教师在二年级下册"有余数的除法"的教学设计中指出，"本节知识内容是在学生已经学习掌握表内除法的基础上（理解和掌握了除法的意义、用乘法口诀求商）进行学习的。学生自从学习表内除法、认识平均分以来，所接触到的所有问题都是刚好能够分完的，所有的除法算式都能够用乘法口诀求商，因而当学生面对'有余数的除法'问题时会出现两个认知冲突，一是平均分的概念与分物分不完的冲突，二是能够用乘法口诀求商与计算不了的冲突"。从总体上看，这种横纵结合的分析有利于帮助教师理解教材内容的知识结构，以及相关知识之间的关系，进而理解学生知识建构中的问题和困难，以形成对教与学的理性认识，为教学设计做好铺垫。

2. 厘清特定内容的内涵并细化教学内容的核心要素

教师对教学内容进行深入分析，进而对本课时教学内容及其侧重点进行细化处理。在"周长"一课的学科知识分析中，教师首先阅读"周长"的定义，确定教学的关键词"一周"和"长度"。同时，教师 CL 梳理不同版本教材的概念教学过程，并质疑："为什么西师版、北师大版的教材，都没有点明'封闭图形'？"同时，提出疑问和思考："什么是周长？或者说周长的本质是什么？因为概念教学的核心是弄清概念的内涵和外延。因而，必须要厘清'周长'概念的关键词'一周'和'长度'。"其次研读关键词"一周"和"长度"。关于"一周"，教师 CL 查阅文献资料后指出："所谓一周，就是沿着物体表面或者图形表面的边线，从任意一点出发（起点），走一圈，又回到这一点（即从终点又回到起点）。那么我们推断，不封闭的图形，终点不会回到起点。因而我们认为，不封闭的图形就谈不上'一周'。"结合学生在调研中提出的疑问"什么是图形的一周"，教师认为"周长"概念的教学，核心不在于是否点明"封闭"，而在于深刻认知"一周"。厘清了周长的概念及其关键点，教学就有了明确的抓手。

3. 通过课例评论和反思理解教学内容的选择

课后反思和评论是课例研究的重要环节。通过对教学内容安排和学生学习的分析，教师能够重新思考教学内容的选择。在"一位小数的加减法"教学之后，CT 老师在反思中指出教学难点的安排存在一定的问题：

> 在教小数减法时，教材中出现的是一般的小数减法，整数部分是 0 这个难点没有出现，而且在练习中出现的次数也不多。所以我把它和整数减法作比较，然后指出整数减法最高位相减得 0 时，这个 0 不必写。而小数减法中整数部分相减得 0 时，这个 0 必须要写。学生顺着我的思路往下做题目。可为什么一会儿要写一会儿又不要写，并没有做

出一个很好的解释。在教学生的时候，教师不能只是教会他们答案，更重要的是教会他们思考的过程和方法。在这里应多放些时间在小数减法和整数减法的比较上，这样学生能更好地掌握两者之间的区别。

这种基于教学实践重新思考学科知识的过程，能帮助教师更为深刻地理解学科知识，进而在教学中不断优化教学内容的安排。

二、教育基本理论知识的学习

（一）基于理论学习和实践案例解读理解教育目的与价值的知识

在课程改革的背景下，教师发展型共同体对教育目的和价值的关注体现在两个方面：

（1）教育目的的时代变化。研究抽取读书心得体会集、平台学习总结，以及自由讨论区话题交流的资料进行分析，发现教师普遍提到社会不断发展，教育要适应社会需要不断进行变革。这是他们结合学习资源和已有经验对教育、社会和学生发展关系的思考。有教师在"读书心得体会集"中提到，"未来世界将怎样改变充满了不确定性，因此重要的不是学到了什么，而是学习新知识的能力，即'教会他们自学的方法，培养他们的自学能力'"。在平台学习总结中，有教师提到，"通过这一期的培训，我发现了自身视野之局限。我随即想到了自己的教育教学工作，如果孩子固守陈旧僵化的理念，那将是一件多么可怕的事情！我们培养的学生是完整的社会人，不应该仅仅是接受知识的人"。为了帮助教师理解新课程改革的理念及其提出的背景，教师发展型共同体个案提供了丰富而生动的学习资源。在结合案例的理念解读中，教师重新思考教育目的，并意向性地与实践进行结合。

（2）数学教育对学生发展的价值。专家讲座、坊主课堂，以及课例研究都反复强调数学教育对学生发展的价值。通过分析数学课程标准，多位授课专家提出新时代数学教育在学生发展中的支撑作用。他们在讲座中提出，"现代的教育理念是以人为本……课程标准要求以学生的发展为本"。为了促进学生的发展，我们"不仅要学生记住一些数学的知识、掌握一些数学的技能，还要培养学生的基本数学素养（素质教育），即感悟数学的基本思想，积累基本活动经验"。并明确数学课程的目标是"基础知识、基本技能＋基本思想、基本活动经验"，学生在数学学习中"分析问题、解决问题＋发现问题、提出问题"。基本活动经验就是这个过程中的"思维经验、会想问题；实践经验、会做事情"。

除了学科课程层面对相关理念的梳理，坊主在工作坊层面也结合实践进行理念渗透。在集中研修中，坊主 CL 教师基于"三角形内角和"课例的展示，集中强调学生的数学素养。她认为数学素养是公民的基本素养，学生要"具备一定的数学知识，了解数学的发展过程，懂得使用数学的眼光观察问题，能用数学头脑分析问题，运用数学方法解决问题。而数学核心素养则是指，学生通过认知活动和自身实践所获得的数学的知识与技能、数学的思想与方法、数学的思考与能力、数学的意识与创新等的有机结合"。她介绍了本课教学设计在培养学生数学素养方面的思考：

> 本节课的核心是验证方法的多元化、思维水平不断递进的深化……度量法是不完全归纳，能使我们确定研究的范围只能是180°左右，而不可能是其他任意猜想的度数。拼角求和法，是一种过渡，更是学生的创造，要大力肯定。转化推理法从严谨的角度证明了三角形的内角和是180°，它有严密性和精确性。基于以上的想法，这节课不能停留在学生对方法的描述上，而应引导学生经历从直观到抽象的思维过程，感悟数学的严谨性……对"帕斯卡"的介绍，不是为了文化而文化，而是贯穿到探究过程中，让同学们感受一次完整的数学推理过程，是学生由动手操作的感性认识向理性认识的提升；用几何画板进一步验证，渗透极限思想，感悟变与不变。通过变化的三角形和三个内角的数据显示，进一步感受三角形的内角和与三角形的形状、大小都没有关系；当把三角形一个角一直向下拉，这个角越来越接近180°，也能从一个侧面证明三角形的内角和是180°，使学生感受到极限思想；练习的目的不仅是了解学生对三角形内角和知识的掌握，更是培养学生思维的灵活性。在一个解决问题的情境中，整合多种情况，从而发展学生的求异思维、空间观念和空间想象力。

这种从理论到实践案例的解读激发了教师们思考"数学教育对学生发展的价值"。教师们在自由讨论区中开帖"思考我们的数学教学",并展开了热烈的讨论。在讨论中,有教师就提及,"只要学生能解放思想、打破常规,不受老师和同学的影响,敢于发表不同的意见和观点,有新的思想方法,我们都应及时肯定、鼓励和评价;数学作为一门思维性极强的基础学科,在培养学生的创新思维方面有着得天独厚的条件。作为数学教师的我们,有责任也有义务培养学生主动探索、敢于实践、善于发现的科学精神"。还有教师提出,"我们不再把主要精力花费在检查学生对知识的掌握程度上。而要成为学习集体中的成员,在问题面前和学生们一起寻找答案,在探究数学的道路上成为学生的伙伴和朋友"。

(二) 基于课例观摩和研读学习教育理论与实践的知识

教育理论和实践的知识关注课堂教学如何开展。通过对专家课程、工作坊活动和协作组活动的分析,研究发现共同体个案摒弃理论灌输的方式,而通过课例观摩和研读引导教师理解教育理论和实践的知识。比如 C 共同体的讲座"小学数学体现'基本思想'的案例研究"、D 共同体的讲座"小学数学基于问题驱动的典型案例分析",以及"找次品""三角形内角和"等课例观摩与研读活动。这种设计满足了教师关注课堂教学的需求,且希望培训"不要讲大道理,告诉我们怎么做"的期待,有较为显著的效果。有教师在培训总结中说,"此次培训我觉得收获最大的就是课例研究活动……这次培训和现场观摩,让我有机会观摩和尝试全新的教学模式"。在学习过程中,讲解者将理论的内涵和实践融入对课例设计与实践的分析中,让教师能从实践的角度理解理论及其实践样式,对教师的理解和实践有更好的指导意义。

在内容上,个案共同体中的教育理论与实践知识学习以"课堂教学模式"和"教学策略"为主。典型内容如:

(1) 翻转课堂的理论与实践。工作坊设置"以概念教学为切入点进行翻转课堂的课例研究"的研究主题。教师们首先阅读书籍《翻转课堂的理论与实践》,了解翻转课堂的内涵、由来,及其对教和学的影响,并撰写读书心得。其次,协作组、工作坊层面开展实践翻转课堂的课例研究活动。教师们学习微课的制作和使用,并就实践中出现的问题进行协商和调试。

最后，提交作品参与项目组举办的"微课大赛"活动，并分享来自不同地区和教师的优秀课例。在学习过程中，教师们关注到翻转课堂的内涵、翻转课堂对传统课堂教学的冲击、翻转课堂所提倡的以学生为主体的观念、翻转课堂的可行性，以及翻转课堂所带来的教学模式重构等多方面的内容。从总体上看，这种从理论到实践的系统学习让教师对"翻转课堂"这种教学辅助策略有了更为鲜活与深刻的理解。

（2）探究式教学的理论和实践。作为新课程改革所倡导的教学方式，探究式教学受到教师的极大关注，并成为指导和评价教师教学的重要维度。在个案共同体中，教师们对探究式教学理论和实践的学习主要是通过专家讲座和协作组内的课例分析与解读来实现。从对相关案例及其评析的分析来看，教师们关注以下内容：

其一，结合学生的经验、能力筛选作为探究情境的真实生活问题。在"百分数的意义和写法"一课中，CM 教师考虑了三种探究情境设计方案："设计一，呈现生活中的各种百分数资料，让学生用自己的生活经验来解读；设计二，利用我校植物园教师选种子这一素材，先呈现三种蔬菜种子成活颗数的信息，让学生在争议声中寻求新的分析材料——播下种子的总颗数，引导学生进行分析决策；设计三，出示场景，妈妈和小明逛商场，在含绒量 98% 和 97% 的两件羽绒服中做选择，让学生做出选择并分析原因。"这三个问题情境都源于学生生活。

但仅仅关注生活情境还不够，教师还必须根据学生的知识经验和能力对情境进行调整。经过试讲和协商，"设计一以学生对生活信息的解读取代了学生对数据信息的处理和决策，很快被否定。设计二能够激发学生的学习动机，让学生体验百分数产生的必要性，有较浓的'数学味'，凸显了思维的过程。但学生在学习中，一方面要思考如何计算成活情况，另一方面又要思考如何将结果变成分母为 100 的分数进行比较，这样用时过多，学生的精力和热情也被消耗，以致后来的教学活动受到影响；学生在计算成活情况时，有的出现小数形式，教师该如何引导到新知百分数上也颇费周折……最后选择了设计三"。为了使探究情境能真正支撑学生探究，教师必须综合考虑各方面的因素。

其二，以学生的知识和理解为关注点，淡化知识的学术表达。为了让学生真正进入知识探究过程，教师们认为教学可以弱化知识的科学表达，而强调学生用自己的经验、知识和语言去表达他们所建构的知识。在"方程的意义"的说课中，CD教师强调：

> 对于小学生来说，建构数学概念并不在于是否能用准确、简洁的文字语言来表述概念，而是在于是否内化成了自己的东西（哪怕是不严谨、不科学的内化）。

CM教师在"百分数的意义和写法"说课中强调三个淡化：

> 淡化百分数的读写形式。百分数的读写法仅是形式上的要求，教师只要点到为止就可以了，更多让学生去探究百分数的意义。淡化百分数的文字表述。即放手让学生去读去说搜集到的百分数的例子，不断让学生交流、评价、修正自己的说法……通过学生实际去"做"，具体去"用"，既调动学生说百分数的兴趣，又进一步加深对百分数意义的理解。淡化百分数与分数的形式差别。这种讨论形式上热闹但鲜有数学思维含量……不如直接让学生比较百分数和分数在意义上有什么区别，并把它们放到具体的情境中进行讨论，删繁就简。

对知识"科学"表达的强求会弱化学生的探究和理解，不利于学生从知识本质的角度去建构知识，影响学生的探究成效。因此，教师们认为教学不必拘泥于学生的文字表述，理解知识的来源、建构过程和实质更为关键。

其三，整体设计学生探究过程。在讲座"数学学习的发现与发明"中，专家提出中国数学教学的问题在于太注重结果而忽略过程，引导老师们思考"如何变教为学"，并具体分享了设计学生学习活动的策略。在课例研究中，让学生经历探究过程也是教师们关注的内容。有教师在"圆的周长"说课中强调：

> 传统数学教学比较重视获取知识结论，过于强调接受学习，严重阻碍了学生创造性的发展，直接导致学生实践能力匮乏。要改变这种

现状，就必须让学生亲历探究与发现过程。这不仅是为了让学生通过多种活动去探究和获取数学知识，以达到对知识的深层理解，更主要的是使学生掌握、发现、认识并理解数学的一般方法。学会在生活中发现并创造数学，培养勇于探索、勇于创新的精神。亲历探究过程，已不再是一种获取知识的教学手段，它本身也成了教学的重要目的。数学教学应该从重视获得知识结论向亲历探究过程转变。

在教学过程中，她安排学生课前自学概念和事实性的知识，将课堂用于与学生共同在感知的基础上进行分析、综合、抽象和概括，以引导学生经历知识建构的过程，获得独立思考和解决问题的经验和乐趣。有的教师还尝试建构引导学生探究的教学模式，并基于课例进行分析和解读。在"找次品"一课中，教师 CY 就提出"情境创设—规律探索—化繁为简—质疑探究—规律推广—反思运用—总结提炼"的教学模式，并结合课例进行解读，说明不同环节在不同课例中可能的替代和调整，引导教师一起思考如何真正让学生经历知识探索的全过程。

（3）基于学科本质教学。这种教学取向是在专家讲座的启发下产生的。坊主以"安排任务"的方式指派特定教师做相关的探索和尝试，并将成果作为学习资源展示给其他教师。这种探索和分享帮助授课教师思考数学基本思想及其在教学中的实践，也启发其他教师关注相关内容。CY 教师的"找次品"案例重在渗透数学模型思想和优化方法。在评论中，教研员指出本节课模型思想的渗透表现为：

结合学生的经验和能力，从最基础的记录方法模型化，再到解决问题模型化，最后到整个探究过程模型化，全面立体渗透数学的模型思想。在优化方法的渗透中，教师培养孩子化繁为简、由简入难的探究模型。从 3 瓶到 9 瓶、27 瓶、81 瓶、243 瓶。在学生有初步体验，形成经验的基础上，再过渡到不能三等分的 8 瓶，造成认知冲突，提升学生进一步研究规律的兴趣，提高了研究的难度，也是认识上的一次提升。在整个过程中，既让学生体会到次品问题的模型，更让学生体会研究数学问题的一般模型，即从简单到困难，从一般到特殊的一般性研究模型。这个过程体现的是双重模型。

同时，教研员还指出本节课在学生符号意识培养上的价值，他指出："数学语言基本可分为文字语言、符号语言、图形语言三类，而培养孩子用符号表示模型正是对符号意识的最好培养。在找次品的过程中，叙述相对繁杂，而用数学语言（符号和数字）则简洁明了，让学生体会到数学的魅力。培养学生的符号意识和用数学的方法来记录，就是对符号意识的直接培养，是有效建立符号语言模型的过程。"以案例分享为基础的分析梳理了教学过程所蕴含的数学思想方法，帮助教师更为深刻地理解了数学思想方法的实践内涵，积累将数学思想方法融入教学的经验，并建立教学信心。

（三）以典型课例为示范引导教师关注学生学习

在教师发展型共同体个案中，专家讲座、工作坊活动和协作组活动都积极地渗透"以学生学习为起点设计和实施教学"的理念。在讲座中，专家不仅关注"教师如何教"，更是关注"学生对特定知识的学"。"小学生数学学习疑难分析""关于'学情调研'的思考与实践"等讲座通过讲述教学实践中的"尴尬"，说明对学生学习把握不准所带来的教学问题，引发教师的共鸣，如"自己反反复复地钻研教材，依照教学的重难点精心设计教学活动。但是教学实际却与预设的效果相差很远，课堂教学中总想设计新一点的活动，苦思冥想，没有突破点……"

基于这种经历和情感的共鸣，专家强调教学要将"教材转化为学材"，并通过案例（包括对特定知识学习的学情调研，基于学生学习基础的内容安排和教学设计，以及学生的学习反馈等）讲解教学中关注学生学习的价值，以及可能的实现方式。在本模块的自由评论区中，有教师提出，"培训使我明确了学生的问题就是教学的核心。不同教学环境中的重点、难点是变化的，不应该死搬教参中的内容……通过学情分析可以发现学生认知层面的具体问题，并准确地分析成因。从而，有针对性地选择教学资源，使每一个教学活动都目的明确。最终，指导学生解决生活中存在的数学问题，使他们更好地掌握数学知识。我们只有了解学生，才能更好地为学生服务，才能减少教学的盲目性"。

工作坊和协作组活动体现为教研员的理论讲解和实践解析，以及共同体内教师的实践案例分享。包括：

（1）通过典型案例解析关注学生学习的价值。第二协作组组长 CX 在听课反思中提出教师交流不关注学生所带来问题。在听"轴对称图形的面积"一课时，他提到：

> 老师作了精心的设计，环节清楚，重点彰显，讲解到位，示范标准……但是，当我把目光从老师转移到全体学生身上……当课堂进行到三分之二的时候，大面积的学生已经不再积极举手回答问题。在教师"专注"地展示课件与"尽心"指导、展示、点评"优生"创作成果的同时，学生有折纸的、弄指甲的、发愣的、说悄悄话的、翻玩具的……

结合其他几个课例，CX 教研员提出，"学生在课堂'开小差'大多都在上课 25 分钟以后开始发生……可能是他已经懂了不想听，可能是太难了……太枯燥……时间长了他确实累了。在教学中，我们不能只是关注回答问题，展示成果的学生……要推动'以教师为中心的教'向'以学生为中心的学'转变来进行教学设计、教学组织、教学评价。以教师的魅力、有质量的问题'勾引'住学生，让学生的思维动起来……尤其是当学生大面积出现此类情况时，我们更应该首先从自身找原因，而不是一味指责孩子"。

（2）通过课例观摩和解读向教师讲解如何以学生学习为起点设计教学。坊主 CL 在展示课例后做了专题解读，强调了研究学生学习基础的内涵和价值，并分析了她在"周长"一课教学中对学生学习的调查和对相关数据的利用。她在教学之前思考"关于周长，学生已经知道什么，学生的疑点在哪里"。于是，她对没有学习过周长的学生和学习过周长的学生做了对比调研。

结论显示，对于没有学过"周长"的学生，"大多数学生听说过周长，但对周长意义的理解是模糊的。一部分学生对周长价值有经验性认识，如围着边种树、跑步、画线等。所以，教学要帮助学生从对生活经验的认识上升到对数学概念的认识。对于'没有听说过'周长的那 40% 的学生，还得在课堂上与大家一起同步学习周长的系列知识。可见，教师的生活情境创设部分还不能省去"。

对于已经学习过周长的学生，调研发现"约 90% 的学生认为封闭图形一周的长度就是它们的周长，约10%的学生认为周长就是长度；对于周长的困惑，约80%的学生提及不清楚'一周'是什么意思，约20%的学生提及不清楚圆的周长怎么量"。根据数据，教师提出在教学中需要思考的问题，即"虽然90%的学生能够准确地写出'周长'的概念，但为什么80%的学生提出'不清楚一周是什么意思'，20%的学生表示'不清楚圆的周长怎么量'呢"。根据这一问题，学生对"一周"的认知疑惑就成为了教学设计的起点和问题。

（3）关注学生学习案例的推送与分享。教师在专家讲座、教研员理念讲解和案例解读中初步建立了关注学生的意识，也从理论上学习了如何利用学情调研数据支撑教学设计。但是理论的学习不等于实践的落实。为了促进教师的实践应用，个案共同体在工作坊赛课中将关注学生作为课堂评价的重要维度。教师们在赛课中设计出一系列具有参考价值的案例。为了引导教师深入思考关注学生学习对教学实践的价值，坊主要求授课教师撰写教学反思，并收录到"教学案例集"，供共同体内成员学习。

在关于"7的乘法口诀"的教学反思（"从'认知起点'出发，回归'思维的原点'"）中，教师从一个个教学片段入手阐明如何分析学生的学习基础并调整教学。她发现在编关于7的乘法口诀时，学生多次出现"一七得七，二七十四，三七二十二，四七二十九"这样的错误。由于不知道学生出错的原因，她只能对学生的错误绕道而行。在课后，她对出错的学生和没有出错的学生进行调查并发现：

很多学生并没有从乘法的意义出发思考，而仅从口诀的模式出发对上下两句口诀的得数进行单向的推理。由此可见，学生会编口诀、会背口诀并不一定真正理解口诀的意义……在后来的教学中，我把教学退回到学生的认知起点，通过"编制口诀—探究意义—运用口诀"这三部曲来完成教学。把学生编口诀中的错误当作教学资源，让其他的小朋友用自己喜欢的方法告诉出错的孩子，哪里错了，为什么错了。有的学生画图，有的学生摆小棒，有的学生用连加算式，有的学生用上下句之间的联系进行推理，帮出错的小朋友纠错。这不仅调动了学生的学习积极性，而且加深了学生对乘法口诀意义的理解，成功跨越了乘法意义与乘法口诀之间的鸿沟。

这样的案例向其他教师传递了"以学定教"的教学理念，呈现了基于学生学习设计和调整教学的方法，受到教师的欢迎。

三、课程知识的学习

（一）基于讲座和实践探索学习一般课程知识

在个案共同体中，教师对一般课程知识的学习主要关注课程改革的知识和主题化课程设计的知识。其中，课程改革的知识在内容上包括：课程改革的背景、课程标准的制定过程；数学新课标的主要关注点，理念、核心概念、四基、四能、内容标准，以及教与学的方式；数学课程在内容和领域方面的调整等。专家在讲座中通过理论解读和案例阐释帮助教师深入理解数学新课程。从实践应用上看，一些理念也融入教师的教育教学实践中。比如"对学生学习的关注"通过共同体的研究任务"基于儿童研究的小学数学翻转课堂研究"来落实。但是由于缺乏持续的学习任务设计，大多数内容的应用情况和教师的掌握情况难以考证。

主题化课程设计的知识关注教师对课程设计理论的学习和实践。共同体组织者将成员定位为"培训者"，要求他们学会设计培训课程。共同体组织者首先通过专家讲座引导教师理解教师培训课程设计理论，包括必修课程"基于网络研修的工作坊主持""主题活动课程化简介"，以及选修课程"工作坊方案设计及活动主题""教师工作坊研修的机制""一个教研组的研修活动"。同时，要求成员在实践场域中设计和实施一次"研修活动方案"，即教师自行选择主题和内容开展培训实践，并撰写案例解析分享相关的经验和思考。

这一任务让教师从实践的角度思考什么是课程。即基于什么样的需求、起点和目标设计课程，课程设计要关注哪些方面的内容，如何处理这些内容的关系，以及如何实施课程等。对课程设计知识的学习通过讲座、实践探索和案例分享来落实，是一种理论与实践整合的设计。但是由于时间限制，教师难以开展相应的实践活动，并导致学习多停留于个人对实践原理和规则的想象层面。

（二）基于讲座和专题活动学习学科课程知识

在个案共同体中，对于学科课程知识的学习主要关注小学数学教材内容的选择、组织和编排，课程改革背景下小学数学教学的一般要求，以及领域和主题教学的整体要求等方面的内容。在对小学数学教材的整体把握方面，个案共同体采取了三种方式组织教师学习：一是开展专题讲座引导教师整体理解教材。讲座"小学数学教材的分析与理解"就着重分析了不同版本教材的编排特色和相互之间的融合，比如青岛版教材的特色就是"情境串引出问题串……两条线……一条是情境线，一条是探索线"。不同版本教材之间的融合就是"从现实到数学，数学具有一般性——抽象；从数学到数学，数学具有逻辑性——推理；从数学到现实，数学具有应用性——模型"。二是组织成员参与国家和地方的新教材培训。比如 C 共同体带领部分成员参加小学数学课标和教材的省级培训，D 共同体组织教师参加北师大版教材的全国网络研修活动、市教研室的教材解读，并邀请区内的专家型教师做学期初的教材解读。三是开展教材研读专题活动。C 共同体开展"研究新教材"活动，要求教师梳理教材的内容结构，在协作组内整合教师个体的研究成果，形成知识结构图，以整体把握教材。D 共同体开展"践行新教材，打造高效课堂"的教学研讨活动。活动一方面研究"北师大三、四版教材的变化"，另一方面通过课例展示和课例解读向教师展示课程和教材改革的相关要求及其在课堂教学中的体现。

在对领域和主题教学的学习中，个案共同体采取以下方式促进教师学习：其一，通过讲座引导教师关注不同领域的内容及其变化，以及改版教材的教学要求。领域内容及其变化关注新课程标准中不同学习领域的核心内容，以及相关内容在新课标中的变化，比如"'数与代数'领域核心内容分析与教学策略"（第一学段和第二学段）。共同体还关注新版教材的教学要求，比如讲座"小学数学教材的分析与理解"关注教材内容设计所体现的教学思路，"解决问题的框架就是问题情境—解决问题—解释应用与拓展；单元栏目设置也相应地包含信息窗（情境图）—合作探究—自主练习，最后再设计回顾整理与综合练习；相应的课堂教学环节就是发现问题、提出问题—数学知识与方法的探索—巩固、应用与拓展练习"。其二，通过专题研究活动学习特定领域的内容结构和教学要求。在 C 共同体的"研读新教材"活动中，除了梳理教材的内容结构，教师还需捋清某册教材各单元教学的重难点，并分析一个单元例题的教学价值。同时，还通过展示"分数除法教材分析"案例，引导教师学习。从总体上看，这一维度的学习，在内容上关注特定内容与整体课程的联系，包括哪些知识需要教授、教到什么样的程度，以及需要联系哪些方面的核心概念等；在教学目标上，需要掌握哪些知识、落实哪些基本思想方法、培养学生哪些方面的能力；在教学方式上，需要在什么情景中教授、如何设计学生的学习活动等。这种对课程本身和课程与教学关系的把握，能够帮助教师灵活应用教材，并进行理性的思考和决策，进而真正提高教学效率。

第三节　教学研究型共同体中教师学习的知识类型

E、F 共同体均以课题研究为主要活动方式。本研究通过分析个案共同体中的教师研究过程、研究成果，相关教师访谈，及其他活动中的交流研讨资料，以确认教师所学习的知识类型。其中，E 共同体的研究数据为三个研究的成果报告（包括三年级面积单元的课程开发与教学实践研究、四年级小数乘法单元的课程开发与教学实践研究和五年级长方体体积单元的课程开发与教学实践研究），以及对"五年级分数的再认识单元的课程开发与教学实践研究"的 8 次研讨和教学实践跟踪记录。F 共同体中的研究资料主要是落实有效教学的课例研究资料（包括几次教学设计、说课稿、课后反思等）、线上线下的聊天记录、教师学习笔记、活动记录、书籍读后感、研究资料集，以及相关教师访谈等。从对资料的分析来看，教师在教学研究型共同体中所学习的知识类型主要为学科教学知识、课程知识和教育基本理论知识。

一、学科教学知识的学习

学科教学知识主要包括学科教学定位、学科知识及其教学、学生学习的知识及其教学、特定主题或内容的教学内容选择与组织，以及教学策略选择。在教学研究型共同体的学习中，教师学科教学知识的学习主要体现在前三个方面。

（一）在学习和研讨中重新思考学科教学定位

学科教学定位是指教师对特定主题与内容的学科教学取向和教学目标与价值的理解。表现在以下两个方面：

1. 从学生、内容和教学过程三个方面思考学科教学取向

学科教学取向是教师对学科教学定位的理解，即什么是数学教学中最重要的。教学研究型共同体对教师学科教学取向的影响主要体现在以下三个方面：

（1）在处理与学生的关系上，体现为教师越来越关注学生。谈到大单元研究中自己思考得最多的问题，教师们说，"争取学生的真问题主导课堂"（ES1）"思考自己是否放手给学生，课不能是你一直在讲。现在很少有那种一刀切的课堂，但是更多的也是老师在主导。老师主得更多一些，导得更少一些……所以，我有的时候就会想这节课是否真正放手给学生，学生是否真正成为学习的主人"（ES2）。

（2）在教学内容处理方面，关注到内容知识的深层结构。在"小数乘法的意义"单元的课程开发中，教师们通过文献综述和教材对比认识到，"国内教材在运算内容的编写上偏重算法，对算理或运算意义的强调比较薄弱"。同时，由于"运算的意义和算理在理解上比较困难，在考察上也不如技能那样简单、直观"，而且教师们在长期的教学过程中"更注重计算熟练程度的训练，即运算技能的形成，忽视了对运算的意义和算理的理解"，导致运算教学"重算法重技能"，这不利于学生理解运算的本质。于是，他们就着力挖掘作为运算基础和核心的"意义"模块，引导教师从关注知识本身转向关注知识背后的意义和本质。

（3）在教学设计方面，强调引导学生经历知识建构的过程。EF 教师在

访谈中说："我最关注任务是怎么一步一步呈现的。前段时间我去听了一节方向与位置的课，主要是讲数对。你在班级的位置是（2，3），这个老师开课之后就把这个（2，3）告诉学生了。他说'我用（2，3）来记住小明的位置，你猜猜这个 2 和 3 表示的是什么意思……'。按照我们的想法，学生要经历知识再创造再发现的过程。教师要设计情境，引导学生一点一点地去探索，在这节课的最后才把这个数对呈现出来，就是要领着孩子一起来创造数对。"这种思想是教学研究型共同体个案特别强调的。

2. 系统思考特定主题和内容的教学目标和价值

在教学研究型共同体中，这种思考是一个系统过程，即确定单元核心目标—思考核心内容的教学定位—关注思维能力差异并探索目标实现路径。

（1）确定单元的核心目标。单元核心目标与单元基础概念和基础能力有关。在"长正方形面积"和"长方体体积"的单元课程开发中，研究团队将"量感"作为其他内容学习的基础和单元要培养的核心能力。在五年级"长方体体积"的单元课程开发与教学实践中，研究团队认为：

> 由于这是学生第一次学习"体积"，因此本单元的核心目标是培养学生对体积大小、多少计量的直觉和敏感性，也就是建立与体积相关的空间观念……在中日教材比较中，我们发现了"量感"这个词。进一步查阅了相关的资料后，我们得到了关于量感的解读。量感是对物体的大小、多少、长短、粗细、方圆、厚薄、轻重、快慢、松紧等量态的感性认识。体积量感自然就是对体积大小、多少的直觉和敏感性。因此，"促进学生体积量感的形成"就是本单元的核心目标。

（2）确定特定内容的教学目标及其实现路径。从研究资料来看，几个单元教学研究都强调以下内容：一是结合具体的内容、教学方法，落实知识技能目标。比如"面积"教学要求"经历比较图形大小的过程，知道面的含义""结合实例，会用数方格等方法表示图形面积"。二是挖掘知识点背后的数学基本思想，落实过程性目标。比如小数乘法教学中，教学目标要求"运用数形结合、逻辑推理等方法探究小数乘法的计算方法"，"将小数乘法的计算方法与整数乘法的计算相联系，形成知识体系"。三是结合具体的学习活动，落实情感态度价值观方面的目标。比如"长方体体积"教学要求教师"启发学生借助学过的知识思考新问题的解决方法；在教学活动中体会思维的严密性，培养思维的敏锐性"，以培养学生的数学观和提升学生数学学习的自我效能感。

落实到具体的课时，这种核心内容及其教学方法的梳理还关注到学生行为的评价要点。在"小数乘法的意义"第一课时"小数乘整数的意义"教学中，在"由整数乘法的意义过渡到小数乘整数的小数乘法意义"这个基本思路上，要求"学生能用自己的语言进行解释和交流；分别用元角分和借助直观模型得出结论，进一步体会小数乘法的意义"。

（3）关注思维能力差异并探索目标实现路径。个案共同体强调关注学生的差异，以培养学生的思维能力。在"长方体体积"的教学设计中，教师认为"每个学生量感形成的载体和途径应该各不相同"。他们借鉴范希尔夫妇的思维水平发展理论和雷斯曼的学习者类型理论，为不同思维水平的学生提供不同层次的学习材料。在每一个课时中，他们都会选择一个核心任务，根据学生的思维发展水平提供适应的学习材料，以有效支撑学生的学习。比如，在"比较三个长方体 ABC 的大小"这个学习任务（第二课时"比较体积大小"）中，团队将学生的思维水平分为三个层次，提供不同层次（直观层次、描述与抽象层次、演绎与严谨层次）的学习材料。利用学习卡片，学生在学习低层次的学习任务之后，可以探索高层次的内容。这既适应了学生认知从具体到抽象的发展过程，又能引导学生经历数学研究从具体形象到抽象演绎发展的过程，也有利于不同层次的学生从不同的路径和方式理解核心概念。

（二）在协同研究中深入分析学科知识以规划教学路径

1. 研读学科知识理论以组织教学内容

教学研究型共同体中的学科知识分析主要包括三个方面：

（1）通过文献研究梳理学科知识。作为"名师工程"成员，教学研究型共同体中的教师"知识结构是综合性的且组织结构良好"[①]，对知识及其

---

① 张丹. 解析骨干教师培训中教师学习的"研究"特性 [J]. 继续教育研究，2010（10）：91.

联系本身的理解一般不存在困难。但是教学研究型共同体还是强调对核心概念的系统梳理，关注两个方面的内容：一是整理学科和教学研究领域对相关概念的理解。共同体领头者会安排一位教师做文献综述，其关注点"第一个是看看国内的数学专家、小学教育的名师在这块中都研究什么，研究到什么程度。第二个主要是对分数本质的梳理"（EW）。由于长期处于教学一线，成员缺乏对相关研究的系统关注，文献梳理能帮助他们从不同角度审视自己对知识的理解，进而重新思考教学内容的选择。二是基于知识本质确定单元教学中的核心概念。在"长方体体积"研究中，个案共同体分析"体积量感"的形成过程，认为"体积"教学包括体积意义和体积测量两个重要内容。体积意义包括"知道体积是对物体所占空间大小的属性的描述""知道体积具有可测量性""能够判断什么样的问题与体积有关"。体积测量包括用体积测量（知道体积是几倍单位量的数值化表示、了解体积单位的规定及其意义）和用长度测量（了解体积单位的规定及其意义）两个方面。

（2）重新定位单元核心目标并安排单元教学内容。教学内容是学生要学习的知识，它是教学目标实现的载体，是设计教学任务和教学活动的重要依据。在教学研究型共同体中，团队教师围绕核心概念梳理和安排单元教学的系列知识点。在"小数乘法"单元的课程开发中，研究团队将单元核心目标确定为"小数乘法的意义"。结合小数乘法教学的核心内容，研究团队确定了"意义—算理—算法—技能"的内容安排思路，并要求每一课时都要以"小数乘法的意义"为基础设计学习任务和活动。进而，让学生在活动过程中深刻理解"小数乘法的意义"，并以对"小数乘法意义"的理解为基础学习其他知识。比如，第五课时"两位小数乘一位小数"重在学习小数的竖式乘法。但是探究任务为"①探索'2.75×2.2'表示什么意义；②计算'2.75×2.2'等于多少"，包含了意义和算法两个方面的内容。在教学中，教师首先要求学生通过画图的方式表示"小数倍"的意义，再列式计算。在练习中，进一步融合"矩形线段图"引导学生思考和探索小数乘法的意义，进而思考算法。

（3）梳理与所学知识相关的知识点，以明确和利用学生的知识基础。有意义学习强调建立新旧知识之间的联系。如何利用学生已有的知识经验是教学设计中非常重要的问题。教学研究型共同体的研讨关注两个方面的内容：一是明确新知识学习的知识基础，捋清学生的学习思路。比如，小数乘法的意义是整数乘法意义的延续。那么如何利用整数乘法的意义来帮助学生学习小数乘法的意义成了教学研究的一个重要内容。同时，教师们在试讲中发现，分数比率的性质，对学生理解用分数表示一个具体的数有很大的影响，于是又探索如何将这一内容融入教学活动中。二是引导学生在知识对比中理解新知识。比如在"分数表示数"的教学中，教师提供画有"1 分米"线段图的学习卡，让学生画一画、量一量、比一比"3/4 和3/4 分米的不同"，这种对比能让学生理解"加上单位之后，分数变成一个确定的数""单位变化后，同一个分数可以表示不同的大小"。从而，理解分数也可以表示数量。

2. 分析学科知识以选择和调整教学策略

基于对学科知识的分析选择教学策略包括三个方面：

（1）探索知识的建构过程，规划教学设计的思路。知识原本的形成和建构过程内含着数学研究者对学科情境问题的观察和思考，是应用数学知识解决问题的过程。因此，明确作为知识建构起点的问题情境，关注知识本身的建构过程，对于学生理解和应用知识，以及问题解决能力的形成有重要价值。个案共同体在教学研究中关注知识的形成过程，并将其转化为学生的学习活动。

在"认识分数单位"的教研中，主备教师最初设计通过拼摆"分数墙"来认识分数单位。在研讨中，教师们认为这种教学方式相当于"直接告诉学生"，学生体会不深刻。于是，他们将教学设计改为"利用整数的学习经验，让学生从测量的角度，体会分数的产生。在测量活动中，学生通过数与形的结合，从量和数的角度，创造不同的分数单位"。这种方式让学生通过活动意识到在测量中不能用整数时，必须创造更小的单位来确定所测量物体的长度，自然地理解了分数产生的过程。这一过程引导学生尝试运用数学知识解决实际问题，并学会分析和解决问题的方法，有利于学生创新精神的培养和问题解决能力的提升。

（2）探索特定内容的教学表征策略。知识的教学表征形式是学科教学知识研究中的一个重要维度。个案共同体在研讨中假设多种教学表征形式能深化学生的学习。基于此，他们借鉴巩子坤在概念学习上的"表征转化说"和概念的五种表征形式（即书面表征、口头语言表征、书面符号表征、现实情境表征、图像表征），探索教学中不同教学表征的相互转化。研究团队将这五种表征策略的转化融入教学过程之中，让学生通过不同的方式学习知识。

在教学设计中，这些教学表征形式落实为教学任务和活动。比如，根据从书面符号表征到口头语言表征的转化路径，他们设计了"探索'$2.75 \times 2.2 =$'表示什么意义？"的学习任务。除了口头叙述这个式子的意义之外，任务还要求学生用画图的方式表达它的意义。后者是从书面符号表征到图像表征的转化。为了验证这种"表征转化"教学策略的价值，他们依据这五种教学表征策略设计了一套学生测试题，以分析学生对不同表征策略及其转化的掌握，以及对"小数乘法意义"的理解情况和存在的缺陷。除此之外，他们还通过观察教学实践，了解学生对不同策略的学习。

（3）基于学科知识的内涵和特征选择教学策略。教学过程中如何选择更为有效的教学表征策略，以增进学生的理解是教师们特别关注的问题。从对个案的分析来看，教师们倾向于根据特定学科知识所表示的内涵，以及特定领域知识本身的特征来选择教学策略。关注学科知识所表达的意义能极大地提高教学效率。比如在"分数表示比率"的教学中，由于图形能更加直观形象地展现分数所表示的部分与整体的关系，所以采用图形表征。

同时，教师们还分析学科知识的特征以选择教学策略。比如教师们在研讨中关注到"从语言指导走向过程演示是由图形与几何领域学习过程的特点决定的，过程演示的效果要好于语言指导"。所以，在"面积"的教学中，他们通过演示简化方格图的信息，让学生从数方格到算面积，逐步理解面积计算公式的由来。在"长方体体积"教学研究中，他们通过分析认为："图形测量知识的理解与掌握是以有意义的、任务感强的学习活动为载体的。而体积量感的形成需要经历实践、操作、体验等活动过程。因此，在单元开发的过程中要设计任务感强、综合性强的活动课，以承载关键知识的教学或对关键知识进行强化学习。"这种分析体现了共同体教师对于学科知识内涵和特征的把握，并以此为基础选择和设计有效的教学表征策略。

（三）研究学生学习以选择和调整教学策略

对学生学习特定内容的知识基础、迷思概念、学习困难、学习过程和学习成果等方面的分析，能够增进教师对教学的认识和理解，并为教学目标确定、教学内容安排、教学策略选择等提供依据。根据数据分析结果，教学研究型共同体主要关注以下内容：

1. 基于调研数据分析学生对相关内容的学习

数学学科委员会在《行动计划》中明确将学生学习问题、学生学习规律和学生学习能力培养作为重要的研究内容。因而，对学生学习特征的关注成为教师团队的自觉追求。相关分析体现在以下方面：

（1）通过问卷调查分析学生的知识基础和学习缺失为教学设计定向。在"分数再认识"的教学设计中，教师们对没有学习过本课内容的四年级上册学生和已经学过本课内容的五年级学生进行测试，考查学生学习的知识基础与学习缺失，以思考本单元内容学习的走向。领头教师 EW 在介绍学生测验的设计时说：

> 四年级前测出来的结果直接为我们这个单元设计服务，因为是三年级下册才开始学分数的初步认识，三年级下册结束了只能用四年级的学生来测……关于五年级的测试，我们初步的假设是，五年级的学生学习完了分数的初步认识、小数的初步认识以及运算，可能会对分数的学习有一些正向的促进作用。可以进行四年级和五年级的对比。

根据学生测试结果，EW 老师在研讨中提出了对相关问题的思考和本单元设计的设想，她说：

> 四年级学生对部分占整体这个含义理解得好，而且集中量比离散量理解得好，别的对学生来说是空白的。四年级上册和五年级上册的对比，这个过程中有学生年龄的自然增长，还有就是小数的学习……五年级学生关于小数的知识对这部分内容学习的影响非常小……我们争取把整个学科意义过一遍，然后每一课设计成几个问题。

在"面积"单元的研究中，团队调查学生对已经学过的相关知识的理解水平，反推教学和学生学习中存在的问题。他们利用高敬文等人的研究成果，从"面积概念的理解、面积概念的保留性、面积公式的应用"三个维度，设计了具有 4 个难度等级的"面积测验卷"，测查已经学过本单元的学生在面积概念理解中存在的问题。调查发现，学生在"面积概念的保留性""面积公式的应用"这两个维度达到较高的水平，说明以往的教学在这两方面的做法值得借鉴。但是大部分学生对"面积概念的理解"只能达到中等水平。同时，很少有学生能够理解到"对于图形大小的描述就是看这个图形中包含了多少个面积单位，而公式就是快速数出有多少个面积单位的简便计算方法"这层意义。学生普遍只知道公式，会用公式，但却解释不出公式的道理。这说明之前的教学更多是在强化学生对公式的记忆而不是加深学生对公式的理解。为此，他们的教学设计格外关注学生对面积意义的理解。

（2）通过课堂观察分析学生学习过程及其存在的问题。课堂观察是收集学生学习情况数据的重要方式。根据课堂观察结果，教师能够更为直观、细致地把握学生的学习情况，并有依据地调整教学。共同体个案的课堂观察分为两种：

其一，没有特定观察设计下的观察。在这种观察中，教师们较多关注学生对学习任务的完成情况和对学习活动的参与情况。比如在"平方分米和平方米"的教学中，教师们发现，"大多数学生能够猜测出不同面积单位之间的关系，还能很快地想出办法进行验证"。在三年级"面积"单元第五课时"正方形面积的计算"教学中，教师们在课堂观察中发现，"在验证阶段，少数学生还将整个正方形摆满来计算面积。这很符合处于形象思维阶段学生的认知特点，要想直接过渡到抽象思维，可能需要一定的时间。但是大多数学生在思维方式上还是有所提升，只是摆出正方形的长和宽，就能想到它的面积是多少。上节课用直接计算的方法求长方形面积的只有 3 人，而这节课有 9 人，这说明这些学生的抽象思维能力很强"。

其二，设计课堂观察量表系统关注学生学习过程。在研究中，个案共同体设计不同的观察量表。共同体成员带着不同的任务走进课堂，观察不同学生的学习。在"面积"单元教学中，研究团队设计四个与面积量感形成有关的课堂观察记录表，分析不同水平学生（A、B、C水平）的学习进程和面积量感的形成过程。在观察中，教师要关注学生在特定任务（比如能灵活地运用公式进行长正方形面积的计算）中的完成情况、时间和频次。

在统计编码上，他们将课堂以1、2、3、4…编码，同时将课堂任务也按照1、2…7、8、9编码。根据统计数据，教师们发现在指标1.1~1.2，指标5.1~7.6这两个区间，三种水平学生的目标达成时间差不多，说明这些指标对于三种水平的学生来说难度不大。而在指标2.2~4.2和7.6~10.1这两个区间上，学生的学习水平呈现出较大的差异，特别是9.2这个指标，B、C水平的学生都难以达成。

对应量感观察量表的指标体系，教师们发现，"1平方厘米的认识与应用"和"长方形面积公式的探索"（指标5.1~7.6）的教学完成了量感培养的目标。这两节课是该单元突破最大、最成功的两节课。而学生出现发展困难和差距的内容主要是面积大小的比较、理解统一单位的必要性、解释说明长方形面积公式，以及探索正方形面积公式等。

（3）测查学生学习成果，分析教学对学生学习的影响。个案共同体关注到两方面的内容：

其一，学生对相关知识的理解水平。比如，研究团队分析了学生对"小数乘法意义"的理解水平。根据巩子坤所提出的概念的五种表征形式及其相互转化的研究成果，教师们分析了学生在不同表征转化中的表现。学生对不同表征转化的掌握从高到低排序是："由书面符号表征向口头语言表征转化""由书面符号表征向现实情境表征转化""由口头语言表征向书面符号表征转化""直接用语言叙述"和"由口头语言表征向直观形象表征转化"，以及"由现实情境表征向书面符号表征转化"。

学生的理解与教学设计有很大关系。比如在"由书面符号表征到口头语言表征转化"方面，学生能用自己的语言解释给定小数乘法算式的意义，正确率达到97.68%。这与教学设计中始终坚持要求学生"根据现实情境列出算式，并'说一说'这个小数乘法算式表示什么意义"有极大的关系。同时，相关知识的缺乏影响学生的学习。在"口头语言表征向直观形象表征的转化"上，由于小数乘法的直观表征的本质是分数乘法的直观表征，而学生关于分数的知识有所欠缺，这严重影响学生的理解。从对学生知识理解网络的分析来看，学生也认为小数乘法与整数乘法、小数意义关系最为密切，其次才是分数的知识。这也说明分数知识的缺乏影响学生对小数乘法意义的学习。

其二，单元课程开发对学生学习的影响。在"面积"单元研究中，共同体对常规教学影响下的四年级学生和新的单元教学设计影响下的三年级学生进行对比研究，考查他们对本单元内容的理解情况。结论显示，新的单元课程开发加深了学生对"面积概念的理解""面积单位的理解"和"面积公式的理解"。关于"面积概念的理解"，在回答题目"提到面积你最先想到的是什么?"时，四年级学生有45.8%提及面积计算公式，三年级学生只有21.3%提及面积计算公式，有52.5%提及对"面积"这个概念的感受。

同时，在运用公式解决问题时，学生极少出现周长与面积公式相混淆的情况。在对面积公式和周长的理解上，三年级学生与四年级学生的测试结果也有很大不同。在答题中，列式正确并计算准确的，四年级占76.88%，三年级占88.13%；在错误的回答中，与周长公式混淆（求周长）的，四年级占8.96%，而三年级占3.44%；不理解题意或空题的，四年级占12.71%，而三年级占5.31%。研究团队也发现，新的单元课程开发对学生"面积概念的保留性"的学习并没有明显的积极影响。学生的水平与以往教学影响下学生的水平持平。结合相关研究的成果，他们认为学生"面积概念保留性"与学生的年龄和认知能力的发展紧密相关，受教学的影响比较小。

2. 基于对学生学习的分析安排教学内容并选择教学策略

教师团队根据学生的学习能力调整教学内容和设置学习任务。在大单元开发中，教学研究型共同体首先依据文献研究、学情调研和教师经验确定单元课程开发的思路，并设计课时教学。初步设计教学后，教师们还会在教学实践中观察和分析学生的学习情况，以反观教学设计并调整教学内容的重难点分配和学生学习任务的设置。

（1）根据学生对新知识的掌握情况调整教学任务。包括两个方面：一是给予学生适度的挑战空间。对于那些学生容易掌握的知识，教师讲解过多或设置过细的任务，会压缩学生自主学习和探究的空间。在"两位小数乘以一位小数"的教学中，教师们在第一轮教学设计中把理解"小数倍"（意义）和"计算"设计成不同的学习任务。教师们在教学观察中发现，由于前面几个课时已经学过"一位数乘纯小数的乘法"，带小数的小数乘法对学生来说已经不是难点了。在第二轮教学设计中，教师就把这两个内容整合为一个大任务留给学生。这样的学习过程整体性更强，有利于学生的思考和探究。二是反思教学设计人为地给学生增加的学习困难。有一些教学任务的设计会因为无关因素的介入而影响学生的理解。在四年级"小数乘法"第一课时中，教学重点在于学生对"小数乘整数意义"的理解。在第一轮试讲中，教师们发现由于乘法出现"进位"的现象，影响学生的理解。所以在第二轮试讲中，教师将题目（买 4 块橡皮需要多少元）中的橡皮的单价从 0.3 元/块改为 0.2 元/块。将数据改小之后，相乘之后不会大于 1。

（2）根据学生知识基础对新知识学习的影响调整教学任务。包括三个方面：一是设置学习活动调动学生的知识基础，以促进学生的知识迁移。比如通过类比，利用整数乘法意义帮助学生理解小数乘法的意义。在操作上，教师在引导学生探究小数乘整数意义之前，设置了两道整数乘法意义的题。二是关注已有知识的负迁移效应。受整数乘法的影响，学生认为乘法的积应该比乘数大。而在"小数乘以小数"的教学中，通过因数与积的规律分析，学生却发现 0.2×0.3 的积比 0.2 和 0.3 都小。这就产生了认知上的矛盾，干扰了学生对新知识的探索。在研讨中，教师们认为，要解决这个问题"就需要让学生首先确认自己的分析，并在学习卡中加入格子图。借助格子图，学生能够直观感受 0.3×0.2 得数的大致范围，从而确信自己的答案"。三是补充和强化已有知识，为新知识学习打好基础。知识基础掌握不牢固会直接影响学生对新知识的学习。因此，补充和强化学生对相关知识基础的学习也成为教师们关注的内容。在"分数再认识"的学习中，学生已经学过整体"1"，但是对"离散量"和"连续量"的整体"1"的理解水平不同。学生在课堂展示中就表现出对多组物体的 3/4 的表达存在误解。于是，教师调整教学设计，让学生结合三年级"分数的初步认识"的相关知识，通过画图表示一个物体的 3/4，多个物体的 3/4，以及多组物体的 3/4，并在讨论中厘清三种画法的相同和不同。从而，真正引导学生理解整体"1"和分数表示部分与整体关系的性质，为学生理解分数表示一个具有单位的数打下基础。

（3）根据学生的学习困难选择和调整教学策略。在教学研究中，教师们首先依据教学经验确定学生学习的重难点，选择适当的教学策略，并在后续的实践中进行反思和调整。教学研究型共同体中的教师在长期的教学中积累了很多关于学生学习困难的知识，这些知识在最初的教学设计中成为重要的依据。在"分数再认识"的教学中，教师们都认为虽然学生对分数表示比率的理解很深刻，但难以理解分数表示一个具体的数。对于这个难点的教学，教师们展开了如下讨论：

师1：这部分不管你怎么上，学生学完他得明确，有些分数就是个固定的量，大小是固定的，不是所有的分数都可以表示可大可小。比如是四分之一分米的大小是固定的，先研究这个事，之后再辨析。

师2：这个有点快，还是有点粗，没给孩子逐渐理解它的过程。

师3：体会出四分之一分米，你让学生去画，学生理解的方式或操作的策略比较单一。可不可以给出具体长度，去折这四分之一，拿四分之一让他自己去量。如果想让他体会四分之一分米有多长的话，好像他得根据经验确定量，最后他能看懂四分之一分米，二十五毫米。最开始它是通过量来理解四分之一。

师4：进入到分数可以表示一个具体的量的时候，我们就得建立在学生原来理解的四分之一的基础上。让学生就看着四分之一分米和四分之一这个数，问学生这两个四分之一是不是一样的？这个事不能小孩自己说。

师2：把对四分之一分米的认识放入一个单独的情况下去认识它，还是把它放到之前率的那里去辨析？原来的意思，就是说对四分之一分米的认识就是把它放到单独的背景中去认识，现在就是把它放在率的背景下，在辨析中去认识，是不是这个意思。

经过讨论，教师们在教学思路上达成了共识，即把分数表示比率和分数表示一个具体的量放在同一个背景下让学生去比较、辨析，并在这一思路下设计学习任务。

第一轮试讲后，教师们发现学生的理解依然存在问题。在这一阶段的学习中，学生心里始终记着分数表示"整体和部分的关系"，是一种比率。这个知识对学生理解"加上单位后，分数表示一个确定的数"，即分数表示"数量"的学习造成极大的困难。学生认为，3/4 分米可以代表 1 分米的 3/4，也可以表示 2 分米的 3/4，也可以表示 1 米的 3/4，甚至是 16 分米平均分成4 份，取其中的 3 份。

为了引导学生进一步思考，教师呈现答案错误小组的作业，引导学生讨论和质疑。接着呈现答案正确小组的意见，提示学生关注和思考。即便这样，教师在与学生的对话和观察中发现，到最后有一半左右的学生依然不理解 3/4 分米表示 0.75 分米。最后，教师只能直接告诉学生，3/4 分米加上一个单位后，表示一个确定的数。当分数后面的单位变化后，同一个分数可以表示不同的大小。

授课结束之后，教师反思是不是前面整体"1"教学中的一个物体、多个物体和多组物体对学生的学习产生了负向迁移。但是讨论中 EW 教师认为，这不只是负迁移的问题，学生对分数表示数的理解不到位才是最根本的问题。同时，建议在前面的教学中增加其他分数的教学，如 0.5 分米也可以表示成 1/2 分米。这种学生很容易理解的分数和小数之间的转换能帮助学生打开思考的视角。

二、课程知识的学习

教师课程知识包含多个层面，它既指教师关于课程规划和课程改革的知识，也指教师关于特定学科课程的知识、不同学科课程之间相互联系的知识，还可以是教师关于课程开发的理论和实践的知识。从数据分析的结果来看，教学研究型共同体虽然关注到不同类型的课程知识，但总体还是以学科课程知识和课程开发与实践的知识为主。通过对这两类课程知识的学习和实践，教学研究型共同体厘清了什么知识需要教授，这些知识与整体课程有什么关系，应该教授到什么程度，怎么教授等方面的内容，"能帮助教师们更好地理解特定主题的教学"①。

（一）在教材对比研究中学习学科课程知识

学科课程知识是指教师对于学科特定主题和内容的选择和组织，以及替代性资源的选择和使用等方面的知识。在对所选用的蓝本教材和其他版本教材的对比分析中，教师对学科课程知识的学习体现为如下方面：

1. 单元教学目标的对比研究

在单元教学目标的研究中，教师们着重关注知识与技能方面的目标，并主要关注单元知识背后的核心概念。通过分析不同版本教材对知识背后的核心概念的定位，共同体重新确定单元教学的起点和学生培养的目标。在"面积"单元教学中，团队通过教材对比分析发现，蓝本教材的教学目标"更强调测量结果的优化，即面积公式的推导与应用"，而日本教材更为强调"学生面积量感的建立和培养"。同时，我们的教学忽视了面积"量感"的形成过程。在"小数乘法"单元的教材分析中，他们认为我们的教材更加重视算理和算法，但是"任何的程序性算法背后都存在着支撑'什么情况下才这样算，为什么要这样算'的道理，即运算的意义和算理"。考虑到运算意义的基础地位，他们在教学目标上将学生对小数乘法意义的理解作为基础的目标，渗透在不同内容的学习中。总体上，他们在知识与技能目标的定位上更加关注知识背后的意义和数学本质。

2. 教材编排特点的对比分析

教材的编写方式背后蕴藏着教材编写者对教师如何教、学生如何学的思考，这种思考直接影响着教师的教学。通过分析不同版本教材的编写方式，教师们更加清晰地理解教材编者的意图和思考，从而更为灵活地使用教材。教师们的分析关注不同版本教材编写的突出特征，比如，教材编写的设计思想。他们在分析中指出，"日本教材很注重'学材式'的设计思

---

① GEDDIS A N. Transforming subject-matter knowledge：the role of pedagogical content knowledge in learning to reflect on teaching [J]. International journal of science education, 1993, 15 (6)：673-683.

想，问题小而精，有教师指导的语言，练习和学习内容联系也很紧密，而且梯度比较小""日本教材重操作，设置活动课，突出对学习任务的设置……强调对基本概念的掌握，即对知识意义的理解和把握""北师大版的教材注重知识应用的情境，强调实际生活中的问题""北师大版教材例题简单，很多偏难的知识点都分散在练习中，需要教师进一步分析和设计"。

关于相关主题内容的年级和课时分布，他们分析后指出，"东京版五年级上册'分数、小数与整除的关系'是 6 课时，北师大版五年级上册'分数与除法的关系'是 2 课时，东京版的课时量是北师版的 3 倍""北师大版课时偏多的是'分数的认识'。东京版在二年级下册有'分数的初步认识'2 课时，四年级下册有'分数的认识'5 课时，一共是 7 课时。北师大版从三年级下册开始设置'分数的认识'（同分母分数比大小）5 课时，五年级上册有'分数的再认识'和'比较分数大小'13 课时，一共 18 课时。东京版对'分数的认识'较北师大版早，但北师大版的课时量是东京版的近 3 倍"。这种分析有利于帮助教师掌握不同版本教材强调的内容，以及对相关内容教学的理解和设计。

3. 教材内容体系的比较与重构

相关研究关注四个方面的内容：

（1）对比不同版本教材的单元内容安排。这个研究的目的是更为理性地认识和把握单元内容结构。通过对比日本教材和北师大版教材，教师们发现两个版本教材在"小数乘法"相关内容的安排上都是先学习小数再学习分数。不同之处在于，日本教材把小数乘法细化为"小数乘整数，小数乘小数"等几个单元，并穿插在不同学期完成。而北师大版教材把这些内容放在同一个单元教学。在日本教材的内容编排中，"四年级下学期用 7 个课时学习'小数整数倍'的意义，同时解决小数乘整数的笔算方法，并在除法部分学习了'小数倍'。五年级上学期又分别在两个单元里学习了小数点移动的知识和'小数倍''纯小数倍'的意义。这样学生既理解了小数乘法的意义又学习了小数乘法的计算方法，为六年级学习分数奠定了基础"。

而他们借鉴的地方是"以意义为主线"。因为北师大版教材"打破了原有教材在学习小数乘法计算之前都先学习小数乘法意义的设计，删去了对小数乘法意义的语言表述，借助了丰富的小数乘法情境，让学生体会小数乘法的意义与整数乘法的意义相同，并结合情境列出乘法算式，再进一步研究算理和算法……总体上，本单元在意义方面分小数乘整数和小数乘小数两个部分。小数乘整数部分只是通过直观图的形式简单介绍了'小数整数倍'的意义，后者被一笔带过。"基于此，他们在内容结构上按照北师大版"小数乘整数""小数乘小数"的内容编排体例，以及利用现实情境教学的构想，将小数乘法意义贯穿于单元教学始终。

（2）重构单元内容设计思路。在"长方体体积"单元的课程开发中，教师们借鉴其他版本教材编写的优点。比如日本教材的编写体现了"关于'量'的丰富的直观—测量方法的多样性—标准量产生的必要性—用标准量去测的过程—测量结果的优化"等一系列的过程。这启发教师们反思"以往我们的教学重点强调测量结果的优化，即面积公式的推导与应用，忽视了面积'量感'形成过程的基础性教学"，并关注到"学生'面积'量感形成需要依靠足够时间强度的操作、体验"。而"北师大版教材虽然利于学生在较短的时间内掌握知识技能，但由于缺少对关键知识的探究过程，学生常常不知其所以然……如果在北师大版教材原有的内容编排基础上加入大量的体验互动，就无法完成教学任务"。据此，团队在单元实施中对北师大版教材内容框架进行重组。

（3）确定单元和课时教学内容。包括两个步骤：

其一，整体确定单元内容及其框架。单元内容和框架的设计指确定单元核心知识点。比如他们在"小数乘法"单元分析中指出：

数的运算的教学一般涉及运算的意义、算理、算法和形成技能四个部分。由于各版本教材均遵循内容"螺旋上升"的编写原则，所以就决定了每个运算内容单元不可能都涵盖"意义、算理、算法、技能形成"这四个部分。有的单元侧重于意义，有的侧重算理，有的则是侧重于算法和技能形成。但国内教材运算内容的编写偏重算法或算理，而对于运算意义的强调比较薄弱。

在意义、算理、算法、技能这四方面，前面内容的学习是后面内容学习的基础。为了深化学生的学习，他们决定关注这四个方面的内容，并从意义—算理—算法—技能四个层次层层递进地设计教学内容。

其二，具体安排单元课时及其教学内容。安排课时及其教学内容是单元内容开发的结果，是教学设计的基础。在"小数乘法"单元，研究团队保留北师大版教材关注生活实际问题的优势，借鉴日本教材小数乘法意义的教学"贯穿始终"的做法，并根据学生学习能力培养规律加入练习课和复习课，对现有教材进行重新编组以形成完整的课时计划：

第一课时，文具店，学习小数乘法意义；第二课时，小数点搬家，学习小数乘法意义和小数点变化规律；第三课时，街心广场，学习小数乘法意义，积的小数位数与乘数小数位数的关系；第四课时，包装，学习小数乘法竖式，结合小数乘法意义来教学；第五课时，练习，复习小数倍和计算，让学生进一步理解小数乘小数的计算方法，掌握如何确定积中的小数点位置；第六课时，爬行最慢的哺乳动物，结合小数乘法意义来学习小数倍；第七课时，手拉手，学习小数混合运算，结合小数乘法意义来学习，强调解决实际问题，学生算法的多样化，以及学生对小数四则混合运算的复习；第八课时，利用北师大版教材练习三，复习相关内容；第九课时，教材中的练习，复习相关内容。

（4）通过教学观察和对学生学习结果的测查反思课程编排。在对北师大版教材的分析中，教师意识到由于现有教材编制体系（分数在小数学习之后）的限制，从分数的意义向小数乘法的意义进行迁移不能实现。因此，研究团队最后确定了"对小数乘法的意义的理解从整数乘法意义上迁移过来"的开发与实施思路。也就是小数乘法中依然可以理解为"几个几"（即零点几个几），在后续的学习中再慢慢拓展到倍和分数。但他们发现，这样的迁移有"言不尽、说不透"的感觉。

他们在学生学习结果的测查中还发现，学生分数知识的缺乏影响学生对小数乘法意义的理解。一方面只要涉及小数乘小数（分数）的理解，学生的正确率都不是很高，"0.906 的 8/100 是多少？"正确率是 43.7%，"7.5 的百分之三十二是多少？"正确率是 46.74%；另一方面，学生在知识关联的排序中认为"小数乘法与整数乘法、小数的意义关系最为密切，分数的知识排到了第四层。即学生建立得最多的、最近的是小数乘法与整数乘法之间的联系，与分数的联系要远得多"。教师认为，虽然他们在教学中一直强调对小数乘法意义的理解，但由于缺少了分数的支撑，学生的理解存在局限。因此，他们建议"教材编写可以做出调整，或者教师在小数乘法认识之前加强分数相关知识，以及分数与小数知识关联的教学"。

（二）在研究实践中学习课程开发与实践的知识

课程开发与实践的知识是指在国家课程再开发或专题课程开发中所学习的课程知识。E 共同体的行动研究就是国家课程再开发研究。教师所学习的课程开发的知识蕴含在学校的研究规划和行动研究中。对于教师而言，这些知识表现为工作过程。虽然不是一种可以言说的理论，但它确实作为一种习惯和工作方式成为教师们对课程开发的理解。为了厘清教师们对课程开发的理论模式和实践策略的理解，研究将课程开发的理论知识与个案共同体的实践进行对比分析。关于课程开发，泰勒原理强调四个方面的内容，即建构课程目标、选择教学内容、组织学习经验、设计学生学习评价。个案教学研究型共同体的实践模式如下：

1. 确定单元核心概念

从研究过程来看，单元教学目标并不是教师们首先考虑的内容。教师们首先思考"什么内容是本单元教学中最为重要的，有哪些方面的内容是以往的教学中没有关注的"，相关研究从两个方面展开：

（1）向文献和相关资源学习。为了更为全面地了解"别人的研究"以客观地反思习以为常的经验和理解，他们在单元课程开发的第一步就做文献综述和教材对比研究。文献梳理和教材对比研究能开阔教师的视野，并评估蓝本教材的单元编排思路，以确定单元课程开发的着眼点。这个着眼点是"单元核心概念"。单元核心概念是单元知识背后更为基础和本质的数学概念，比如乘法的"意义"，面积、体积的"量感"。

（2）研究学生学习。对学生学习的研究体现在学情调研上。相关研究包括：分析教材知识的联系，定位学生的知识基础，以及教学中可能的知识迁移路径；通过经验的分享，分析学生对已有知识的把握情况，在新知识学习中的困难、迷思概念等，形成对学生学习的初步理解；通过试题测查学生对相关知识基础的把握情况，以及对新知识的理解；通过对已经学习过本单元内容的学生进行测查，了解在常规教学设计下，学生对单元知识的学习情况，以确定哪些经验是值得继续保持的，哪些方面的内容是没有关注到的，哪些方面的内容是需要改进的。总体上，教师们通过确定单元学习的核心概念，把握学生在相关内容学习中的知识基础、学习困难等，为制订单元教学计划做好准备。

2. 确定单元教学的核心内容和教学内容组织的思路

单元核心内容和教学内容组织思路的确定以对单元核心概念的分析为基础。教师们在本阶段主要做两件事情：一是厘清单元教学的核心内容。单元教学的核心内容由单元核心知识点组成。围绕核心概念的学习，教师们依据蓝本教材内容和对学生学习过程的理解，梳理出内容安排的前后顺序，比如"意义—算理—算法—技能"。这里一般不涉及课时内容、学习任务等细节性的内容。二是设计单元核心知识点的编排思路。为了将核心概念融合于单元学习的始终，教师们重新组织核心知识点，以形成教学活动的开展思路。在"体积"单元设计中，教师们根据"量感"的形成过程制定单元编排规划：

> 将本单元内容重新建构，更加突出量感形成的内容核心线索与思想。即以 1 平方厘米的学习来贯穿量感培养的第一过程。学生经历完整的 5 个课时学习，基本形成了以 1 平方厘米为标准量的面积量感。而面积量感的形成过程不是一蹴而就的，需要螺旋式的反复，那么 1 平方分米和 1 平方米的学习就实现了二次螺旋和三次螺旋。整个学习过程会复演 1 平方厘米的学习过程。据此，我们将二次螺旋和三次螺旋的学习活动设计成自由进度学习的方式，提高学生学习的积极性，实现知识链条中"一"的集体学，"多"的进度学。

这种重新整合的思路是教学研究型共同体对教与学的整体理解，直接决定着单元的目标、内容、课时安排，以及教学设计的基本思路和着眼点。

3. 制订单元教学计划

制订单元教学计划包括安排教学内容和课时、确定单元教学目标、设计教学任务和教学策略。主要包括以下几个方面的活动：

（1）分配教学内容和课时。以对单元核心内容和内容编排思路的分析为基础，教师们在本阶段将进一步安排单元教学中的内容和课时。教师们提到，"我们主要解决的是单元内容的二次调整问题。主要思考每节课的教学内容与预设的教学目标、教学时间是否一致。再根据学生每节课的学习情况将内容与目标进行调整。教学内容由原来的 6 课时调整为 8 课时……长、正方形面积的计算由原来的 1 课时调整为 2 课时"。总体上，教师们在研究中会分析单元核心内容、内容编排思路和学生学习能力，以重新安排课时和内容（如下表 4-2）。

表 4-2　E 共同体研究中的教材内容调整表

课时	第一轮修正	第二轮修正
1	面积的认识及比较	面积的认识及比较
2	认识面积单位（平方厘米）	认识面积单位（平方厘米）
3	长、正方形面积的计算	练习课（面积单位 1 平方厘米应用练习课）
4	练习课（长、正方形面积的计算及应用）	长方形面积的计算
5	认识面积单位平方分米、平方米	正方形面积的计算
6	面积单位换算	认识面积单位平方分米、平方米
7		练习课
8		面积单位换算

（2）确定单元和课时教学目标。在确定单元的最终能力目标及其核心内容与编排思路后，共同体重新梳理单元和课时教学所需达成的具体目标。本阶段对目标的分析包括对单元教学目标的分析和对课时教学目标的分析。其中，对单元教学目标的分析立足于对单元核心概念、核心内容，以及核心内容教育价值的分析。他们从知识技能、过程方法、情感态度价值观三个维度确定学生的学习目标。课时教学目标将单元核心概念的学习落实到

每一个课时。"面积"单元的2、3、4、5、7、8课时都明确指明了面积量感的培养要求和具体方式。比如,第四课时"经历探索长方形面积公式的过程,进一步培养学生的量感"。

目标的撰写方式有两种:一种是"活动和任务＋学生的表现",即将教学活动/教学方式与学生的表现目标结合在一起。比如"结合具体的测量活动,体会统一面积单位的必要性"。另一种是描述学生学习活动后所要达成的具体结果。比如,"结合实例,会用数方格等方法表示图形面积"。总体上,单元教学目标关注整体的能力形成,而课时教学目标重点关注能力形成过程中的阶段性目标。同时,由于共同体重视学生在活动中体验知识产生的必要性和过程,以及应用新知识解决生活实际问题的能力,目标的撰写强调指明学生的学习活动、方式、过程和结果。

(3)设计课时教学计划。即设置教学任务并确定教学策略。根据课时目标和内容安排,教师们分工进行教学设计。一般是每个人负责一课的教学设计。这个教学设计不是一次成型的,需要经过多次研讨和教学实践才能形成。基本过程包括:制作和修改简案(简单的教学流程设计)、制作和修改教案。制作与修改简案是指教师分头做一个简单的教学流程设计,之后组织交流,"把简案和前测的结果结合到一起,看看有没有学生哪块应该培养的地方被忽视了,或有没有不该强调太多的强调太多了"(EW)。确定基本思路和活动环节后,负责教师会对简案进行修改并制作教案,"这次制作就是系统设计了,教学设计、课件和学习卡片等都要有,比较丰富一些"(ES1)。之后,再一节课一节课地讨论教学设计中的问题,主备人根据讨论做修改。这一阶段的讨论强调将数学思想方法融合到教学任务的设计中,比如利用数形结合、逻辑推理等方法支撑学生的探索。

4. 实施教学计划并修正

单元教学设计成型后,共同体会安排两轮试讲、观课议课活动,并修正。包括三个过程:第一轮试讲并修改教学设计—第二轮试讲并修改教学设计—形成并分享最终教案。在试讲过程中,授课教师所在校区的学科负责人和年级组教师会参与听课和讨论,试讲之后团队会组织研讨。为了保留过程性数据,试讲过程会录像。如果本单元设计了课堂观察的研究,年级组听课教师会承担课堂观察任务。如果没有规定的观察任务，他们会观察自己感兴趣的点，并在课后讨论中与大家交流分享。同时，第一轮和第二轮试讲的教师会单独交流，包括分享上课的感想、遇到的问题，以及改进的建议等。经过两轮试讲和修改，形成最终的教学方案，并与三个校区同年组的教师分享。分享的资料包括：教学设计、课件、学习卡片、教学录像，以及教学反思等系统教学资料包。

5. 评估学生学习并反思课程开发活动

在课程开发的总结阶段，个案共同体有几项活动：

（1）评估学生的学习，思考单元课程设计对学生学习的影响。对学生学习的评估包括学习过程评估和学习结果评估，其中，学习过程评估关注两个方面：一是关注不同水平学生学习特定知识的过程、方式、水平和时间。这一研究主要通过课堂观察和学生学习卡片分析来实现的。个案共同体希望通过对学生学习过程的研究来把握学生对特定内容学习的基本规律，为以后的教学设计提供参考。二是学生学习结果的测评。这一项研究主要关注学生学习状况，考察新的课程开发方案与教学实践是否真正促进了学生的学习，以及在哪些方面促进学生的学习，哪些方面还有待改进。

（2）回顾和总结课程开发与教学实践过程。在课程开发活动结束后，学校会组织一次全体教师参与的研究分享活动。共同体会派代表分享研究总结和反思，并于会后向学校学术委员会提交书面的单元课程开发与教学实践总结，内容包括课程开发的背景与构想、研究问题、研究方法、研究过程、课程开发所解决的问题，以及主要研究结论。

三、教育基本理论知识的学习

在教学研究型共同体的活动中，教师对教育基本理论知识的学习主要关注学生学习的知识、教育理论与实践知识，以及教育评价知识几个方面。

（一）在教学研讨和反思中学习学生学习的知识

在个案共同体的实践中，学生及其学习的知识是最为重要的一块内容。表现在：

1. 关注学生的思维能力和水平

由于小学阶段学生以形象思维为主，团队设置形象化的问题情境、学习活动，并从任务递进上促进学生思维能力的发展。具体包括：

（1）设置图文并茂的问题情境。即用图片或模型代替语言描述。在理解小数乘法意义的教学中，教师在布置任务之前，先呈现一个图片（一堆苹果，标明苹果每千克3元）作为情境帮助学生理解。这种图文并茂的任务呈现更符合学生的认知水平。再如"将待测量图形的面涂满颜色，而不是只呈现一个框，能更好地帮助学生认识和理解面积，避免对学生产生误导"（ES2）。这种形象化的教学方式有效地提升了任务表达的准确性，降低学习任务设置对学生学习的干扰。

（2）关注学生学习过程中的操作与体验。动手操作能加强知识与实践情境的联系，丰富学生对知识的认识和体验。教师们在两轮试讲中发现图示对学生理解小数乘法帮助很大。关于如何把图示法呈现给学生，教师们尝试了两种做法：一是教师利用表格涂色的方式引导学生思考，并理解数学表达的生活含义；二是给学生小格子，让学生自己去涂一涂、画一画，边理解意义边得到得数。这两种方式在知识教学上都有很好的效果，但是第二个方式能让学生有更多的独立思考和探究的空间和过程。

（3）从具体到抽象递进设计教学任务。教师的教学设计强调从情境性理解到抽象化理解和表达的发展。在小数乘法意义的学习中，学生先通过情境操作和对比理解小数乘法的意义。在之后的提升阶段，学生则需要通过语言和画图等手段表示出"4×0.3"的意义。这种任务尊重学生思维发展的客观过程，将任务设置在学生的"最近发展区"，能较好地支持学生的知识学习和能力发展。

2. 根据学生的学习能力和特征调整学习任务和教学策略

团队研究学生在学习活动中的表现，以调整学习任务和教学策略。具体包括：

（1）调整学习任务量。任务过多会缩短核心任务的学习时间。教师们提到，"第一轮我们在学习卡片的设计上更注重学生学习过程的呈现，但却造成任务量、文字量过大，很多学生在规定时间内完成不了学习卡片，影响到后续的学习。所以这一轮我们要有针对性地减少卡片上的任务量、文字量，使得学习任务更加简单易懂"（EL）。团队在研究中发现，学习任务的设置要关注核心的学习环节，以有效集中学生的注意力，深化学生的思考，进而提高学生学习的效率。

（2）调整教学策略。在"面积"单元第一轮教学中，教师通过集体授课完成"1平方厘米的认识"的教学。由于讲授式教学使学生的学习缺乏体验，不利于量感的形成，于是，他们在第二轮教学中调整教学任务，强调学生在操作中学习，即让学生涂一涂、画一画、找一找。学生不知不觉独立完成了卡片中的任务，自然而然就认识了1平方厘米。同时，为了有效支持学生的自学，学习任务卡的指导语要清晰、易懂、准确，而且任务的形式也要多样。

（3）调整学习任务。由于理解能力的限制，学生对某些学习活动的理解存在困难。这种情况下，教师要重新设计一个学生能够理解且能达成同样教学效果的活动，避免因为学习活动的设置不当而影响学生的学习。在"面积的认识及比较"的课堂引入环节，"因为个别学生在比较面积时看不懂'抢占游戏'的题意并造成错误，所以在二轮实施中将'抢占游戏'改为'涂色游戏'。这个游戏更加简单有趣，而且大多数学生都能发现获胜的秘诀，并自然而然地意识到图形的面积是有大小的。这为初步建立面积量感和更好地体会面积的含义做铺垫"（EF）。总体上，教师们在教学实践中认识到，学生处于形象思维水平，理解能力和注意能力都有限，因此教学任务的设置不仅要关注学科内容的表达，还要在表征形式上做到形象、清晰、易懂、有趣，这样才能提高学生的学习参与度，学习才更有效率。

（二）在理论研读和实践反思中学习教育理论与实践的知识

从对个案共同体中教师学习过程的分析来看，他们关注如下两个方面：

1. 探究性学习的理论与实践

在课程改革的推进下，探究学习成为重要的学习方式。F名师工作室以"有效探究"为研究主题。在活动过程中，他们会组织共同体成员精读与"有效教学""探究性学习"相关的书籍和资料，还会开展课例研究，建构与之相适应的基本教学模式，从而丰富教师们对探究性学习理论和实践的认识。E 共同体教学研究的重点不是对某种教育理论知识的学习和探索，所以他们在某类教育理论与实践知识方面的学习并不是系统性的。但是，在单元课程开发的过程中，他们会根据研究中遇到的问题来学习相关理论并思考相关问题。其中，探究性学习就是重要的关注内容。

在"分数单位"的教学中，备课教师的第一次教学设计强调学生"基于分数墙的操作性体验"理解分数单位。但是教师们认为让学生探索分数单位的形成过程更有意义。达成这个共识之后，他们就"如何让学生在探索活动中创造分数单位"进行了系统的研讨。研讨的内容包括：如何设置探究性学习的任务，即学生在几个任务还是一个整合性的大任务中学习更好；探究性学习任务如何为学生提供适度的挑战，教学指导要关注哪些细节，以及在何时出场；如何根据学生的成果展示和反馈，结合需要强化的内容和学生掌握不够好的内容，生成新的教学问题以引导学生研讨等。从总体上看，教师们认为探究性学习的核心就是要让学生在学习活动中经历知识的创生过程。

2. 课堂教学组织形式

课堂教学组织形式指"教学活动中师生相互作用的方式。它所要解决的主要问题是：怎样把学生组织起来，通过教和学使师生紧密联系；怎样科学地利用空间、时间和其他教学条件来安排教学活动，使教师有效地教，学生有效地学，实现教学目标"①。为了有效组织学生参与学习活动，研究所选取的两个教学研究型共同体个案关注以下内容：

（1）集体授课、个体学习和小组合作学习的相互配合。在教师们看来，每一种教学组织形式都有自己的优势，要提高课堂教学效率，教师必须在不同教学任务中选用不同的课堂教学组织形式。比如，探究性学习任务需要组合使用集体授课、个体学习和小组合作学习三种形式。基本流程是：在探究活动前全班集体讨论需要关注的问题；集体讨论后学生个体性地思考如何解决问题（教师对有困难和问题的学生进行个别指导）；学生带着思考参与小组合作学习；最后全班讨论小组学习成果并分析解决问题的方法。

---

① 皮连生. 教学设计——心理学的理论与技术［M］. 北京：高等教育出版社，2000：186.

（2）小组合作学习的组织。教师们在研究中关注两个方面的内容：其一，建构和实践小组合作学习的流程。在单元课程开发的实践中，教师们讨论了组织小组合作学习汇报的流程，包括一个人解说，一个人指大屏幕。解说完成之后，解说者问组内成员有没有补充，再问全班同学是不是都明白，以及有什么质疑和问题。在第一课时的教学中，小组汇报还比较混乱，到第二、三课时逐渐有学生提出疑惑和问题。教师们发现汇报者对学生讨论的组织还存在问题，于是在教学中提醒汇报小组的同学"关注大家意见的异同，比如说谁的方法和我们相同，谁的方法与我们不同，并尝试主动去解决同学们提出的问题"。其二，教师如何介入小组合作与成果汇报活动。教师们在讨论中认为，"个别学习或小组学习结束后的交流汇报，教师应不介入指导或减少指导"。而在学生的学习目标发生偏离，学习过程遇到困难或产生新的问题，以及有新的学习方法介入时，教师要及时介入指导。教师在总结环节也应适时提点，促进学生深入思考和理解相关知识。在"长方形面积"的教学中，EH教师提到，"在学生汇报完方法后，继续追问'为什么会有多种不同的结果'，并对比多种方法"。并进一步细化为，"在学生充分汇报完自己小组的方法后，利用课件将这些方法集中展示，再利用课件将这几个过程连贯起来，让学生更加清晰地看到长方形面积公式的演变过程，以更好地理解长方形面积公式的意义"。

（三）在研究实践中学习教育评价知识

教师对教育评价知识的学习表现在：

1. 在研究实践中学习课程评价与课堂教学评价的知识

在E共同体的课程开发研究中，教师对于什么是好的课程设计、什么是好的课堂教学有了新的理解。在课程评价方面，教师不再迷信教材，而是通过教材对比和学生学情调研重新定位教材，更为客观地评价教材并根据教学需要进行适当的调试。在课堂教学评价方面，因为教师们在行动研究中关注到教学的各个方面，所以他们系统关注教学设计理念、学习目标确定、学习任务设置、课堂讨论组织等从理念到实践各个方面的内容。从课后讨论涉及的内容来看，由于研究设计中会列有课堂评价要点，所以教师们会关注到课堂教学的各个方面。但教师们也坦言课堂评价会更多关注对自己触动比较大的地方，包括：核心内容和核心任务的设置是否合理及其教学实践状况，学生在学习相关内容时的表现，教师的介入是否合适，是否抓住知识的本质内容，是否深化了学生思考的深度，以及教学是否及时承接不同学习环节，实现教学活动的平稳过渡等。

2. 在研究实践中学习学生学习评价的知识

学生学习评价主要关注学生的学习过程和学习结果。对学生学习过程的评价有两种类型：一种是通过系统设计评价量表对学生学习过程进行评价。团队编制课堂观察量表，分析学生的学习过程，掌握不同学生在特定知识学习中的认知规律。同时，他们还分析学生的学习卡片，了解学生学习过程。进而，通过对课堂观察和学生学习卡片的整合性分析，把握学生的认知能力和认知规律。另一种是通过非系统设计的课堂观察评价学生学习。这种课堂观察有两个步骤：一是确定教学环节和活动设计的评价要点，准确把握教师对学生的成就期望。单元教学计划中每一课的教学设计都包括六个内容，即教学环节与时间、教师指导要点、学生学习活动、评价要点、问题反思以及学习任务卡和检测卡等。其中，评价要点是课堂观察中评价学生学习的关注点。比如在学习面积概念的时候，课堂引入环节的评价要点之一就是"认识面积，知道封闭图形面的大小或是物体表面的大小就是它的面积，初步建立面积量感"。二是适当地解释、运用评价结果，以反思和改进教学。学生学习评价的目的在于反思教学并修改教学设计。

对学生学习结果的评价主要是对学生学业成就的评价。这种评价以"测试卷"的形式进行，关注学生对本单元、某专题，或是某概念不同维度的认知情况。对学生面积量感形成情况的评价方式是围绕"面积概念的理解、面积概念的保留性、面积公式的应用"三个维度设计的测试卷。相关实践关注以下方面：一是知识学习的认知过程。在考查学生对小数乘法意义的理解中，关注学生在"由书面符号语言到现实情境表征的转化"过程中对比例模式、倍数模式、面积模式、度量转换模式的掌握情况。二是学生对知识意义和本质的理解和把握。比如对学生面积概念学习的评价，从对公式的记忆和应用拓展到学生对"面积单位与面积关系"以及"面积公式的解释"等方面的把握。三是关注教学对学生学业成就的影响。教师通过对比采用传统教学材料与教学方式的学生和使用新开发的课程材料与教学方式的学生在学习成就上的差异，进而分析新旧课程材料和教学方式各自的优点和不足，并基于此反思和改进教学。

第四节　三类共同体中教师所学习的知识类型的比较分析

为了分析教师在三类共同体中所学习的知识类型，研究首先总体比较三类共同体中教师所学习的主要知识类型的异同，紧接着结合不同类型知识的要素和共同体中教师学习的方式，分析三类共同体中教师对不同类型知识学习的差异。

一、三类共同体中教师所学习的主要知识类型的异同

从上文的分析不难看出，教学改进型共同体中教师所学习的知识以学科教学法知识、教育基本理论知识和教育环境知识为主。这是由这类共同体的目标定位、活动内容与活动组织所决定的。教学改进型共同体关注教师的岗位实践能力，而教师的核心岗位实践能力主要包括教师的课堂教学能力和对学校内部、外部环境的了解与适应。为此，教师就必然会关注到学科教学知识、教育基本理论知识和教育环境知识。同时，教学改进型共同体中的集体备课和课例研究以研课为主要活动形式，那么教师所学习的知识必然以代表知识教学表征的学科教学知识和代表课堂组织的教育基本理论知识为主。

教师发展型共同体中教师所学习的知识以学科知识、教育基本理论知识和课程知识为主。这主要是由这一类共同体的目标定位和活动组织所决定的。由于教师发展型共同体服务于新课程改革的实施，而新课程改革的实施不仅涉及新课程改革的理念、学科教学理念、学科知识的变化，还有教学方式的变革，所以共同体关注基础性的学科知识和教育基本理论知识。同时，随新课程改革而来的是教材变革，怎么去理解和把握新教材也是此

类共同体非常关注的，这些学习体现为教师对课程知识的学习。

教学研究型共同体中教师所学习的知识以学科教学知识、教育基本理论知识和课程知识为主。这是由这一类共同体的活动目标和活动内容所决定的。在活动目标上，这一类共同体强调基于某种教育教学理念开展研究。而研究围绕着"领域""单元""课"的理论研究和实践策略展开，这些内容的代表性知识就是学科教学知识和教育理论知识。虽然共同体在研讨中也关注到学科知识，但是学科知识的研究服务于学科教学知识的学习，并不是最主要的知识类型。同时，教学研究型共同体个案强调单元课程开发，因此课程知识成为他们必然关注的内容。

二、三类共同体中教师对不同类型知识学习的差异

从表4-3可以看到，三类共同体在教师所学习的知识类型上存在共性与差异。教育基本理论知识是三类共同体都关注的内容；学科教学知识是教学改进型共同体和教学研究型共同体都关注的内容；课程知识是教师发展型共同体和教学研究型共同体都关注的内容；学科知识只有教师发展型共同体关注；教育环境知识只有教学改进型共同体关注。虽然不同类型共同体都关注到某一知识类型，但也存在内容侧重和学习方式上的不同（如表4-3）。

表4-3　不同类型专业共同体中教师所学习的知识类型的差异

共同体类型	知识类型				
	学科知识	学科教学知识	教育基本理论知识	课程知识	教育环境知识
教学改进型共同体		√	√		√
教师发展型共同体	√		√	√	
教学研究型共同体		√	√	√	

（一）不同类型共同体中的教育基本理论知识学习

不同类型共同体关注教育基本理论知识的不同要素（如表4-4）。三类共同体都关注学生及其学习的知识和教学基本理论知识。教学改进型共同体和教学研究型共同体共同关注课堂管理的理论与实践方面的知识。教育

目的与价值的知识只有教师发展型共同体关注，而教育评价的知识只有教学研究型共同体关注。

表4-4　不同类型共同体中教师对教育基本理论知识学习的差异

共同体类型	教育基本理论知识的维度				
	教育目的与价值的知识	学生及其学习的知识	教学基本理论知识	课堂管理的理论与实践	教育评价的知识
教学改进型共同体		√	√	√	
教师发展型共同体	√	√	√		
教学研究型共同体		√	√	√	√

在对学生及其学习的知识的学习中，教学改进型共同体和教学研究型共同体强调分析学生的特征以调整教学策略和设计学习任务。而教师发展型共同体强调从理念层面关注学生学习的价值，以及如何以学生的学习为起点设计教学。在学习方式上，教学改进型共同体和教学研究型共同体主要通过课例研究活动组织教师在教学实践及其反思中学习。而教师发展型共同体主要是通过讲座和课例解析介绍相关理论知识，通过赛课活动促进理论知识的实践应用，并通过分享优秀案例以帮助教师学习相关的策略性知识。

在对教育基本理论知识的学习中，三类共同体都关注教学基本理论知识及其实践，如探究学习、合作学习的理论和实践，翻转课堂的理论和实践，基于学科本质教学的理论与实践。但是教学改进型共同体和教学研究型共同体更为关注教学理论的实践应用而非纯理论学习。而教师发展型共同体则主要关注对相关理论的推介，并通过讲座、课例观摩与研读的方式来实现。当然，教师发展型共同体也强调教学理论的实践应用。但是他们所采取的方式是专题研讨，比如翻转课堂的理论与实践就是作为一个专题任务，引导教师通过理论学习、实践应用，以及经验交流与分享来学习。

在对课堂管理的理论和实践的学习中，教学改进型共同体和教学研究型共同体不存在本质上的差异。无论是教学改进型共同体对学生注意力和课堂时间的关注，还是教学研究型共同体对课堂教学组织的关注，都是对课堂管理实践策略的学习。同时，他们的学习都是通过教学实践及其反思进行的。

教育目的与价值的知识只有教师发展型共同体关注，这是由共同体的理念和目标定位决定的。作为课程改革的导向性知识，教育目的和价值的知识是教师必须要了解的内容。同时，这种学习主要是通过讲座和课例观摩与解读而进行的，旨在帮助教师理解并接纳这些理念。

教育评价的知识只有教学研究型共同体关注，这是由共同体的活动设计与组织决定的。教学研究型共同体以行动研究为主要活动方式。为了持续反馈、改进研究实践，并评估实践方案作用于学生的有效性，共同体需要将学生学习评价作为重要的活动内容。同时，由于教材和教学方式都是服务于问题解决的工具，本身不具有必然的合理性，共同体必然会根据问题的性质和解决问题的需要客观评估课程和教学活动。因而，在研究实践中，教师会根据实践需要而学习和使用教育评价的知识。

（二）不同类型共同体中的学科教学知识学习

学科教学知识是教学改进型共同体和教学研究型共同体共同关注的内容。从表4-5可知，学科知识及其教学、学生学习的知识及其教学是两类共同体共同关注的内容。学科教学定位只有教学研究型共同体关注，特定主题和内容的教学策略设计不是这两类共同体所关注的主要内容。

表4-5　不同类型共同体中教师对学科教学知识学习的差异

共同体类型	学科教学知识的维度			
	学科教学定位	学科知识及其教学	学生学习的知识及其教学	特定主题和内容的教学策略设计
教学改进型共同体		√	√	
教学研究型共同体	√	√	√	

1. 对"学科知识及其教学"的学习

在对"学科知识及其教学"的学习中，两类共同体的研讨都强调分析学科知识以设计教学策略。它们的不同在于教学研究型共同体对学科知识的分析更为系统。在"课例研究"环节之前，教学研究型共同体设计了理论学习与研讨环节，一方面他们通过文献综述梳理学科和教学研究领域对相关概念的理解，另一方面通过教材的对比研究重新思考单元核心目标，重新梳理单元核心概念和内容，以及知识点之间的相互关系。从而，整合学科知识分析和教学实践，以反思设计和调整教学策略。所以，虽然教学改进型共同体和教学研究型共同体对学科知识及其教学的学习在路径上相似，即都是基于"学科知识分析—教学思路和教学策略设计—教学实践与反思"改进教学。但是教学改进型共同体对学科知识的分析更注重基于教师经验的分享，而教学研究型共同体对学科知识的分析更为系统，也因此使得他们对教学思路和教学策略的设计更为系统和深刻。

2. 对"学生学习的知识及其教学"的学习

在对"学生学习的知识及其教学"的学习中，两类共同体都强调关注学生的学习困难，并根据教学实践和课堂观察分析学生的学习情况以安排教学内容、调整任务设计和教学策略。它们的不同在于教学研究型共同体对学生学习的分析更为系统。一方面，虽然两类共同体都经常应用到"没有特定观察设计下的一般观察"，但是教学研究型共同体在课时教学每一个环节都设计了教师指导要点、学生学习活动和评价要点。依据这些内容，教师能很敏感且系统地关注到学生对学习任务的参与情况和完成情况。另一方面，教学改进型共同体对学生学习的分析主要是依据教师的经验和对课堂中学生学习的理解。而教学研究型共同体更为强调对学生学习的系统调研，包括利用前测分析学生的知识基础、经验和前见，设计课堂观察点和课堂观察量表关注不同学生在课堂中的学习，同时在后测中测查学生的学习成果，了解学生的学习水平和教学设计的价值与不足。这种系统的分析使得教师对学生学习基础、学习困难、学习过程等的把握更为清晰，并使教师的教学设计、教学研讨和教学调整更有系统性和针对性。当然，参与教师的经验也很重要。在教学研究型共同体中，教师成员关于学生学习和学生学习困难的知识是研究的起点和研究设计的重要参考。

3. 对"学科教学定位"的学习

"学科教学定位"是教学研究型共同体关注的内容。它包括两个方面：一是整合学生学习需要、学科内容本质和教学过程的建构特征三个方面以思考学科教学取向。这类学习源于个案共同体的教育教学理念和研究传统。关注学生学习是 E 共同体所在学校"个性化教学"理念的要求，也是 F 同体领头者的教育追求。而关注学科知识本质和引导学生在知识建构过程中学习则是当前学科教学研究和实践的发展方向。二是系统思考特定主题和内容的教学目标和价值，包括单元的核心目标定位、对特定内容教学定位的思考、挖掘核心内容在培养学生思维上的价值并探索实现路径。这方面内容是教学研究的重要任务，教师的学习自然落实在教学研究过程中。

在研究所收集的教学研究型共同体的活动案例中，有一个研究将"特定主题和内容的教学策略设计"作为核心的研究内容，关注不同教学策略对学生学习的影响，以及学生对不同教学表征形式的掌握情况。但是由于这种研究在个案中并不多见，所以研究没有将其归入主要研究内容。

（三）不同类型共同体中的课程知识学习

课程知识是教师发展型共同体和教学研究型共同体中教师学习的主要内容。从表4-6可以看出，学科课程知识是两类共同体教师主要学习的内容，一般课程知识是教师发展型共同体教师学习的主要内容，而课程开发与实践的知识是教学研究型共同体教师主要学习的内容。

1. 对学科课程知识的学习

在对学科课程知识的学习中，教师发展型共同体中教师所学习的内容比较全面，包括对小学数学教材的整体把握，以及领域和主题教学的整体要求等方面的内容。在学习方式上以讲座和专题研讨为主，重在引导教师理解新课程改革下小学数学教材在内容选择、组织和编排上的变化和特征，以及相关内容的教学要求，为教师的持续学习引路。而教学研究型共同体对课程知识的学习聚焦于特定单元和内容，重在深度上的挖掘。在学习中，教师通过教材对比研究分析单元核心概念、教学目标、教学内容体系，以及不同版本教材在本单元或本模块的编排特征及其所蕴含的"教""学"思考。这种学习能够引导教师通过深入系统的学习研究把握单元目标、内容和教学上的要求。在学习方式上，两类共同体都采用专题研讨的方式，但是教师发展型共同体的专题研究强调基于课程标准的宏观要求分析特定内容，而教学研究型共同体的专题研究强调通过不同版本教材的对比研究分析特定内容。

2. 对一般课程知识的学习

在教师发展型共同体中，教师对课程改革的知识和主题化课程设计的知识的学习都主要体现为对理论的理解和对实践案例的把握，并以讲座为主要学习方式。虽然主题化课程设计有实践探索的要求，但是由于缺乏时间和相关的实践支撑，效果并不理想。

3. 对"课程开发与实践的知识"的学习

课程开发与实践的知识是教学研究型共同体中主要学习的内容，教师对它的学习基于共同体的单元课程开发活动而展开。在研究实践中，共同体形成了自己独特的课程开发路径，包括确定单元核心概念；确定单元教学的核心内容和教学内容组织的思路；确定单元教学计划，包括分配内容和课时，确定单元和课时的教学目标，制订单元教学计划；实施单元教学计划并修正；评估学生的学习并反思课程开发活动。

表 4 – 6　不同类型共同体中教师对课程知识学习的差异

共同体类型	课程知识的维度		
	一般课程知识	学科课程知识	课程开发与实践的知识
教师发展型共同体	√	√	
教学研究型共同体		√	√

（四）教学改进型共同体中的教育环境知识学习

教育环境知识是教师在教学改进型共同体中主要学习的知识类型。在这一类知识的学习中，教师主要关注三个方面的内容：一是班级学生与家长的基本情况及其相处方式；二是学校层面对于教育教学的定位与要求；三是教师团队中蕴含的资源和群体亚文化。同时，教师主要通过日常交流和教育教学实践学习这一类知识。

（五）教师发展型共同体中的学科知识学习

由于教师发展型共同体的实践服务于新课程改革的实施，学科知识作为新课程改革的重要内容和载体，为这一类共同体所关注。在对学科知识的学习中，教师团队在内容上关注到学科本质（数学基本思想与数学思想方法）、学科内容知识（学科知识系统），以及特定内容的内涵和结构。同时，这一类知识的学习主要通过讲座、专题研究和课例展示与研读展开。其中，讲座和课例展示与研读旨在通过理论和实践案例的介绍，引导教师理解相关内容。而专题研究则希望教师通过研究实践学习学科知识。

第五章
专业学习共同体中教师学习的影响因素

　　不同类型教师共同体在促进教师知识学习上存在明显的差异。为了探明差异存在的原因，研究进一步分析共同体实践中影响教师知识学习的因素，及其影响教师学习的方式。

第一节　专业学习共同体中教师学习影响因素的层面

　　为了探明教师学习的影响因素，研究首先分析已有研究的观点，以形成理论分析框架。关于教师学习的影响因素，舒尔曼（Shulman，2004）①将其划分为个人、共同体和外部环境支持三个层面。

　　在个人层面影响因素的研究中，哈蒙德（Darling-Hammond，1995）等人关注教师对自身教学实践的思考、疑惑，对专业学习活动的理解，以及在学习过程中的自我定位和参与过程。霍本（Hoban，2002）强调教师对教学实践的理解，对新概念的接纳，以及概念转化过程中的目标确定、行动、反思，以及学习反馈收集。舒尔曼（Shulman，2004）强调教师对于教育教学本身的理解、参与学习的动机、关于教学的知识和理解，以及在学习过程中的行为和反思。依瑞斯（Illeris，2007）认为，学习是个体内在心理过

---

　　① SHULMAN L S, SHULMAN J H. How and what teachers learn: a shift perspective [J]. Curriculum studies, 2004, 36 (2): 257 – 271.

程与环境之间的交往互动。教师学习研究要关注教师在学习过程中的学习
"参与"，即教师的行动、沟通和合作。同时，根据对教师所学习的内容和
教师所持有的学习倾向的综合分析，他强调关注教师在学习过程中的信念、
态度、动机、情感、意志力，以及学习的收获。科瑟根（Korthagen，2009）
强调教师个人的教育信念和使命，对于教师职业的理解和认同，教师个人
的能力水平，以及学习行为。

　　在已有研究中，教师个人层面的因素主要包括：一是教师对教育教学
的理解及其学习动机，它指教师自身对教育教学实践的思考、理解和疑惑
（Darling-Hammond，1995；Hoban，2002；Shulman，2004；Korthagen，
2009）；二是教师对于共同体理念及其活动本身的理解和认同（Darling-
Hammond，1995；Shulman，2004；Illeris，2007）；三是教师的学习参与，
它包括教师在共同体实践中的角色定位、参与方式、投入程度等（Darling-
Hammond，1995；Hoban，2002；Shulman，2004；Illeris，2007）。前两者相
互作用，它们的匹配程度影响着教师对于共同体的认知和态度。

　　借鉴相关研究的观点，本研究将从以下三个方面分析教师个人因素的
影响：一是教师参与共同体的动机，它源于教师对于共同体实践的认识、
理解、认同程度；二是教师对共同体活动的价值定位，它源于教师对自身
专业发展的态度，共同体学习资源的稀缺性，以及教师对共同体学习活动
组织的理解和判断；三是教师在共同体中的学习参与，它指教师在共同体
活动中的学习行为和投入程度。三者相互联系，前两者是教师学习行为的
基础，而教师学习行为和效率会影响教师对前两者的判断。

　　对于共同体层面的影响因素，社会文化学派的研究强调人类活动系统
的目标和对象，共同体内主体的分工和交往的规则，活动系统所具有的活
动、行动和操作三方面的层级结构，以及主体在学习过程中所利用的中介
物（人工制品和其他人）。舒尔曼（Shulman，2004）强调共享的愿景、相
互投入与相互支持、共同体实践，以及共同体内的知识资源。哈姆内斯
（Hammerness，2005）等人强调共同体中的愿景和目标对教师的吸引力，共
同体中关于教学和学生学习的共享观点与思考，以及共同体为教师学习提
供的学习资源与支持。哈蒙德（Darling-Hammond，1995）等人强调教师学
习与教师实践的关系、教师学习过程中的合作互动，以及学习活动本身的

持续性。同时，还有研究专门强调共同体领头者的角色和价值。已有研究强调教师领导在共同体实践中构建教师专业成长的模型（Silva, et al, 2000a；Smylie & Denny, 1990）；做其他教师的导师（Archer, 2001；Berry & Ginsberg, 1990）；组织和参与研究，尤其是行动研究（Henson, 1996a）；协调日常计划和特别事务（Wasley, 1991a）；参与行政会议和任务（Smylie & Denny, 1990）；监控改进投入、处理麻烦（Heller & Firestone, 1995a）等。

在已有研究中，共同体层面的影响因素主要包括：一是共同体领导者对于共同体实践的规划及其组织和实施，指导和监控成员的投入。这些直接影响着共同体中的教师学习成效（Smylie & Denny, 1990；York-Barr & Duke, 2004）。二是共同体的活动组织，以及活动主体的相互投入与支持（Darling-Hammond, 1995；Shulman, 2004；Hammerness, 2005）。这两方面的配合程度直接决定了教师的学习成效。三是共同体的学习资源（Shulman, 2004；Hammerness, 2005）。作为共同体中教师学习的支撑要素，学习资源包括人力资源、物化资源、生成性资源以及资源管理等多个方面。四是共同体的目标、愿景和对象（Shulman, 2004；Hammerness, 2005）。

由于目标和愿景对教师学习的影响需要通过教师自身的中介作用（需求、理解和判断）才能实现，所以研究将在教师个人层面分析这一内容。本研究重点从三个方面分析共同体层面的影响因素：一是共同体内领导者的领导实践，包括领导者对共同体实践的态度和定位（寻求变革的意识）、角色基础、领导策略；二是共同体内的活动设计和组织，包括学习规划、活动主题、活动类型和教师的交往方式；三是共同体中的学习资源建设和管理，强调共同体为教师所提供的学习资源与支持（包括成员所拥有的资源的丰富性）、共同体学习过程所生成的资源的价值，以及共同体学习资源的管理。

关于外部环境层面的影响因素，舒尔曼（Shulman, 2004）强调教师的学习依赖于环境中的政策和资源支持，包括经济、课程、文化和技术四个方面，又可以具体化为指导、专业发展项目、课程及相关材料、评价的工具和模型，其他专业人员，以及群体学习所需要的物理和网络空间等。科瑟根（Korthagen, 2009）在环境因素方面强调教师所面临的课堂、课程、学校，以及政治环境中的要求和问题。瓦夫德（Whatford，1998）关注到国家政策和实践影响教师如何回应变革。具体而言，虽然政策影响教师对于"什么是值得做的"的动机和信念，但是政策要求也对教师学习带来负面影响。他们认为对政策要求的回应会带来过重的负担、压力和倦怠。这会降低教师参与活动的意愿，以及参与活动的精力和热情（Hargreaves，1994；Woods，Jeffrey，Troman & Boyle，1997；McMahon，2000；Stobart & Mutjta-ba，2003）。根据环境与共同体实践的关系，也有研究强调共同体要在与外部环境的交往中吸收外部资源。富兰（Fullan，1993）强调共同体不能独立存在，它的发展需要外部支持、资源网络和其他合作者。其他研究也指出共同体首要的外部支持来自区域行政部门。虽然行政部门的评价政策会导致竞争和自我保护，但是区域行政部门的支持能帮助共同体解释和运用数据以自我反思，扮演一个批判性朋友的角色，并开展活动帮助学校学习和有效应用学习成果（Saunders，1999；McLaughlin & Talbert，2001；Ander-son & Togneri，2003；MacGilchrist，Myers & Reed，2004）。也有研究关注共同体外部环境所提供的时间和空间问题。他们认为交往是共同体实践的重要部分，共同体需要有专门用于讨论的时间和空间（Hargreaves，1994；Dimmock，2000；McGregor，2003；Stoll，Fink & Earl，2003）。

外部环境的影响因素包括：一是外部环境营造的文化和价值。外部环境所面临的问题（包括国家政策、学区、学校等的要求和面临的问题），及其对共同体实践的要求构成一种文化和价值（Hargreaves，1994；Shulman，2004；Korthagen，2009）。它表明了什么样的共同体是环境所需要的、倡导的。这种文化和价值关系着共同体实践所能获得的支持，以及教师对于共同体价值的评价，进而影响教师的学习。二是外部环境对共同体的管理（McLaughlin & Talbert，2001；Shulman，2004），它涉及共同体所在组织和发起者对于共同体的指引、规划，以及时间、空间、人才、资金、资源配备等。三是外部环境的持续支持（Fullan，1993；MacGilchrist，Myers & Reed，2004），它涉及共同体在运行过程中所获得的各种外部支持。

基于以上分析，本研究重点从三个方面对外部环境因素进行分析：一是文化与价值背景，即外部环境所培育的文化和强调的理念与价值对共同体实践的影响；二是外部环境对共同体的管理策略，包括授权、服务平台的搭建等；三是支持策略，强调共同体在与外部环境互动的过程中，外部环境提供的支持策略和共同体所获得的支持。

基于以上对相关研究的梳理和分析，本研究将从以下方面分析专业学习共同体中教师学习的影响因素（如表5-1）。

表5-1 专业学习共同体中教师学习影响因素的分析框架

分析层面	影响因素		
教师个人层面	教师参与共同体的动机	教师对共同体活动的价值定位	教师在共同体中的学习参与
共同体层面	共同体内领导者的作用	共同体内的活动设计与组织	共同体内的学习资源建设与管理
外部环境层面	文化与价值背景	外部环境对共同体的管理策略	外部环境对共同体的支持策略

第二节　教师个人层面的因素

社会建构主义认为，教师在共同体中的学习是教师个体与共同体的互动。在影响教师专业学习的因素中，教师个人因素比学习活动组织和工作环境更为重要（Kwakman，2003）。教师个人因素不仅对于个体发展重要，对于共同体及其所要实践的变革同样重要。为了探明教师个人因素如何影响教师在共同体中的学习实践，研究将从教师的参与动机，教师对共同体活动的价值定位，以及教师在共同体中的学习参与几个方面进行分析。

一、教师参与共同体的动机

学习动机影响教师的学习和参与。外部动机和内部动机对教师学习的影响存在差异。在三类共同体中，教学改进型共同体中的教师学习参与由外部动机主导，教师发展型共同体中的教师学习参与由外部动机和内部动机共同主导，而教学研究型共同体中的学习参与由内部动机主导。在不同学习动机的影响下，教师的学习参与有不同的表现。

（一）外部动机驱动教师参与教学改进型共同体

在教学改进型共同体中，教师参与学习的动机以外部动机为主，但是学校也通过设置高难度任务激发教师参与的内在动机。一方面教师根据行政规定而参与共同体实践，学习由外部动机主导。A、B 共同体在学校行政部门的强势干预下运行。学校行政部门规定共同体的活动内容、方式，甚至是更改共同体的活动日程，共同体本身没有自主规划的空间和权力。在活动中，教师基于任务及其时空安排而聚集在一起，缺乏对共同体实践本身的认同，被动参与共同体活动。在行政压力下，教师的活动参与度低，学习以程式化和表面化为主要特征。在 A 共同体中，教师参与公开课是"命题作文"，"很少主动参与"（AD）。在 B 共同体的集体备课活动中，主备人分享时"读读教参，说说感想"（BL），缺乏深入的思考。为了保证集体备课活动的开展，学校领导不得不轮流"巡查"，"否则基本的时间都难以保证"（BL）。另一方面，行政部门通过设置高难度的个体任务激发教师参与的内在动机。A、B 共同体所在学校都强调基于"公开课"的课例研究活动。公开课有特定的评价标准，这对于教师而言是一个极大的挑战。对此，教师们在访谈中提到：

> 我们校长常常说用一串问题设计教学过程。但怎么样设计一串问题，把学生的思维和活动都串起来，既抓住核心的点又能自然地过渡，很难。（BX）
>
> 教师们看起来很顺当的课堂，实际上存在很多问题。比如说教师设计了很多活动让学生参与，但是很多时候只是各种花哨的活动的堆积。再比如说，教师设计的任务达不到目标，她想得很好，但是学生的反应不一样。还有，有的教师的活动设计过于刻意。有时候一个提问就能把学生带入到一种思考的情景中，并不需要那么正式。（BL）

为了完成这个挑战性的任务，每个教师都需要他人的支持。这种需求激发了教师参与课例研究活动的内在动机。研究者观察到，教研组教师在大型赛课的全程都会协同合作。总体上，在"规定—执行"的权威文化和思维方式的影响下，行政部门以强制规定代替了对教师学习的主动性、日常性和内生性的尊重，并导致外部动机主导教学改进型共同体的实践。这掩盖了专业学习共同体的本质精神，给共同体实践埋下了根源性的障碍。

（二）内外部动机共同驱动教师参与教师发展型共同体

在教师发展型共同体中，教师的参与受外部动机驱动。同时，由于学习活动过程中的收获，教师的外部动机逐步转化为内部动机。首先，教师通常是在外部动机的驱动下参与教师发展型共同体的实践。作为国家和区域的教师培训计划，教师发展型共同体的实践作为任务被分派给各个学校、各个教师。在资料收集过程中，领头者提及教师们开始是"像被抓壮丁一样抓来的"（CL）。为了维持教师的活动参与度，共同体领头者邀请区县教研员担任协作组组长，"因为教研员号召力强，老师怎么也给面子"。同时，领头者在活动过程中也是事事监督与提醒。CD 教师指出他的重要工作就是"学情通报……一是表扬，让差一点的老师看到自己差得不远，回去继续努力……二是张贴后三十位的名单到组长群里，组长一看马上回去就跟进了……还有更厉害的，就是在群里面发没有完成任务的教师名单。特别是要到截止日期的时候，我每天发，每天发，不厌其烦，说到他自己都不好意思了，就会去完成"。其次，共同体领头者通过外部激励强化教师的参与动机。CL 教师提到，在工作坊赛课中，"我们为一等奖、二等奖的老师颁发证书。这个证书是市师训中心和市教科所出的。这个证书在他们以后的评优选模、评职称中都是有用的，特别有含金量。老师们也感兴趣。然后，选出来一等奖的老师，我们就尽量给他们机会，让他们在我们全市进行课堂巡讲"。即是说，在共同体活动中，领头者的影响力、监督，以及荣誉和平台等方面奖励作为外部力量强化了教师的参与。

但是任何外在于教师的个体都不能将学习、研究和实践强加给教师，否则必然导致抗拒、跟随和敷衍。专业学习共同体的实践需要关注教师的学习需求，以激活教师内在的学习与参与动机。个案领头者的做法是，以共同体本身的理念和实践激发教师参与的内部动机。即通过精心的活动设计和组织吸引教师，让他们形成对共同体理念及其实践的认同。C 共同体领头者整合教育教学实践前沿的"微课教学"和区域正在推进的"基于儿童研究的概念教学研究"，确定共同体的研究问题，即"以概念教学为切入点进行翻转课堂的课例研究"。这个研究问题关注到教育教学实践问题，深受教师欢迎。

同时，领头者还特别关注教师的学习需求。领头者通过调研发现，一方面教师们希望"多听课、听好课""多开展集中研修活动"。于是，共同体组织者确定了"以线下活动带动线上研修"的工作思路。在活动组织上，以线下活动为导引，利用网络平台在管理资源和支持异步学习中的优势，持续开展学习活动。另一方面教师们不喜欢理论的宣讲。因而，共同体组织者通过课例的展示和解读，向教师传递课程改革的理念和实践方式，以给予教师启发。从总体上看，这种精准的理念定位和高效的活动组织强化了教师对于共同体和自身价值的认同，也成功地帮助教师将参与学习的外部动机逐步转化为内部动机。

（三）内部动机驱动教师参与教学研究型共同体

在教学研究型共同体中，教师的参与动机以内部动机为主。为激发教师主动参与的意愿，教学研究型共同体强调建立严格的审核与准入机制。从而，让教师们意识到参与共同体是他们自己争取来的，能够参与共同体是他们个人能力的体现。在研究个案中，E 共同体的实践是学校近期的重要研究规划，要求参与教师有较高的教学和研究水平。由于一个校区内同一年级的高水平教师人数不够，学校就将三个校区整合，成员包括主开发校区的"名师工程""希望工程"的教师，以及其他两个校区本年级"名师工程"的教师。F 共同体利用领头者的"名师影响力"，将目标定位于"打造一支在全省乃至全国学校教育领域中有成就、有影响力的高层次教师团队"。同时，在人员选拔上，除了教师的自主申请和名师推荐，还需经过区域行政部门和领头者审核才能进入。这种严格的准入机制强化了教师对于共同体和自身价值的认同，使其主动参与共同体的实践。

如果说严格的审核和准入机制激发了教师的期待，那么教学研究型共同体切实的活动组织和实践则真正强化了教师学习的内部动机。虽然两个共同体个案的研究有方向和框架的支撑，但是具体的研究问题是由共同体成员协商制定的，活动开展的方式也是根据研究需要而不断调整的。这种通过协商确定共同体的组织和实践问题的过程，使得团队逐渐成为一个主动积极的、自我管理的团队（Akkerman, et al, 2008）。同时，共同体活动的深入开展促进了教师的学习与发展，也使教师对共同体实践作出了极高的评价。

E 共同体对于重难点教学单元的系统研究和开发使得教师跳出经验的限制而系统思考教学和学生学习等方面的问题。ES1 在访谈中指出："老师把分数的几个意义弄明白了，把教材的意图弄明白了，每个环节要达到什么目标弄明白了，下次再上这节课的时候就会更加清晰了。"EL 教师在访谈中也提到，"有时候学生总是在一个地方错了又错，不断地讲不断地练习还是错……你反过来看，实际上学生根本没有理解这个内容。我们要求他们这样做或那样做，他们只是在模仿。只有他真正知道这是怎么回事，为什么就一定要那样做，他才能真正掌握了这个知识。这是我们在思考和研究的"。总体上，虽然教师在教学研究型共同体中的参与或多或少都有行政力量介入，但如果共同体实践能够把外部要求转化为内部的自组织学习（Vrieling, et al, 2010），也能培育教师参与的内部动机，并提升教师的参与度。

综合以上分析可以看出，教师个人层面的影响因素表现出以下几个特点：第一，由于教学改进型共同体和教师发展型共同体由行政主导，教师的共同体参与最初都是由外部动机驱动。但是共同体的定位和活动组织是以外部环境的要求为中心，还是以教师发展的需求为中心，直接影响着教师在共同体中的学习体验，进而影响着教师的参与动机。第二，教师动机是可以转化的。这种转化发生在教师参与活动的过程中。如果教师在参与活动中有积极的体验和丰硕的成果，那么教师学习的外部动机便可以逐渐转化为内部动机。第三，在由内部动机主导的共同体中，教师的合作交流不具有结构化、可预测的合作和对话模式，而以实践需求为导向。在这种活动参与中，教师有充分的自主权，对自己的投入，对团队的研究和发展负责。因此，在共同体实践中，共同体发起者和领头者要重视教师的学习需求，通过教师的协作而非外部的行政要求来培育合作文化。同时，外部动机在教师学习中也很重要，如果共同体实践能整合性地满足教师能力提升和职业发展的需要，将更大地提升教师的参与度。

二、教师对共同体活动的价值定位

从上面的分析可以看到，共同体活动强化教师学习的内部动机，进而影响到教师在共同体中的学习。共同体活动之所以能影响教师的参与动机，是因为它与教师对共同体活动的价值定位联系在一起。而教师对共同体的价值定位源于以下两个方面：

（1）教师的专业发展需求。教师对专业发展的需求影响到他们对共同体价值的理解和评估。一方面，教学改进型共同体和教师发展型共同体中的青年教师有较高的学习与发展愿望。B 共同体在区域赛课或研究课中一般选择青年教师。他们认为青年教师有学习和发展的需求，有对自己需要达到什么样程度和水平的规划，因此学习和参与的态度比较好。而年龄较大的教师经验比较丰富，且已经取得了相应的职称和荣誉，缺乏足够的学习动力。CL 教师在访谈中提到，她招募工作坊成员更多倾向于青年教师。她认为成员好坏"不在于他优不优秀，只在于他想不想优秀……想学习的老师觉得这个对他有意义。所以，我们这次要求参与的老师要具有强烈的、自觉发展的愿望。这样他们参与的积极性高，团队的学习凝聚能力就强"。另一方面，教师发展型共同体和教学研究型共同体关注不同能力和水平教师对共同体实践的需求。CL 教师提到，"特别优秀的老师来了觉得没意思。去年我们招进来的成员有特级教师、市级骨干教师。这些老师哪里在乎这些培训啊……他们参加了更加高端的培训"。而在教学研究型共同体中，参与教师都是经验教师和高水平教师，他们有能力应对日常教学问题。因此，他们的学习不再停留于经验的积累，而更多思考教育教学背后的问题。所以，共同体中的教学研究能更好地满足他们的需要。这种取向上的差异提醒共同体实践关注教师个人的生涯发展阶段（Day，2006），以及教师的能力和水平（Huberman，1989）差异。因为这直接关联着他们的专业发展需求，并影响到他们参与学习活动的意愿和投入程度。

（2）教师对共同体学习活动组织的认识。对共同体学习活动组织的认识是指教师对学习活动满足自身学习和发展需要的理解和认同程度。对于什么是适合的学习活动，教师们有自己的判断。这种判断会直接影响他们参与学习的态度。从研究对不同学习活动类型的分析来看，教师们对结合课例的活动比较感兴趣。教师们对教学改进型共同体中的课例研究，教师发展型共同体中的课例展示与交流活动，以及教学研究型共同体中的研究与课例研讨有较高的认同。

教学改进型共同体的教师认为课例研究是一个非常有价值而且很珍贵

的经历，并且为此颇为骄傲。AD 教师在访谈中说，"赛课需要经历磨课的过程……参加一次高级别的赛课，老师们的提升会很大……我参加过县、市、省三级比赛。一次比一次认识深刻"。AS 教师也认为，"课例研究是对各个方面教学能力的整体提升。有些你平时注意不到的地方，在研课的时候有人跟你提出来，你就能改"。这种切实的发展强化了教师的参与感和认同感。教师发展型共同体和教学研究型共同体的教师则更为强调理论与实践结合的课例对他们的价值。C 共同体的教师认为坊主通过课例解读理论的方式，"既有理论，又有做法"（CM），非常生动形象。而 E 共同体的教师参与到理论研究和实践探索的全过程，这种系统的探索深化了他们的理解。

总体上，有价值的共同体活动会强化教师们的认同，并激发他们参与的兴趣。如果教师认为学习活动的价值不大，则会从负面影响他们的学习参与。在教学改进型共同体中，教师们对集体备课活动评价较低，认为研讨"形式化"（BL），"没有啥特别的"（AH）。在教师发展型共同体中，教师对平台上的讲座和录像课的观点不一。虽然有教师认为"很有价值，很受启发"（CT），但也有教师对此持有不同观点。CJ 教师提到，"网上的讲座和教学录像即便是记录下来，也会被束之高阁，深入不了心里，无法内化为能够改变自己行为的思想。唯有从实践中感知，才是真实的，影响巨大的，能够改变人的"。持有这种观点的教师不在少数。由于教师对共同体活动的认识和理解与教师学习的实效性有关，领头者只有真正关注教师的学习需求，才能强化教师的认同和学习参与。

三、教师在共同体中的学习参与

教师的学习参与是指教师在学习活动中的参与情况。在个案共同体的活动中，教师的学习参与包括合作交流和独立学习。

（1）合作交流

合作交流指教师在学习活动中的协同讨论、分析、反思。这种学习"根据共享的信息来构造社会知识，将其作为一种现实"①，以帮助教师建构

---

① 竹内弘高，野中郁次郎．知识创造的螺旋——知识管理理论与案例研究 ［M］．李萌，译．北京：知识产权出版社，2006：48.

知识并深化教师的学习。在三类共同体中，教师在合作交流中的参与表现出不同的特征。在教学改进型共同体中，教师的合作参与表现为日常教学中的独立和特定任务中的互惠性支持。教师在日常教学中相互支持的程度比较低。这也是教师关闭常态课和排斥集体备课活动的原因。而在大型赛课中，教研组教师都会协同合作，以完成从研课，到教具的准备，到磨课，再到正式上公开课时的协助等一系列的工作。

在教师发展型共同体中，教师合作表现出松散联合的特征。C 共同体所设定的任务大多是教师个体学习的任务。同时，参与教师属于不同的行政组织，没有人情的考量，也没有建立起互惠、互助的关系。在异步和非实时的交往空间中，他们的协同合作往往是就特定活动而聚集到一起，或就网络平台中的研讨主题发表自己的观点，很难围绕某个问题展开深入而持续的研讨。

在教学研究型共同体的实践中，教师成员的角色互补并在自己擅长的领域中担任核心角色。教师对于问题的研讨和实践抱有一种持续开放的态度，并积极承担研究责任。这种主动参与不仅有利于研究活动的开展，而且有利于教师在参与过程中深入地学习。在访谈中，教师们提到这种深度研究"特别解渴"（EW），"做过一轮研究后，这一块知识的教学就通了"（ES）。这种深度的研究及其对教学实践的积极作用，影响着教师对于合作、研究任务的认同，并从根本上强化了教师学习参与的积极性。

（2）独立学习

独立学习是指教师在独立学习共同体资源、独立探索理论知识的实践转化，以及个体化反思等学习中的投入。这一类学习在教师发展型共同体中较为常见，在其他两类共同体中相对较少。在教师发展型共同体的学习过程中，教师对独立学习的投入程度影响其学习成效。就理论学习而言，有的教师认为学得的知识很难迁移到教学实践中，进而应用挂机软件等方式来完成学时，并对学习抱有一种消极否定的态度，认为是浪费时间。而有的教师认真听讲座，积极搜索那些自己感兴趣的内容，关注"知名"教师的个人空间，就相关问题提出自己的想法并与资源上传者进行交流。教师 CT 在访谈中就提及，"有段时间浏览网页就像上了瘾，一有时间就在网上逛，哪天不看看就觉得心里不踏实"。在这一类教师看来，这是一次难得的学习经历。

同时，教师对所学知识的深度思考直接影响知识的转化和迁移。在共同体的学习中，有的教师会将学习定位为完成任务，而有的教师则会整合相关知识，进行深度思考。CG 教师在听完几节展示课后，撰写了论文《巧设数学"陷阱"，让学生错中明理》，并设计课例。她从三节看似不相关的课例中发现教师教学的一个共同点，即"巧妙设置陷阱，巧妙地在新知内容与原有认知结构之间制造冲突，引发学生的认知不平衡，让学生不知不觉落入'陷阱'中，迫切希望探究知识。进而，营造出一种既现实而又有吸引力的学习氛围"。她在课例中针对学生知识掌握的薄弱环节设计"陷阱"，让学生充分暴露错误。再根据错误引导学生展开探究、讨论，进而深化学生的学习。这种主动积极的学习和转化提高了教师学习的效率，真正促进教师的发展。

第三节　共同体层面的因素

学习本质上是一种社会性的知识建构过程。"从社会的、集体的活动发展到个体化的活动——这是一切高级心理所共有的发展模式。"[①] 个体所特有的心理结构形成于个体的社会实践或者与他人的社会交往中。个体对社会实践的内化建立在社会学习的基础上。共同体作为社会化的学习环境和平台对教师的学习和发展起支撑作用。研究将从共同体的组织与领导、共同体的活动方式以及共同体中的学习资源几个方面入手分析共同体层面的因素如何影响教师学习。

一、共同体的领导者

共同体领导者在共同体实践中发挥重要的作用。他们对共同体的规划

---

① 　列夫·维果茨基. 思维与语言［M］. 李维，译. 杭州：浙江教育出版社，1997：145.

与管理，影响着共同体的运行，更影响教师在共同体中的学习。共同体领导者不一定是行政意义的领导者，更多是一种专业领导，也可以称为"教师领导"。"教师领导"是教师赋权的维度之一。它通过以"权力分散"为中心的策略，改革由教育管理科层化结构带来的系统问题（Murphy，2005）。从已有研究来看，教师领导有"以角色为本"和"以社群为本"两种。以角色为本的教师领导者通过上级行政部门的授予而获得权威。他的职责和焦点在于对领导负责，而非启动和实施变革。以社群为本的领导者通过自身的专长和社会资本而获得专业权威（Sergiovanni，1992），其职责在于发展成员之间的互信合作关系，并实践和发扬团队共享的观念、价值和承诺（Sergiovanni，2000）。在本研究中，教学改进型共同体的教师领导偏重"以角色为本"，教师发展型共同体和教学研究型共同体中的教师领导则兼顾"以角色为本"和"以社群为本"。

（一）"以角色为本"的教师领导

教学改进型共同体中的领导者选拔虽然以专业影响力为核心标准，但他们扮演的主要是行政角色，承担的主要是行政管理职责（Steel & Craig，2006）。在 A、B 共同体的实践中，教研组几次集体备课活动的研讨内容可以归结为：传达学校领导提出的要求，包括近期规划、研讨主题、方案，以及基本思想上的要求等；制定研课规划，即根据研课要求安排年级组的研讨活动、教学进度及其他事项；组织例行集体备课和课例研究活动。他们在教研组内的工作常态是"上传下达"。他们所组织的活动虽然根据教研组的情况有所调整，但主要是"按照学校的要求来"，基本是标准化和程式化的。

在访谈中，A 共同体的领头者 AD 教师多次提及"学校对于教师培养的规划与安排""教学管理部的学年计划与要求""如何贯彻学校倡导的'导学稿''以学生为本的理念'以及'关注学科本质的教学要求'"等。他所引以为傲的"以公开课促进教师发展"的策略，也是学校的教师发展规划。共同体中最高执行官的认识和态度反映出主宰该组织运作的基本逻辑（Zietsma，Winn，Branzei，et al，2002）。从这个角度看，教学改进型共同体领头者的角色定位是"完成学校的安排"。虽然教师在学习中也根据要求和惯习积极分享经验与理解，但是他们并不认可活动的价值。他们认为自己的主要学习方式是上网找资料、看书，而非例行的集体备课和课例研究。

（二）兼顾"以角色为本"和"以社群为本"的教师领导

教师发展型共同体和教学研究型共同体中的领头者兼备"行政领导"和"专业权威"的双重角色。虽然他们作为领导者的角色合法性是由行政部门所授予和批准的，但他们获得这一领导者角色的根本原因在于他们自身出众的专业知识、能力，以及社会资本。同时，虽然他们的行动受到行政部门的调控，但这两类共同体的领导者都有充分的专业自主权。

在愿景制定方面，他们能够根据自身对于教育和教师发展的理解细化和修正上级部门的目标定位，并制定共同体的研究主题。在活动组织方面，共同体领头者能根据教师发展需求制定活动的基本思路、计划和方案，并真正自主组织和参与研究，在活动过程中承担起"导师角色"，监控教师学习和协调日常事务。在合作关系营造方面，他们将自己的"专业权威"作为一种示范性资源带动教师学习，而非霸权性地主宰共同体实践。他们强调营造平等交流的氛围，将教师专长作为重要的学习资源，让成员有机会利用自己的专长去影响别人，进而改变自己在共同体中的角色和地位。在外部交流方面，他们能参与行政决策制定，反映需求并以此协调共同体实践。同时，他们积极加强与外部的交流，为共同体实践注入丰富的资源。

总体上，教师发展型共同体和教学研究型共同体中的领导者是作为一个"积极的主体"而非"被动的执行者"主持共同体的实践。他们自己有寻求变革的意识，能真正关注到共同体研究的问题和教师发展的需求，并帮助成员通过协同合作改进专业实践，实现专业成长。

二、共同体的活动设计与组织

社会互动理论认为互动产生有意义的学习。共同体的互动行为就是学习活动，它是共同体内教师实现专业联合以促进个人和团队发展的必要过程。本研究从共同体的活动目标与愿景、活动类型和教师的交往方式三个方面分析共同体的活动设计与组织。

（一）活动目标与愿景的制定方式

活动目标与愿景定义了学习活动发展的方向。在三类共同体中，共同体目标和愿景的制定可以分为"行政规约型"和"协商确定型"两种。其中，教学改进型共同体的愿景制定属于行政规约型，即行政部门规定共同体的活动目标、关注点和问题领域。教师发展型共同体和教学研究型共同体的目标和愿景制定则属于协商确定型，表现为共同体在设计者预设的愿景下协商制定目标和愿景。这两种不同的愿景制定方式影响着教师的学习。

在"行政规约型"愿景制定下，教学改进型共同体的活动以学校的规划和要求为主，很少独立制订教师学习和发展的计划。这直接导致共同体发展的动力不是具体的研究问题，不是共同体教师的兴趣和需求，甚至也不是领头教师的"专长""学识"和他们在实践创新方面的探索。这极大地压制了领头教师的主观能动性和对共同体实践的创造性经营，使得教师学习完全依赖于行政的统一规定，缺乏主动探索、求新、求变的积极性。在这种学习文化的影响下，教师参与逐渐变成被动敷衍。

在"协商确定型"愿景制定下，行政部门的要求与教师的发展需求得到平衡，教师的学习参与度更高。同时，虽然教师发展型共同体和教学研究型共同体对行政要求的调整路径不同，但是他们都关注教师的学习需求。教师发展型共同体个案 C，一方面开展学习需求调研，切实关注教师的学习需要。除了工作坊成立之初为确定研修主题和规划而开展需求调研，他们"每搞一次线下活动，都会征求组长、坊员的意见。然后，确定主题，明确目标，设计活动，再发布方案"（CL）。另一方面，将培训任务与区域教研整合，主动为教师的压力做"减法"。个案 C 将培训活动与"省市区县校相关活动整合……省里明年要搞论文评选，所以我们工作坊明年 3 月份也办论文评选活动，选出来的优秀就送到省上"（CL）。这样一来，教师做一件事就完成了多项任务。他们会"发现事情慢慢变少，而成果慢慢会变多"，参与的积极性也会不断提高。

教学研究型共同体个案 E 则强调研究教师教学中的重难点问题。因为研究内容"是他们感兴趣的，有收获的"（EW），所以他们参与的积极性就会提高。而个案 F 除了研究教学中的重难点问题，还允许教师将自己遇到的问题、需要研究的课例、难以完成的任务等提出来，并组织成员协同讨论。总体上，这种对于教师学习需求的关注极大地激发了教师的参与愿望和投入程度，提高了教师的学习成效。

（二）共同体的活动类型

专业共同体中的教师学习可以分为"信息交换型学习"和"知识建构型学习"两类。两种学习类型对于教师学习有极大的影响。

（1）信息交换型学习有利于开阔教师视野，但缺乏对知识实践转化的关注。讨论与协商型学习、观摩与反思型学习、研究与展示型学习属于"信息交换型学习"，它"所反映的是一种特定的立场、视角和意图"①。这类学习通过分享经验和信息，以及提供新观点、新视角来丰富教师对于事实的假设和预判，从而开阔教师的视野，启发教师的思考，丰富教师的知识结构。同时，这类学习以理论知识或者知识的理论层面的学习为主。即便是对于实践策略的分享，它所涉及的也只是实践理论方面的内容。

由于缺乏实践转化环节，研讨中的理论是否存在问题，如何进行实践操作，操作起来会遇到什么问题等都未得到关注，从而直接导致教师知识学习很难影响日常教学实践。正如 CD 教师所说，"听课评课，可能冲动两分钟、冲动半天，回去慢慢就冷静下来，实际效果不好"。为了支持教师的实践探索，C 共同体整合线上线下学习，即"在展示课后组织线下研讨。然后，我们把所有的视频全部上传到网上，开辟一个专栏支持教师们在网上评课议课"（CD）。领头者希望通过优化活动组织而深化教师的学习参与。但是，由于活动需要教师对知识进行内化，并个体性地去进行实践探索，教师们的活动参与度并不高。

（2）知识建构型学习有利于帮助教师建构实践理论。实践与反思型学习和研究与实验型学习属于"知识建构型学习"。知识和信息的差别在于，信息是一种具有普遍性特征的观点。而"知识总是'为了某种目的'而存

---

① 竹内弘高，野中郁次郎. 知识创造的螺旋——知识管理理论与案例研究［M］. 李萌，译. 北京：知识产权出版社，2006：47.

在的，具有依照特定情境而定的特征，而且显示有关联的属性"。① 因此，知识建构型的学习不是停留于"信息的交换"，它更强调利用人际合作而使个人信念朝实践的方向实现动态验证。它是基于特定情境和问题而协同建构的，表现为一种实践性知识。信息对于知识建构而言并非毫无关系，知识"是信息流所创造的"。② 这种理论可以解释为何"知识建构型学习"与"信息交换型学习"在第一阶段有着相同的学习过程，即讨论、分享、分析与协商。但在第二、第三阶段的"理论知识的实践表达"和"持续的协同实践"环节存在差异。

"理论知识的实践表达"和"持续的协同实践"环节的学习通过"理论—实践—理论"的多次互动，帮助教师系统掌握知识的理论内涵和实践要求，成为教师在教育教学实践中使用的知识，并最终成为一种"缄默知识"潜在地影响着教师的理解和实践（陈向明，2003）。至此，我们才可以说教师学习真正发生了。教师们在访谈中也提到，"磨课的过程很重要，虽然过程很痛苦，但是它能让你各个方面都会有所不同（BJ）""设计得都挺好的，一到实践中就会有这样那样的问题，所以得反复地试讲，反复地改（ES）"。总体上，"信息交换型学习"有利于帮助教师内化外在的知识体系，而"知识建构型学习"则强调教师个体和团队不断与教育教学情境互动，并不断总结和反思，以真正建构个人和团队的信念及其实践理论。

（三）活动的交往方式

活动中的交往方式影响教师学习的效率与深度。研究所选取的几个个案都强调线上线下整合的研修。但教师在不同学习活动中的参与方式还是有所不同，大致可以分为线下、线上、线上线下结合三种。

（1）线下学习。集体备课（B）、课例研究（A、B）、行动研究（E）以及 C 共同体的专题交流、课例展示与赛课等以线下活动为主，只是在资料分享和问题即时交流中用 QQ 等网络平台。以 C 共同体的课例展示为例，

① 竹内弘高，野中郁次郎．知识创造的螺旋——知识管理理论与案例研究［M］．李萌，译．北京：知识产权出版社，2006：47.
② 竹内弘高，野中郁次郎．知识创造的螺旋——知识管理理论与案例研究［M］．李萌，译．北京：知识产权出版社，2006：47-48.

线下交流包括三个方面：一是授课教师说明教学设计。本阶段的活动重在说明教学设计背后的意图，以及教师对教学效果的进一步思考。二是评课人对相关主题的评析。这一环节中评课人会从课例出发阐释课例展示活动本身的设计立场，课例对活动设计意义的体现，及其存在的问题等。三是针对某些主题的观点碰撞。包括表扬授课教师的表现，或是就相关问题展开深入的辩论。这种活动在教师学习中比较传统，也比较受教师欢迎。他们认为，这种面对面的交流，问题更为集中，讨论更为充分。

（2）线上学习。线上交流的活动如 C 共同体的讲座、话题研讨、个人日常教学分享，以及 F 共同体的理论学习、课例研讨等。这种学习能实现异步沟通，教师可以随时随地关注问题，进行学习。同时，每一个人都有机会发表自己的观点，也能看到更多人的问题和想法。而且，线上交流能有效管理学习资源，便于教师搜索所需资源，也便于教师根据内容主题和对同伴的认同程度而关注其他教师的资源。CT 老师以认真和有想法而知名，因此他有一批固定关注他的教师。所以，即便是"不断学习，提升自己""我们永远是伙伴"这样表达感慨的帖子，也有至少 5 位教师关注。而对"解决问题（一）教学案例——建构开放的数学课堂"这样表达思想与观点的主题帖，有高达 44 人关注。他的学习经历、观点和思考是其他教师非常重要的学习资源。

这种学习也存在问题，即讨论停留于观点表达，较少针对主题进行深入的沟通和对话。教师们很少就相关的内容发表自己的看法。偶有评论的，也以表达敬意为主，比如"恭喜你，你的工作精神值得我们大家学习"。对话点到为止，缺乏真正的思想碰撞。同时，在主题帖的讨论中，虽然教师们会就相关问题发表自己的观点，但是这种讨论也多停留于发表各自的意见，就某一个问题、某一种方法的深入交流并不多见。在"数学综合与实践活动是适度课后延伸的有效载体"这个主题帖中，教师们在评论中表示认可这一观点。但是如何在数学综合与实践活动中进行课后延伸，却没有人涉及。而这个问题的探索能较好地解决教师们对这一议题的困惑。所以，这一过程的学习只是引导教师们明确了这一理念，开始重视和思考相关的议题。而"如何做"则是他们学习与实践所面临的新问题。

（3）线上线下整合的学习。线上线下整合的交流如 C 共同体的专题研究，C、F 共同体的课例展示与交流活动等。在这两个共同体的实践中，线上线下整合的学习在过程上表现为"理论—实践—反思性学习"，在学习组织上表现为"个体—集体—集体学习"。个体理论学习，即参阅网络平台资源、开展网络交流以学习理论，并进行案例设计；集体的实践学习，即共同体开展线下的课例展示和交流活动；集体的反思性学习，即上传课例资源、组织网络研讨，反思和拓展线下的集中学习。在 C 共同体"基于翻转课堂的小学数学概念教学课例研究"活动中，课例展示和交流过程就表现为学习理论和观摩坊主的课例展示；教师设计课例并分享，协作组长选取优秀成果在线下活动中做集中展示；协作组委派一名教师参与工作坊层面的赛课，坊主邀请专家解读课例，并将相关资源上传到网络平台，供教师们持续学习和研讨。

这种学习整合了线上线下学习的优势，一方面弥补了共同体成员距离分散、时间不统一，难以聚集的问题。另一方面实现了"理论学习与实践的多次滚动"（CJ）。教师们能够从理论、实践，以及理论与实践结合的视角去分析和思考问题，使得学习更为生动和有效。同时，教师们还能根据需要随时随地重新回顾资源，学习的效率大为提高。总体上，教师们对这种活动反应热烈，有教师还提出，"这个活动改变我对网络培训的看法，网课不只是挂挂视频，完成作业而已。它能真正与我们的日常教学结合起来，还是有用的"（CF）。但是，当学习回归到网络平台之后，教师们的交流又重新回到了发表观点和感慨的状况，并于一段时间后归于平静。如何将教师们思考和衍生的问题组织成新的研究问题并开展研究，成为提高共同体学习效率，实现共同体持续发展的关键。

三、共同体的学习资源

在传统的课堂教学中，我们将教者视为学习资源的提供者，而学者被动接受教师所提供的资源。这种学习资源观不适应共同体中的教师学习资源分析。在共同体的学习中，除了由共同体组织者和领头者所提供的学习资源，还有共同体内所生成的学习资源，以及在活动过程中所引入的外部资源。本研究呈现了三类共同体在不同类型学习资源管理中的特征（如表5-2），并分析它们的学习资源差异。

表5-2　不同类型共同体的学习资源管理概况

共同体类型	资源管理		
	初始资源管理	生成性资源管理	外部资源管理
教学改进型共同体	优质教师资源缺乏；不注重物化和管理研究成果	在互动交流中生成学习资源	"引进来"与"走出去"相结合
教师发展型共同体	引进优质人力资源；注重建设学习资源库	分享团队或个人的研究成果	"引进来"与"走出去"相结合
教学研究型共同体	有丰富的人力资源；注重物化并管理研究成果	分享个人研究成果；在互动交流中生成学习资源	开展联合"教研"或"展示"

（一）教学改进型共同体中的学习资源管理

在教学改进型共同体中，教师学习资源的特征表现为：

（1）优质教师资源缺乏，同时不注重物化和管理研究成果。A、B共同体都来自于中等偏上水平的学校，教师的整体素质相对较好。但是团队成员整体的知识结构和能力水平差异不大，很难支持团队创造性地思考以往的实践并探索新的可能。在访谈中，BJ教师说，"刚开始我还去听各个老师的课，后来我发现这些常规课的讲课方式都差不多，课又很多，所以就没去听了"。在物化和管理研究成果方面，A、B共同体的课例研究活动没有授课录像。除了授课教师自己有不同版本的教学设计，其他教师没能共享研究过程中生成的资源。由于团队教师以往的公开课课例、研究成果等没有被集结、整理和共享，不能成为教师持续学习的资源。

（2）在互动交流中生成学习资源。即共同体中资源的生成来源于活动中的交往。共同体中对研讨话题有兴趣、做过相关研究，或是有相关知识基础的教师，往往能更多地提出问题和观点，从而启发团队的研讨和思考。

在调研中，A 共同体中有一位教师看过本课教学相关的视频，做过深入的思考，在研讨中就一直介绍可以用什么方法去讲这个内容，以及怎么样用不同的方法。

（3）通过"引进来"和"走出去"的方式吸纳外部资源。"引进来"是指针对研究的话题和任务引进"优质资源"以促进教师学习。这些优质资源包括学校内以校长、学科领头人为代表的助学者团队，以及学校外的教研员和专家资源。"走出去"在教学改进型共同体中主要表现为组织骨干教师到名校参观、访问，以学习他们所践行的课堂教学模式和教学方法，或是组织教师参加校外各级各类教研活动和培训。这些活动都能开阔教师的视野，带给教师新的视角和思考。但是外部资源的引入也存在一个问题，即优质资源往往以一种非持续性的方式介入到共同体的实践中，他们很难持续性地跟踪和支持教师个体和团队的研究和实践。所以，他们所带来的新的理念、方法难以为共同体的持续探索和实践提供支撑，也很难转化为教师的教学能力，并真正落实到教师的教学实践中。

（二）教师发展型共同体中的学习资源管理

教师发展型共同体中的学习资源管理表现出以下几个特征：

（1）引进优质人力资源，并建设物化的学习资源库。教师发展型共同体在建设之初就特别强调引进优质资源。CL 教师就提到她为了吸引教师，一方面引入区域教研员做组长，指导教师的学习活动。另一方面请省级名师和专家担任工作坊顾问。同时，为了支撑教师的学习，教师发展型共同体强调学习资源建设，包括项目组建设的课程资源和坊主共享的优质学习资源。这些资源是专家、团队和个体的优秀研究成果，对这种资源的学习能够开阔教师的视野，深受教师欢迎。教师 CT 在访谈中谈到，"每天回家上网浏览网页，听听课，看看其他老师上传的资源，很有意思……有的课都听了好几遍，很有回味"。这种全面的初始资源管理吸引着教师的参与。

（2）通过整理和分享团队和个体的研究成果，管理生成性学习资源。这种学习资源主要为成员完成任务后提交的"作业"和"成果"。作为教师个体和团队的研究成果，这些资源能为其他教师的学习提供重要的支撑。在访谈中，C 共同体的教师们提到，他们大多是带着质疑进入共同体的学习。通过听课、浏览他人的观点以反思自己的教学实践，逐渐找到"同伴"

的感觉，并使得上平台学习成为一种习惯。有教师提到"哪天要是不上平台就不踏实，好像会漏掉什么似的"（CT），甚至"有的老师晚上十二点还在网上逛，我都不得不提醒她注意休息"（CL）。总体上看，这种活动过程中生成的资源极大地支撑了教师的学习。

（3）通过"引进来"和"走出去"相结合的方式吸纳外部资源。在教师发展型共同体的实践中，"引进来"指邀请外部专家参与活动。C共同体的线下集中活动基本上都有外部专家的参与。专家不仅对专题课例展示做分析和解读，还针对相关内容做专题讲座。教师们认为，"这种高站位的解读对我们老师的能力培养非常好"（CL）。"走出去"则主要指带领教师参加各种水平的培训。对此，CL教师说，"省里只要有研修活动，我就带老师们出去……只要有人请专家过来，不管是谁请的，我就把我的学员邀去听……那次吴正宪老师来主要是上一节课。学员听了之后非常热情，向她提了许多问题。本来只是上一节课，她针对大家的问题干脆又做一个现场的讲座，我们感觉收获非常大"。教师发展型共同体的外部资源对于教师而言非常难得，他们的参与度非常高。

（三）教学研究型共同体中的学习资源管理

教学研究型共同体中的学习资源管理表现为以下几个特征：

（1）有丰富的人力资源。教学研究型共同体中的成员"强强联合"。E、F共同体的领头者都是具有较强教学与研究能力的名师。他们对教育教学有深刻的理解，并具有较强的社会影响力。同时，共同体成员都是优秀教师。E共同体的教师是学校名师工程的教师，F共同体的教师也具有较大的影响力。在F共同体的第一期15名成员中，省特级教师1人，省学科带头人2人，省骨干教师4人，省百优教师5人，市全天候教师1人，市骨干教师4人。从总体上看，共同体成员的能力水平较高，能够支撑团队以一种创新和反观的视角去研究教育教学，并开展一些具有挑战性的研究。

（2）注重物化和管理研究成果。教学研究型共同体非常注重对原有研究成果的整理和共享。即建设教学研究资源库，将教师们的研究成果、公开课课例、论文等加以分类整理，并在学校范围内共享。这种实践使得教师的学习建立在承接已有研究传统和已有知识的基础之上，从而极大地提高了学习研讨的深度与效率。E共同体在"教学方式"上的研究就表现得特别突出。由于学校已经针对教学方式开展了系列研究，教师们不需要再探讨某种教学方式的理论内涵和实践模式，只是在教学设计与反思中结合具体的实践情境思考活动组织的合理性，及其可能的替代策略。总体上，物化资源在支撑教师学习上有非常重要的价值。共同体实践必须好好建设、管理和利用物化资源。

（3）开展"联合教研"和"展示活动"引入外部资源。教学研究型共同体注重与外部的交流。但他们的交流方式不是单方面"引进来"或是"走出去"，而是搭建平台与外部环境互动。E、F 共同体有不同做法。E 共同体通过举办"研究成果发表会"，邀请国内外的专家、学者和教师同行到校交流。这种活动，一方面展示共同体的研究成果；另一方面学习其他团队或个人在本领域的研究和实践，以开阔共同体成员的视野。F 共同体则主要通过以下两种方式引入外部资源：一种是和其他名师工作室开展"联合教研"，即针对某些主题互相展示课例、研究成果，或是同课异构；另一种是搭建平台，让教师成员展示自我并积累更多的经验。名师通常有广泛的社会网络，能从学习资源、发展平台等多个方面为教师的学习和发展提供支持。在访谈中，FW 教师就提到他将别人邀请他讲课的机会让给成员教师，"一个不行就两个上，一人讲一半，多给他们锻炼的机会"。这为教师的学习和发展提供了更高的平台。

从以上的分析可以看出，教学改进型共同体中的学习资源主要来自于教研过程中的互动交流，以及针对活动和任务而引入的外部专家资源，这些资源总体上呈现出碎片化和非可持续的特征，并导致共同体的学习和研究难以超越经验分享层面，真正去关注和研究问题。周红（2014）的研究也证实了这方面的问题。她提及"研修中对于困难和问题的讨论无疾而终……下次同样的问题还会出现，时间长了，大家的研修兴致就不大了"。[①]教师发展型共同体的学习资源以物化的资源为主，共同体提供的课程资源和在活动过程中分享的教师个体或团队的研修成果都以一种"资源库"的形式得以保存。但由于共同体缺乏对教师知识"转化"与"外化"的支持，

---

① 周红. 区域推进校本研修策略的个案研究［D］. 长春：东北师范大学，2014：58-61.

这类学习资源很难进入教师实践领域，并真正成为教师的实践性知识。如何帮助教师将这些理论资源真正转化为学习和实践的基础，并真正服务于教师的实践，是这一类共同体需要思考的问题。教学研究型共同体的学习资源主要是团队的实践研究成果，是团队成员共同建构的意义，是在长期发展中所形成的团队共享的文化。由于教师对这一类知识的理解系统而深刻，所以它能真正支持教师的学习和持续研究。

第四节　外部环境因素

共同体产生与发展的背景对教师的学习有重要影响（Stoll，1999）。共同体所属的组织，或共同体所依托的组织机构，可以看作是对共同体影响最大的外部环境。相关组织的文化、组织机构的政策，及其专业支撑都会影响教师在共同体中的知识学习。我们将共同体所属组织机构作为影响共同体实践的外部环境，分析其对共同体中教师学习的影响。

一、组织文化与价值取向

组织文化与价值取向直接影响共同体的实践。本研究中的三类共同体都是在行政倡导或主导下发起的，行政部门对于共同体的功能、价值和目标有基本的定位，这就导致共同体的目标和愿景必须在一定程度上与行政部门的要求相一致。在三类共同体中，共同体实践与行政要求保持一致的方式存在差异。

（1）教学改进型共同体努力实现维系传统与探索变革的平衡。在教学改进型共同体中，学校的要求以关注学生的学业成绩为主，并努力适应变革。一方面，学校要求教师维持以知识掌握为取向的教学传统。学校领导最为关注的是学生的知识学习，因为学生的知识掌握情况直接关系到学生在学区测评中的表现，而这又直接关涉学校和自己的声誉，进而影响到学校的招生情况。A共同体所在学校要求教研组长"带领组内教师共同研究新教材、研究命题新特点、研究学情、研究作业、研究单元检测", 教师也需要"对每一次测试做试卷分析"。由于外部环境以分数为主要的评价维度, 共同体活动所关注的内容就以学生的知识掌握情况和在考评中的成绩为主。另一方面, 学校要求教师依据课程改革的要求优化教学, 并主要表现为探索如何将新课程改革的理念落实到教学实践中。在常规听课中, A、B 共同体所在学校的领导依据课程改革的要求评课。在"赛课"准备中, 教师团队也会以"赛课"的主题和评价标准去设计和改进教学。因此, 在提升学生学习成绩和适应课程改革的双重任务下, 以教研组为代表的教学改进型共同体逐渐形成了"维持传统与适应改革的价值取向"。

（2）教师发展型共同体在行政预设的愿景框架下设立新的愿景。在教师发展型共同体中, 共同体设计者预设的愿景和共同体实践的愿景并存。C 共同体的设计者既关注教师教学能力的提升, 又关注教师作为培训者的培训能力。根据项目实施方案, 参训教师需要进一步"提升教育教学的能力; 增强带队伍的责任意识; 掌握混合研修背景下培训他人的本领; 掌握工作坊主持方法"。但是教师并不关注自己作为"培训者"的角色和能力, 而只注重"教育教学能力"提升。即便是担任"年级组长"的教师也不认为自己对其他教师的教学实践能力和教学成效负有责任。根据这一需求, 领头者一方面保留项目在培养骨干教师培训能力方面的固有学习活动。另一方面整合区域正在推进的研究, 确定共同体主要的研究问题。同时, 后一个问题的解决成为真正指导共同体实践的目标。总体上, 由于学校对教师的评价更多依据教学成果而非指导年级教师的成果, 因此, 教师们希望学习关于教学和学生学习的知识, 而"作为培训者的培训"不如提升教育教学能力实用。从落实的情况来看, "骨干教师作为培训者"能力提升方面的活动实施效果较差, 成员多是完成作业了事。

（3）教学研究型共同体致力于实现行政组织的愿景。教学研究型共同体在研究领域和活动框架上与行政组织的要求保持一致。E 共同体的实践是对学校"个性化教学"理念的实践探索。在研究和实践规划中, E 共同体所在学校关于"个性化教学"的实践探索包括理念培训—校本课程开发—个性化教学理论和教学模式探索—大单元开发等系列内容。大单元开发就是"个性化教学"研究和实践在新阶段的规划和安排。根据《行动计划》,

基于"十五""十一五"发展规划和研究基础，"十二五"期间以个性化教学改革为重点，以教材单元开发为改革创新突破口，通过中日教材比较研究和行动研究，深入推进开放式办学理念的践行。F 共同体虽然可以根据名师自己的兴趣和专长确定研究领域，但是共同体的活动必须遵循行政部门的规范，即培养、培训优秀教师，开展课题研究，推广教育教学成果，开发、整合优质教育教学资源。为了保证共同体的运行遵循这种规范，教育行政部门还对名师工作室进行每年一次的过程性评价和工作周期结束时的终结性评价。从 F 共同体的运行情况来看，他们的工作也主要是围绕这几个方面展开。虽然组织文化和价值的影响在三类共同体实践中的表现各不相同，但它们对共同体的实践都有深刻的影响。

二、组织机构的政策支持

组织机构的政策对共同体实践的影响主要包括：

（一）组织机构为共同体的发起奠定政策基础

组织机构为共同体启动所制定的政策包括：

（1）行政部门规定了教师参与者的组成，使得教师参与的合法性得到认可。尤其是那些跨越组织边界的共同体，如果没有行政部门的协调，很难得到学校领导的支持。CL 教师在项目回访中就提及项目组与地方行政部门的沟通不畅为共同体运行所带来的困难。她说："教育部也是只发了文，根本没有督导和跟进。我们一线的工作人员又没有什么影响力，怎么拿得到钱……还有这么一个事情。我们有一个学员上班的时候戴着耳机听这个课程，被校长抓着了，以为她是在上网玩。她解释半天，校长都不知道是怎么回事。哎，你说人家多无奈。"

为了解决这个问题，领头者 CL 教师"向所在单位教科所作了汇报。一般每个地市区的培训要归口于我们的师训中心，所以我又找我们的师训中心进行汇报。最后回到我们的教育主管部门，也就是教育局。经过我们的汇报，最后我们的项目由教育局主管，活动组织由师训中心和教科所共同研究和发文，这才解决了这个问题"。基于这个经历，她建议项目组"直接发文到我们地方教育部门。因为他们是我们的直接领导啊。他们知道怎么回事了，才能支持我们的工作，我们才能做事情"。总体上，共同体所在的组织要明确共同体实践的合法性，并与相关组织和部门充分沟通，从而保障共同体实践的顺利开展。

（2）行政部门指明共同体发展的目标和框架，为共同体的建构提供理论支持。在教学改进型共同体中，个案 A 所在学校提出数学教学要把握学科的特色，"数学学科重点是加强思维训练。教师在课堂上要突出数学思想方法。每节课在抓好基础知识的理解、掌握和过关外，要结合前后知识联系，拓展延伸所学知识，加强思维训练，让学生把所学知识触类旁通，提升思维水平。作业设计也要体现思维训练的内容"。这种方向性的把握指明了教师教学和研究的方向和范围，为共同体中的教师学习提供了支持。

在教师发展型共同体中，个案 C 的组织者围绕教师课程改革适应能力的提升规划了三个阶段的活动，即第一阶段"梳理学科教材整体结构"，第二阶段"深入分析教学案例"，第三阶段"关注教师培训能力的提升"。这种活动的规划成为共同体线下活动开展的重要依据。在活动规划的框架下，个案 C 的领头者根据区域发展规划和教师学习需求重新确定了研修主题，使研修活动能够与教师的实践和需求保持一致。

在教学研究型共同体中，E 共同体的行动研究根据学校制定的行动研究路径展开，包括教材比较研究、重组大单元教材，以及教学设计和实践。在理论框架的指引下，共同体在实践过程中发展出独特的研究思路。它既符合教育行政部门对学校和区域教育发展的整体规划，又为共同体实践留有自主规划的空间，实现了共同体独立发展和与外部环境相协调的目标。

在三类共同体中，行政部门的作用发挥存在差异。教学改进型共同体由于没有在既定的框架内探索出自己的实践路径，使得行政部门的指引成为一种规定，并导致共同体实践的低效。而教师发展型共同体和教学研究型共同体在运行中基于框架发展出自己独特的研究问题、研究方式，使得共同体实践真正服务于教育教学实践，并满足教师的学习需求，取得了较好的效果。为此，在处理行政部门管理与共同体运行的关系时，行政部门应该明确自己的"指引者"角色，而共同体应该争取行政部门支持并发挥自己的主观能动性，规划和实践独具特色的共同体实践路径。

（二）行政部门通过管理结构性资源为共同体实践做好准备

在本研究的三类共同体中，结构性资源的管理在两个方面表现突出：

（1）提供时间和空间的便利

在教学改进型共同体中，A、B个案所在学校都采取安排固定时间组织活动的方式支持教师学习。在教师发展型共同体和教学研究型共同体中，由于参与教师来自不同学校（或校区），时间上难以协调，它们一般根据学习任务的特征进行差异化设计。在独立学习任务中，教师自主选择时间学习并进行异步交流。在线下活动中，领头者提前发布活动计划，让教师和学校协调时间并参与活动。

在共同体活动空间的管理上，不同共同体根据实际情况做出不同的安排。教学改进型共同体的空间安排关注两个方面：一方面是安排固定的活动空间，既方便教师开展研讨活动，又营造了共同体协同合作的学习氛围。另一方面是鉴于教师工作繁忙，大部分研讨集中在休息时间，学校将共同体成员安排到同一个或者相邻的办公室。教师发展型共同体和教学研究型共同体则依赖于另外两种方式：一种方式是搭建网络平台，使得教师成员可以跨越时间、地域的限制，随时随地交流学习。另一种方式是选择活动任务的承办单位和学校，为线下集中研修的开展提供空间和其他方面的支持，保障活动的顺利开展。总体上，行政部门依据共同体的实践需要提供有针对性的支持，而不拘于形式。

（2）设计激励教师参与的配套任务和政策

配套任务和政策的设计既是行政部门对共同体实践的监督和检查，也是激励教师参与的措施。教学改进型共同体的配套策略是将共同体学习成果作为评价项目，激发教师的参与。根据A共同体所在学校教科室的工作计划，在校内赛课中获得一等奖的教师才能参加学校承办的优质课展评活动。这是教师在学校内和区域内获得专业认可的重要方式。同时，学校会公开表彰获得荣誉的教师，或将参加竞赛教师的思考、论文等发布到学校网站上，这能有效扩大教师的专业影响力。而且，从个体的晋升上看，数学组的带头人和年级组负责人都是在教学中表现优秀的教师。在学校评价标准的影响下，教师会不断向学校的要求靠拢。

教师发展型共同体则致力于实现配套措施与教师职业发展需求的整合。在C共同体的实践中，共同体领头者一方面联合区域师训中心，"请他们将骨干教师三年80学时的网络培训任务交给我们……如果没有完成我们项目这 80 学时的培训任务，那么市教育局的骨干教师证书不会发放"（CL）。行政规定对共同体活动的开展有重要的推动作用。同时，共同体要有人本意识，关注教师的职业发展需要，让成员自愿参与学习。CL 教师说，"在你不能发钱的情况下，怎么让教师愿意参与呢？要有成绩和荣誉。能发证书的发证书，能带他们外出的带他们外出。还要尽量给他们提供机会，给他们上展示课的机会，作报告的机会，要为他们提供有价值的平台，让他们去寻求自己的专业价值"。这种配套的措施满足了教师对于职称晋升、个人荣誉和专业学习的需求，极大地提高了教师的参与意愿和参与深度。

三、组织机构的服务支持

经过最初的潜在期和磨合期，共同体实践就面临着成熟期与管理期的培育和维持共同体实践的任务。为了促进共同体实践的深入开展，组织的干预就要从共同体实践中撤离，扮演起支持者和服务者的角色。只有这样，共同体的实践才能真正成为共同体成员的实践而非组织机构和行政部门的实践。行政组织对共同体实践的服务支持可以分为以下两类：

（1）行政组织强势介入教学改进型共同体的实践。在三类共同体中，教学改进型共同体的运行一直被行政组织强势介入。这导致共同体难以培育自身的理念、愿景和实践，也难以形成共同体成员对于共同体实践的归属感和持续投入。由于学校行政部门一直以学校工作计划的方式规划共同体的实践，共同体领头者和教师成员只能按照行政部门的"规定"和"要求"行事，没有按照自己的意愿独立发展的空间，也就难以形成他们对于共同体实践的认同感。伴随着行政管理主导而衍生的就是教师之间对于协同合作的限定性的集体责任，即共同体成员在特定的情况下才能表现出集体责任感。比如，团队成员在区域赛课和学校公开课中表现出的集体责任，师傅对徒弟发展的责任。总体上，行政安排虽然加强了教师之间的联系，强化了教师对于其他成员发展的责任意识，但与此同时，也将教师之间的关系限定在行政任务下，难以培育教师之间基于兴趣、认同和研究问题等而开展研究实践和合作探索的文化。

（2）行政组织为共同体实践提供外部支持。在教师发展型共同体和教学研究型共同体中，行政组织则探索出了自己在共同体运行中的服务者角色，并采取各种方式支持共同体的实践。其中，他们变革组织机构的策略尤为值得关注。组织机构的变革主要体现为对"专业引领"的探索，即希望通过"专业人员"代替行政部门主持共同体的实践。这方面的努力在 C 共同体中表现为多层级专业人员的协同管理，即通过招标的形式吸纳大学专家和专业网络平台作为项目组层面的管理团队，由他们来规划和指导共同体活动的开展。同时，在工作坊层面，成立由研究人员、教研员和优秀一线教师组成的"三人行"领头者，使他们协同发挥各自的优势直接领导共同体的运行。

在 E 共同体中，这种对"专业引领"的探索体现为"建设专业组织"。即邀请专业人员来引领跨学校、跨区域的共同体，行政部门则退到服务和监管的角色。为了强化学科组的自主管理，学校组建各学科委员会。学校领导按照学科专长委任学科委员会主任和委员。学科委员由各学科带头人和学科骨干教师组成，他们可以做关于学科课程教学改革、学科建设和教师队伍建设等方面的决策。同时，学校建构了由科研管理中心领导和教学管理中心协助的管理体制，以支持学科委员会开展学科课程开发和教学研究等方面的工作。这种体制赋予了教师更多的专业自主权。同时，学校也不放弃对学科研究的统一规划、支持和监管，以有效保障教育教学研究工作的开展。总体上，这种实践建构了一个更加"专业"的领导团队，优化了共同体的教师管理，是共同体发展的一个重要前提。

结　语

通过分析专业学习共同体的运行、不同共同体中的教师学习类型和教师所学习的知识类型，以及共同体中影响教师知识学习的因素，研究得出了一些有意义的结论。在此基础上，研究将提出对教师专业学习共同体实践的建议。

一、研究结论

通过对 6 个专业学习共同体活动情况的分析，研究发现教师专业学习共同体可以分为三类。不同类型的共同体在运行过程、教师学习类型、关注的知识类型，以及影响教师学习的因素上存在共性，更具有明显的差异。

（一）专业学习共同体的运行过程差异影响教师学习

本研究依据相关理论对教师共同体个案进行分析，发现教师共同体可以分为教学改进型共同体、教师发展型共同体和教学研究型共同体三类。三类共同体的运行存在明显差异，基本情况如下表所示。

不同类型专业学习共同体的运行过程差异表

共同体类型	共同体运行	共同体特征
教学改进型共同体	学校"自上而下"发起；成员为学科组或教研组教师；根据行政要求而开展活动	目标与内容：知识本位教学传统下探索教师教法的优化；实践参与：基于经验分享的研修实践；协同合作：行政力量驱动下的人为合作；共享领导权与支持：行政力量保障并干扰共同体活动的开展

（续表）

共同体类型	共同体运行	共同体特征
教师发展型共同体	行政部门发起，专业人员领导；成员跨越组织边界；基于学习任务而开展活动	目标与内容：探索课程改革理念及其实践；实践参与：基于个体和团队学习成果分享的协作学习；协同合作：任务驱动式学习下的个人主义文化；共享领导权与支持：自主构建支持性的环境条件
教学研究型共同体	行政部门的号召和成员主动申请相结合；成员来源不定；基于课题研究而计划和组织活动	目标与内容：探索特定教育教学理念及其实践表征；实践参与：系统设计的团队行动研究；协同合作：任务驱动的自然合作；共享领导权与支持：以专业引领代替行政控制

  教学改进型共同体是以教研组为主要形式的教师学习团体，这类共同体由学校自上而下发起。行政力量规定共同体的研修目标、内容和方式，并参与共同体的活动，使得共同体的运行缺乏空间和自主权。从共同体的任务来看，它面临着延续学校教学传统和适应课程教学变革的双重任务，并力求在两者之间达到一种平衡，最终在共同体理念上表现为"知识本位教学传统下探索教法的优化"。同时，它的活动开展是通过分享"教师教的经验"以改进教师教学，缺乏对"学情"的调研、交流和反思，教学改进更多是对实践的想象和试误。因此，教师学习主要体现为"基于经验分享的研修实践"。

  教师发展型共同体是行政部门基于教师培训的要求而发起的，它旨在帮助教师适应和实践新课程改革的要求。虽然这类共同体由行政部门发起，但共同体的活动是在专业人员的设计和指导下开展的。为了帮助教师适应新课程改革，这类共同体实践尤为关注新课程理念的推广和实践、教师对新教材的把握与使用，以及新技术与课堂教学的融合。由于人数较多，成员以松散联合的方式交往。这类共同体的活动开展以讲座和共同体资源学习等个体化任务，以及分享个体和团队研修成果为主要方式，让教师在学习、研究、观摩、反思与交流中学习课程改革的理念及其实践经验。

教学研究型共同体属于"自上号召"与"自下申请"相结合而成立的共同体。在这种类型的共同体中，行政部门规划但不规定共同体的运行，强调选拔专业人员主持共同体的实践。在专业人员的带领下，共同体根据系统设计的研究方案开展"课题研究"，并通过理论学习和实践经验积累辅助教师学习。在课题研究中，共同体将特定教育教学理念的实践转化作为具体的研究问题，并通过行动研究探索理念的实践表征。为了深入开展课题，成员基于能力、兴趣和专长承担相应研究任务，分享和整合研究成果，共同推进研究的开展。而面对一线教师更擅长教学这一现实，行政部门强调为共同体实践提供理论的支撑和专业人员的指导。

（二）共同体实践要通过"理论与实践整合"的方式设计和组织教师学习

不同类型共同体根据自身的目标和功能定位组织教师学习。教学改进型共同体中的学习活动以"集体备课"和"课例研究"为主，这种活动组织立足于分享教学经验和策略以改进教师的日常教学，形式上相对传统、简单和实用；教师发展型共同体中的学习活动以讲座、专题研究、课例展示与交流活动，以及教师个人日常教学经验的交流和分享为主，这种活动组织立足于通过理论与实践整合的学习深化教师对教育教学理念的理解和实践，活动相对多元；教学研究型共同体中的学习活动以课题研究为主，强调通过"理论—实践—理论"的学习路径整体提升教师的理论水平和实践能力，活动相对系统。

从教师的学习参与来看，在这些活动类型中，教师对"理论与实践整合的学习"参与度更高。从教师的接受程度来看，"集体备课""讲座"等学习活动虽然能丰富教师的知识和理解，开阔教师的视野，但是这些学习活动关注知识的分享，而较少关注知识的实践样态，使得教师学习难以深入影响教师的教学实践。"专题研究""课例展示与交流"重在通过分享教师个体和团队的研究成果以提供实践案例与范型，进而真正能影响教师的观念，启发教师的思考，受到教师欢迎。但它缺乏知识转化过程，对教师教学实践的个性化关注不足，影响着教师的学习深度。

而"课例研究"和"课题研究"因为关注"知识的实践转化过程"而对教师学习有很好的促进作用。即它不仅能引导教师学习理念和知识，还组织教师探索理论向实践转化的策略，形成可以参考和模仿的理论的实践形式，并让教师共同探索和解决知识在实践转化中可能遇到的问题，提升知识实践转化的效率。虽然系统设计"理论与实际整合的学习"能够促进教师的学习，但是共同体实践也要根据自身的目标定位和教师的学习需要合理设计教师的学习活动。

（三）不同类型共同体的功能定位决定了教师学习的内容

教学改进型共同体服务于教师岗位实践能力的提升，共同体实践必须关注学科教学知识、教育基本理论知识和教育环境知识这一类与日常教学实践紧密相关的内容。同时，在"维护传统与适应变革"的价值定位下，在新课程改革对基于学科本质教学和关注学生学习的要求下，教师还必须分析学科知识、学生学习的知识以设计和组织教学。

教师发展型共同体是国家和地方为了推进新课程改革而组织的教师培训项目。由于新课程改革在学科知识、学科课程设计，以及教育教学理念上都有新的要求，这一类共同体主要关注学科知识、教育基本理论知识和课程知识。同时，这一类共同体中的教师学习主要关注理论与事实推介，较少关注教师的课堂教学。因此，他们在学习中较少关注学科教学知识和"课堂管理的理论与实践"这类关于教学实践的知识。

教学研究型共同体着力于探索教育教学实践重难点问题的解决方案。为了研究问题，团队教师必须更为系统地学习理念、研究课程设计和学生学习，以设计和调整教学，并反思和评价学生的学习和教育研究的过程。因此，他们在共同体中学习的内容就必然包括学科教学知识、教育基本理论知识和课程知识。为了使得问题的研究和理念的实践探索更为系统，这类共同体的学习在内容上关注到了教学改进型共同体和教师发展型共同体所忽视的对学科知识的系统分析，对学生学习起点、过程和结果的深度分析，对特定单元的课程编排的分析，以及课程设计实践等方面的内容。

（四）不同教师学习类型的目标定位和知识获取渠道存在差异

在三类共同体的实践中，教师学习主要包括"信息分享型学习"和"知识建构型学习"两类。"信息分享型学习"的目标在于引导教师理解相关学习资源所蕴含的知识。学习资源包括个体或团队提供的资源和团队学习过程中生成的学习资源，学习过程以"分享与交流"为核心。同时，这种学习重在通过提供信息来丰富教师对于现象和问题的理解。虽然它能通过提供多元的观点和视角拓展教师的思考和视野，但不关注教师对所学知识的实践"转化"和"外化"。

"知识建构型学习"的目标是为了建构"成熟的"活动方案或是获得系统的研究成果。学习资源包括团队在对问题的研究及其支撑性任务的设计和实践中生成的学习资源。在学习过程中，几个环节环环相扣，缺一不可。与"信息分享型学习"不同，这种学习类型强调通过"建构知识和意义"而获得对于特定问题和事物的系统认识（或称建构"成熟概念"）。在这一类学习中，信息的交换与分享必不可少，但它本身不是目的，而是服务于"意义的协商"和"知识的建构"。

（五）专业学习共同体实践要平衡和整合不同层面的需求和力量

首先，共同体实践要平衡教师需求和外部环境的要求，并发展出自己独特的活动设计与实践思路。研究结果显示，教学改进型共同体由于没有在既定的框架内探索出自己的实践路径，使得行政规定成为共同体活动的准则。在这种共同体实践中，教师的需求难以被关注，这直接导致教师参与的表面化。教师发展型共同体和教学研究型共同体在行政规约下发展出自己独特的研究问题、研究方式，提高了教师学习的效率。同时，他们采取各种方式平衡不同层面需求。教师发展型共同体通过整合教师既有的学习任务和学习需要设计共同体的研究问题，并在平衡外部需求上采取共同体设计者预设的愿景和共同体实践愿景并存的策略，以满足不同方面的需要。而教学研究型共同体在目标定位上满足教师突破经验限制而研究教育教学问题的需求，并在研究领域和活动框架上与行政要求保持一致，以满足不同方面的需要。

其次，共同体实践要关注不同层面的核心影响因素。在个体层面，共同体实践要特别关注教师参与的动机。在由内部动机主导的共同体中，教师的实践以任务为导向，有较高的自主权和投入程度。但外部动机也很重要，如果共同体实践考虑到教师对奖励、晋升等外在利益的实际需求，将提升教师的参与度。在动机的形成和转化方面，共同体以外部环境的要求为中心还是以教师发展的需求为中心，影响着教师参与的动机。教师内部、外部动机的转化发生在教师参与活动的过程中。教师学习的体验和成效影响着外部动机向内部动机的转化。

在共同体层面，共同体实践要重视教师领导类型和学习资源建设。教师领导类型影响共同体的实践路径。"以角色为本"的教师领导的角色定位是"完成学校的安排"。在这类领导的作用下，共同体的愿景制定表现为"行政规约型"，共同体活动以外部要求为主。以"行政领导"和"专业权威"并重的教师领导能更好地平衡行政部门的要求与教师的发展需求。同时，他们有寻求变革的意识，并在共同体的愿景制定、活动设计与组织、合作关系营造、外部联系等方面发挥积极作用。

共同体中的学习资源影响教师学习。教学改进型共同体中的学习资源主要来自于教研过程中的互动交流和外部专家资源。但由于成员知识结构和能力水平相似，且外部资源引入具有碎片化和非可持续性，共同体中的教师学习难以超越经验分享。教师发展型共同体的学习资源以一种"资源库"的形式存在于教师的学习过程中。它能够为教师提供理论方面的支持和参考，但很难进入教师实践领域。教学研究型共同体的学习资源主要来源于团队长期的研究成果，这类资源构成了共同体"共同的技艺库"。它记录着团队研究的由来也支撑着团队的持续学习和研究，是真正能够服务于教师学习的学习资源。

在外部环境层面，行政部门通过管理结构性资源为共同体的实践做准备。这种结构性资源管理包括：一是时间和空间的管理；二是设计配套任务和政策，激励教师的参与。时间和空间的管理为共同体活动提供了可能性。而配套任务和政策的设计既能监督和检查共同体实践，也能激励教师参与。教学改进型共同体所在学校通过设定"共同任务"，激发教师参与。教师发展型共同体和教学研究型共同体所在组织则将共同体学习成果与教师日常任务整合，并作为教师评价项目，激发教师的参与。

二、讨论

（一）研究的启示

1. 对行政部门发起和运行共同体的启示

我国大多数共同体都是由行政力量发起的。作为共同体发展的环境，行政力量对共同体是干预还是支持，直接决定着共同体本身的自主权，进而影响到共同体实践是执行行政要求还是发展自己的实践路径。由于共同体的定位决定着教师学习的内容，共同体是要传递理念、分享经验，还是研究前沿问题直接决定共同体实践的价值。这种定位的不同代表着共同体所履行的功能不同，也决定着共同体实践是否能达到行政部门的要求。因此，行政部门可以根据自身面临的问题对共同体的实践提出方向性的要求。但是行政部门不能将这种要求作为一种规定，甚至将规定细化到活动的流程和细节。因为这会限制共同体发展的空间，并最终导致共同体成为组织部门和业务部门，不能实现共同体作为知识协调和创生团队的价值。

在共同体的发起阶段，行政部门最好作为一种架构的提供者而存在。即通过一系列的政策文件，明确共同体建构的目的和活动的基本框架，形成对于共同体建构的方向性指引。同时，行政部门还需引入专业人员领导共同体的实践，搭建学习平台，并提供共同体运行所必须具备的时间、空间和资金支持。如果是跨部门的共同体，行政部门还需尽可能协调相关部门的关系，为教师参与提供便利。

在共同体的运行过程中，行政部门要退回到支持者和服务者角色。为了保障共同体的有效运行，行政部门要与共同体领头者保持沟通，及时了解他们的需求和问题，以提供针对性的支持。同时，外部动机对教师的参与有极大的影响。为了支持共同体的运行，行政部门还可以设计配套性的政策和任务，并提供奖励、晋升等外在利益，以提升教师的参与度。作为管理者，行政部门还需根据自身对于共同体实践的要求制定相关的成果标准和监管方式等，以规范共同体的运行。

2. 对共同体领导者作用发挥的启示

在共同体的组织和运行中，领导者的作用非常关键。总体上，共同体领导者需要在以下方面发挥作用：

第一，领导者要协调各方面的需求制定共同体的研修主题和内容。作为共同体的精神领袖和活动策划者，领导者如何协调共同体外部环境的要求、成员需求，以及共同体自身发展需要之间的关系，决定着共同体运行的方向和目标。从总体上看，以执行行政要求为核心的共同体注定是没有活力的。共同体只有基于自身关注的问题和成员的需求才能拓展出自己独特的研究领域和实践路径，才能真正将成员组织起来开展学习和研究。

第二，基于共同体的任务和成员需求制定共同体的活动规划。有生命力的共同体是以任务实施为基本导向的。因而，共同体领导者必须明确共同体的任务，并思考任务开展的方式，以规划共同体的活动。这种规划最好是一种基本的框架，以指引（而非规范）成员的参与行为，并为基于任务开展和成员参与情况调整活动留有空间。同时，不同的活动都有其独特的价值。讲座、课例解读长于传播理念，专题研讨能深化教师对任务的探究深度，教学实践与反思能促进教师知识的转化和实践能力的提升。领导者可以设计相互配合的多种活动，丰富教师的学习并实现成员的协作。当然，这种活动设计必须以共同体的目标和任务为核心。同时，共同体任务的设计还必须要考虑成员的偏好。教师对共同体活动的评价影响他们的活动参与，而他们的偏好代表着他们的评价标准。从研究对教师知识学习的分析来看，教师对理论与实践整合的课例研究评价最高。这种学习既能开阔教师的视野，帮助教师突破经验和认知的限制，发展教师的知识结构，又能引导教师在实践过程中掌握理论知识的实践表征，及其相关的问题和注意事项等，切实提升教师的理论水平和实践能力。尤其是对于新教育理念的实践。由于教师个体经验和能力存在限制，所以他们难以独立完成理念实践转化的任务。而共同体在这方面有天然的优势，它有指导者的启发和把关，有同伴的协商互助，有保护和支持创新的文化。因此，共同体领导者可以考虑将其整合到共同体的任务和活动中。

第三，领导者要发挥好作为成员参与的调动者和保持者的角色。成员是共同体最为重要的学习资源，他们的投入和参与程度影响着共同体活动的效率。教师的生涯发展阶段和个人能力与水平影响他们参与学习的愿望。因此，在共同体成员的选拔上，领导者要关注成员自身的专业发展态度和需求，以选择适合于共同体定位和实践的成员。同时，共同体的领头者要以"专业权威"为本，在共同体实践中营造平等交流的氛围，不能用霸权性观点主宰共同体实践。同时，领导者还需搭建平台，让成员利用自己的专长影响其他教师的学习，并改变自己的身份认同。为了丰富教师的学习，领导者还需加强外部联系，利用行政部门的支持或自身的社会资本，为教师提供丰富的学习机会。

3. 对共同体活动组织的启示

教师对共同体学习活动组织的参与和理解影响着教师动机的形成与转化，也影响着他们对共同体的评价和投入程度。即便是由外部动机主导而参与共同体活动，教师也能因为学习的体验和成效将外部动机逐步转化为内部动机。同时，共同体中的教师知识学习与活动组织有直接的关系。因此，共同体的活动组织必须要综合考虑各种因素，以有效规划学习活动及其组织实施。

第一，活动的主题和内容决定教师学习的知识类型。由于活动主题和内容不同，教师在不同共同体中所学习的知识类型也存在差异。同时，即便学习同一类知识，其侧重点也不同。课程知识是教师发展型共同体和教学研究型共同体共同关注的内容，但是教师发展型共同体关注教师对小学数学课程改革和教材的整体把握，教学研究型共同体强调教师对某一单元或领域教材的深入把握。因而，共同体组织者必须要结合共同体自身的目标定位和阶段性任务，有针对性地设计活动，以有效支撑共同体任务的开展，并实现教师的发展。

第二，学习内容的系统程度影响教师学习的深度和广度。教学改进型共同体和教学研究型共同体虽然都在实践中引导教师学习学生学习的知识，但是教师学习的成效存在差异。在教学改进型共同体中，教师基于经验的分享和对教学实践的解读学习学生学习的知识。教学研究型共同体强调通过系统的研究设计分析学生学习的起点、过程、方式、困难，以及不同教学设计方案对学生学习成效的影响。这种不同直接影响着教师知识学习的深度和广度。因此，共同体组织者要综合考虑任务推进不同阶段需要关注的内容，并进行整合性的设计。只有这样，教师的学习才能高效。

第三，共同体中的教师学习类型影响教师学习的成效。"信息分享型学习"关注理论的推介，有利于拓宽教师的视野。但是，这一类学习对教师知识的内化、外化关注不足。由此导致教师知识的实践转化困难重重，学习成效难以把控。"知识建构型学习"强调教师一起在实践中应用已有知识分析问题、建立假设、实践假设，并解决问题。在此过程中，教师能够理解知识产生和应用的场景，能够建立知识之间的有意义联系，从而真正在探究的过程中建构意义。当然，不同的学习类型服务于不同的目标，不同类型的学习也有其独特的价值，共同体的活动设计要综合分析活动的目标和不同学习方式的价值，设计有效的学习活动。

总体上，共同体的活动组织直接影响着教师学习的成效。共同体活动的设计者和组织者必须以共同体的目标和任务为依据，设计共同体的活动主题和活动内容。由于"惰性知识"不能影响教师的实践，只有教师将知识转化为实践能力，教师学习才能真正影响教师的教育教学活动。因此，共同体的活动设计要尽可能实现理论与实践的整合。同时，共同体活动组织者还必须考虑"线上""线下""线上线下整合"三类学习方式的特征和优势，及其对活动组织的要求，将其与教师活动的目标、任务和教师学习类型有效整合。

4. 对共同体成员参与的启示

在不同类型的共同体中，教师学习的支持性资源来源不同，这种差异为教师的学习参与提出了不同的要求。在以物化资源为主的共同体中，教师要强化自身在独立学习中的投入，利用共同体内丰富的学习资源，不断开阔自己的视野。同时，将所学的知识进行深度思考和整合，并尝试进行实践转化，以真正实现自身的发展。在以成员知识和经验这种人力资源为主要学习资源来源的共同体中，成员需要积极投入到共同体任务和他人的实践中，在参与中学习，并获得更多的支持。在人力资源和物化资源都丰富的共同体中，成员则需要积极投入到共同体任务中，整合各方面的资源进行学习。同时，成员还需结合自己的兴趣和特长，在不同任务中扮演"核心参与者"和"边缘参与者"的角色，以协同推进任务并在支持他人学习的过程中承担自己的责任。

（二）研究的反思

当前，教师培训实践面临的重要问题是教师学习的知识很难转化为教学实践，这引起了研究者们对教师学习中的"惰性知识"的关注。对此，社会建构主义认为学习本质上就是一种社会性的知识和关系的意义建构，个体所特有的心理结构形成于个体的社会实践或者与他人的社会交往中，是从社会到个体再到社会实践的"内化"。教育培训所期望的个体到个体再到社会实践的心理建构过程不符合人类认识和实践能力发展的规律。为此，教师专业发展的研究开始强调在实践中学习，在解决问题中学习，避免因实践性知识的"去情景化"而带来的学习低效。符合这一要求的教师学习共同体就此被推上前台。

但在专业学习共同体的推进中，行政力量发挥的作用值得我们思考。一方面，共同体实践需要行政部门的支持。共同体的组织和运行需要人员、时间、空间、资金、资源等多方面的配合与支持，如果没有行政部门的支持，共同体的运行必然存在困难。在共同体的资源方面，单个教师或教师团队能够整合的人力资源、学习资源和资金资源都很有限，而这些是共同体运行所必需的条件。行政部门在资源的建设、引入和整合上的渠道更为多元和有力，能为共同体中的教师学习提供更多的支持。在活动开展的时间和空间上，教师的工作原本繁忙，如果没有行政部门的支持，教师参与共同体的活动存在困难。同时，如果活动的开展没有物理空间和网络平台，那么成员的交往也就没有了依托。因此，如果能够争取到行政部门的支持将会有利于共同体的活动开展。但是行政部门如何支持共同体却有待商榷。另一方面，行政力量阻碍了共同体的实践。行政部门认识到教师专业学习共同体的价值，并利用行政力量推进共同体的实践。在"规定—执行"的思维方式下，行政部门通过工作安排规定了共同体实践的目标、内容和活动方式，限制了共同体的自主权及其对教师学习的主动性、日常性和内生性的尊重，给共同体的实践埋下了根源性的障碍。由于专业学习共同体的实践以行政规定代替了教师的主动选择，导致教师对专业学习共同体的领域、问题及其所代表的"共同的事业"缺乏内在的认同。为此，许多教师认为，专业学习共同体的推进打破了他们生活世界原有的平衡态，带给他们额外的任务和要求。教师这种"先入为主的抗拒"和外部动机主导的参与给共同体实践带来很大的困难。为了激发教师的参与，共同体实践者不得不配套"教研员"等行政力量辅助共同体实践，并尝试将共同体学习与教师的其他研修任务和日常教学实践整合。同时，通过协调教师的需要和行政部门的要求制定共同体实践的目标和愿景，并规划共同体的实践。

正如日本学者佐藤学所言，学习"不是借助知识去控制和支配外界与他人，而在于治愈并丰富自己的内部世界所欠缺的部分"。共同体的实践应该引导人们的内心世界逐步走向完善。因此，共同体的发起者和领导者应该首先关注教师成员本身的特征和学习需求，并将其作为共同体实践的起点和持续发展的动力。行政部门不能因为专业学习共同体对教师发展的有效性而出于善意或者其他考虑，将这种学习、研究和实践强加给教师。相反，行政部门只能通过孕育专业学习共同体生长的环境，激活教师内在的学习和参与动机，从而推进专业学习共同体的实践。可能的方式如：制定支持性政策为有需求的成员发起和参与共同体提供可能性；增加教师之间交往的机会，让有共同兴趣和需求的教师能够聚集并协同学习；丰富教师的学习机会，开阔教师的视野，让教师有意愿和需求去探索问题。同时，营造鼓励创新、宽容失败的文化，让教师放心地学习和参与。

（三）研究的局限和建议

由于研究问题的限制，共同体和教师学习中的很多问题都难以一一关注，而这些研究对于完善共同体的理论与实践研究和提升教师学习效能都非常重要。下面研究者将呈现相关的思考和建议。

1. 关注自发型共同体的实践及其教师学习

由于关注点和精力的限制，研究主要关注在行政影响下的不同类型共同体的运行和教师学习，没有关注自发形成的专业学习共同体的状况。在共同体的运行中，行政力量虽然能够在多方面支持共同体的实践，但其对共同体的"功能性"和"工具性"定位在一定程度上影响了共同体的实践。实际上，共同体的领域定位不能太窄，尤其是在共同体成立之初。因为专业学习共同体的研究问题并不是一开始就确定好的，而是在协商中逐步确定的，这个协商的过程是共同体成员之间建立"共识"的过程。如果将一个外在的命题强加给教师，必然导致成员缺乏对核心问题的深入思考和认同，进而使得共同体不具有可持续发展的能力，不能长期吸引教师。而自发形成的共同体则不存在这个问题，他们可以根据自己的问题、兴趣和需要建构共同体实践的目标和愿景。因此，对自发形成的共同体的研究，能帮助我们了解在没有行政力量干预的情况下，共同体的运行呈现什么样的特征，关注哪些方面的问题，组织方式如何，又怎样影响教师的学习等方面的问题。进而，丰富专业学习共同体的理论研究和实践探索，也为行政推进共同体的实践提供重要的参考和启示。

2. 研究教师在共同体发展不同阶段中的学习

因为研究视角的不同，本研究没有分析共同体发展不同阶段的教师学习情况。专业学习共同体的发展存在阶段性。在不同发展阶段，专业学习共同体的特点、任务和问题，以及教师学习的资源、基础和成员的交往方式等都不一样。这会在一定程度上影响共同体的运行特征、活动组织和教师的学习。而且，对共同体发展不同阶段中教师学习的分析能更为深刻地理解教师在共同体参与中的态度、认同、实践、收获等方面的特征和变化过程。从而，获得对于共同体实践和教师学习的更为系统而全面的认识。

3. 从教师分类的角度研究共同体中的教师学习

本研究以"共同体活动的参与程度"和"资源的可获得性"为标准选择教师个案。这种视角能帮我们关注到不同参与程度的教师对于共同体实践的不同关注点和意见。但是由于缺乏对不同类别教师的关注，研究很难了解到某一类教师的需求和表现。在研究中，共同体领导者就提到不同水平的教师对共同体的评价不一样，比如青年教师对教师发展型共同体评价高，参与程度也高。但是，高水平教师则有更高的学习需求，比如参与教学研究型共同体的研究实践。不同类型教师对共同体的需求和评价不同，这影响教师的参与，也影响到他们的学习成效。因此，如果研究能关注到不同类型教师在不同类型共同体中的学习和发展情况，也能从不同的角度带给我们不一样的观点、思考和理解。

4. 基于不同知识类型分析教师的学习方式和成效

本研究关注不同类型共同体中教师的主要学习方式和所学习的主要知识类型。研究只关注到教师在不同类型共同体中所学习的主要知识类型，并说明了该类知识在某类共同体中的学习方式（比如通过课例展示和解读学习教育基本理论知识），还没有关注到不同类型知识在不同学习方式下的问题和成效。这个问题也是研究者非常关注的问题。因而，研究者将在接下来的研究中持续关注。

参考文献

一、著作类

（一）中文著作

［1］齐格蒙特·鲍曼. 共同体［M］. 欧阳景根，译. 南京：江苏人民出版社，2003.

［2］保罗·霍普. 个人主义时代之共同体重建［M］. 沈毅，译. 杭州：浙江大学出版社，2009.

［3］戴维·乔纳森. 学习环境的理论基础［M］. 郑太年，任友群，译. 上海：华东师范大学出版社，2002.

［4］约翰·杜威. 我们怎样思维［M］. 姜文闵，译. 北京：人民教育出版社，2005.

［5］达富 R，埃克 R. 有效的学习型学校——提高学生成就的最佳实践［M］. 聂向荣，李钢，等，译. 北京：中国轻工业出版社，2004.

［6］斐迪南·滕尼斯. 共同体与社会——纯粹社会学的基本概念［M］. 林荣远，译. 北京：商务印书馆，1999.

［7］古尔德. 马克思的社会本体论：马克思社会实在理论中的个性和共同体［M］. 王虎学，译. 北京：北京师范大学出版社，2009.

［8］卡尔·波普尔. 客观知识：一个进化论的研究［M］. 舒炜光，卓如飞，梁咏新，等，译. 杭州：中国美术学院出版社，2003.

［9］罗伯特·K. 殷. 案例研究：设计与方法［M］. 周海涛，李永贤，张蘅，译. 重庆：重庆大学出版社，2004.

［10］迈克尔·波兰尼. 个人知识——迈向后批判哲学［M］. 许泽民，译.

贵州：贵州人民出版社，2000.

[11] 迈诺尔夫·迪尔克斯，等. 组织学习与知识创新［M］. 上海社会科学院知识与信息课题组，编译. 上海：上海人民出版社，2001.

[12] 迈克尔·康纳利，琼·克兰迪宁. 教师成为课程研究者——经验叙事［M］. 2 版. 刘良华，邝红军，等，译. 杭州：浙江教育出版社，2004.

[13] 雪莉·M. 霍德. 学习型学校的变革［M］. 胡咏梅，张智，孙晨，译. 北京：中国轻工业出版社，2004.

[14] 唐纳德·A. 舍恩. 反思的实践者——专业工作者如何在行动中思考［M］. 夏林清，译. 北京：教育科学出版社，2007.

[15] 托马斯·J. 萨乔万尼. 校长学：一种反思性实践观［M］. 张虹，译. 上海：上海教育出版社，2004.

[16] 埃蒂纳·温格，等. 实践社团：学习型组织知识管理指南［M］. 边婧，译. 北京：机械工业出版社，2003.

[17] 雪伦·B. 梅里安. 成人学习理论的新进展［M］. 黄健，等，译. 北京：中国人民大学出版社，2006.

[18] 竹内弘高，野中郁次郎. 知识创造的螺旋——知识管理理论与案例研究［M］. 李萌，译. 北京：知识产权出版社，2006.

[19] 陈向明. 质的研究方法与社会科学研究［M］. 北京：教育科学出版社，2000.

[20] 范良火. 教师教学知识发展研究（第二版）［M］. 上海：华东师范大学出版社，2013.

[21] 毛齐明. 教师有效学习的机制研究：基于"社会文化—活动"理论的视角［M］. 上海：华东师范大学，2010.

[22] 皮连生. 教学设计——心理学的理论与技术［M］. 北京：高等教育出版社，2000.

[23] 邵光华. 作为教育任务的数学思想与方法［M］. 上海：上海教育出版社，2009.

[24] 石中英. 知识转型与教育改革［M］. 北京：教育科学出版社，2001.

[25] 郑葳. 学习共同体——文化生态学习环境的理想架构［M］. 北京：

教育科学出版社，2007.

[26] 赵健. 学习共同体——关于学习的社会文化分析 ［M］. 上海：华东师范大学出版社，2006.

（二）英文著作

［1］ DUFOUR R, DUFOUR R, EAKER R, THOMAS M. Learning by doing：a handbook for professional learning communities at work（2 nd Edition）［M］. Bloomington：Solution Tree Press，2010.

［2］ EAKER R, DUFOUR R, BURNETTE R. Getting started：reculturing schools to become professional learning communities ［M］. Bloomington, IN：National Educational Service，2002.

［3］ GROSSMAN P L. The making of a teacher：teacher knowledge and teacher education ［M］. New York：Teachers College Press，1990.

［4］ HARRÉ R. Personal being：a theory for individual psychology ［M］. Mass：Harvard University Press，1983.

［5］ HARGREAVES A. Changing teachers, changing times：teachers' work and culture in the postmodern age ［M］. London：Cassell，1995.

［6］ HOBAN G F. Teacher learning for educational change：a systems thinking approach ［M］. Buchingham Philadelphia：Open University Press，2002.

［7］ HORD S M. Professional learning communities：communities of continuous inquiry and improvement ［M］. Austin, Texas：Southwest Educational Development Laboratory，1997a.

［8］ HORD S M. Learning together , leading together：changing schools through professional community ［M］. New York：Teachers College Press，2004.

［9］ HUFFMAN J B, HIPP K A. Reculturing schools as professional learning communities ［M］. Lanham, Maryland：Rowman and Littlefield，2003.

［10］ HORD S M. Learning together, leading together：changing schools through professional learning communities ［M］. New York：Teacher College Press，2004.

［11］ HAMMERNESS K, DARLING-HAMMOND L, BRANSFORD J, et al. How teachers learn and develop ［M］. Darling-Hammond. L, Bransford. J,

Preparing teachers for a changing world. San Fracisco：Jossey-Bass Publisher，2005.

［12］ILLERIS K. How we learn：learning and non-learning in school and beyond ［M］. London & New York：Routledge，2007.

［13］LAVE J，WENGER E. Situated learning：legitimated peripheral participation ［M］. New York：Cambridge University Press，1991.

［14］LOUIS S，FINK D，EARL L. It's about learning（and It's about time）：What's in it for schools? ［M］. London：Routledge Falmer，2003.

［15］MCLAUGHLIN M W，TALBERT J E. Professional communities and the work of high school teaching ［M］. Chicago：University of Chicago Press，2001.

［16］WENGER E. Communities of practice：learning，meaning，and community ［M］. New York：Cambridge University Press，1998.

［17］WESTHEIMER J. Among school teachers：community，autonomy and ideology in teachers' work ［M］. New York：Teachers College Press，1998.

二、论文类

（一）中文论文

［1］陈桂生. "集体备课"辨析［J］. 中国教育学刊，2006（9）：40－41.

［2］邓涛. 个人主义教师文化：误解与匡正［J］. 教师教育研究，2007（4）：37－41.

［3］贺来. "关系理性"与真实的"共同体"［J］. 中国社会科学，2015（6）：27－33.

［4］胡艳. 专业学习共同体视角下的教研组建设——以北京市某区中学教研组为例［J］. 教育研究，2013（10）：37－43.

［5］胡惠闵. 教师专业发展背景下的学校教研组［J］. 全球教育展望，2005（7）：20－25.

［6］韩继伟，林智中，黄毅英，等. 西方国家教师知识研究的演变与启示［J］. 教育研究，2008（1）：88－92.

［7］韩继伟，马云鹏，赵冬臣，等. 中学数学教师的教师知识来源的调查研究［J］. 教师教育研究，2011（3）：66－70.

[8] 刘学惠，申继亮. 教师学习的分析纬度与研究现状 [J]. 全球教育展望，2006 (8)：51 –55.

[9] 李政涛. "教研组文化"的当代转型——"教研组文化"系列之二 [J]. 上海教育科研，2006 (8)：19 –22.

[10] 吕立杰. 教师学习理论对教师教育课程的启示 [J]. 教育发展研究，2012 (22)：59 –63.

[11] 吕立杰. 教师知识研究的反思与启示 [J]. 中国教育学刊，2009 (1)：62 –64.

[12] 毛齐明. 教师学习——从日常话语到研究领域 [J]. 华东师范大学学报（教育科学版），2010 (1)：21 –27.

[13] 毛齐明，蔡宏武. 教师学习机制的社会建构主义诠释 [J]. 华东师范大学学报（教育科学版），2012 (6)：20 –22.

[14] 孟水莲，周元祥. 建立工作室首席制 有效开展校本教研 [J]. 中小学管理，2006 (2)：33 –37.

[15] 麻彦坤. 维果茨基社会建构论思想在教学实践中的应用 [J]. 外国教育研究，2004 (12)：6 –9.

[16] 马永全. "治理"视域下"县级教师进修学校"发展路径建构 [J]. 黑龙江高教研究，2015 (12)：8 –11.

[17] 马云鹏，赵冬臣，韩继伟，等. 中学教师专业知识状况调查研究 [J]. 东北师范大学学报（哲学社会科学版），2008 (6)：57 –64.

[18] 马兰. 合作学习的价值内涵 [J]. 课程·教材·教法，2004 (4)：14 –17.

[19] 单志艳. 走向中国特色教师专业学习共同体的教研组变革 [J]. 教育研究，2014 (10)：86 –90.

[20] 桑新民. 从个体学习到团队学习——当代学习理论与实践发展的新趋势 [J]. 复旦教育论坛，2005 (4)：11 –13.

[21] 杨炎轩. 从教研组到教师团队：组织结构理论的视角 [J]. 教育发展研究，2009 (4)：57 –60.

[22] 张丹. 解析骨干教师培训中教师学习的"研究"特性 [J]. 继续教育研究，2010 (10)：91 –93.

［23］赵飞君. 依托"课题研究共同体"深入开展校本研修［J］. 上海教育科研, 2006 (7)：65－69。

［24］张敏, 郑全全. 中小学教师学习调节模式的结构与测量［J］. 应用心理学, 2008 (4)：350－357.

［25］郑新蓉, 黄力. 县级教师进修学校：新形势下的职能新定位［J］. 人民教育, 2007 (5)：26－29.

［26］赵明仁, 黄显华. 建构主义视野中教师学习解析［J］. 教育研究, 2011 (2)：83－85.

［27］张振新, 吴庆麟. 情境学习理论研究综述［J］. 心理科学, 2005 (1)：4－7.

［28］王艳玲, 熊梅. 个性化教学单元设计的实践探索［J］. 课程·教材·教法, 2014 (1)：56－60.

［29］董涛. 课堂教学中的 PCK 研究［D］. 上海：华东师范大学, 2008.

［30］童莉. 初中数学教师数学教学知识的发展研究.［D］. 重庆：西南大学, 2008.

［31］刘清华. 教师知识的模型建构研究［D］. 重庆：西南师范大学, 2004.

［32］孙兴华. 小学数学教师学科教学知识建构表现的研究［D］. 长春：东北师范大学, 2015.

［33］解书. 小学数学教师学科教学知识的结构与特征分析［D］. 长春：东北师范大学, 2013.

［34］周红. 区域推进校本研修策略的个案研究［D］. 长春：东北师范大学, 2014.

［35］李继良. 普通高中基层弹性教研组织的建构［D］. 济南：山东师范大学, 2003.

［36］李艳. 教师学习共同体建构的个案研究——以 L 名师工作室为例［D］. 兰州：西北师范大学, 2015.

（二）英文论文

[1] BALL D L, HILL H C, BASS H. Knowing mathematics for teaching: Who knows mathematics well enough to teach third grade, and how can we decide? [J]. American educator, 2005, 29 (1): 14 - 46.

[2] BELL B, GILBERT J. Teacher development as personal, professional and social development [J]. Teaching and teacher education, 1994, 10 (5): 483 - 479.

[3] BORKO H. Professional development and teacher learning: mapping the terrain [J]. Educational researcher, 2004, 33 (8): 3 - 15.

[4] CARROLL D. Learning through interactive talk: a school-based mentor teacher study group as a context for professional learning [J]. Teaching and teacher education, 2005, 21 (5): 457 - 473.

[5] DUFOUR R. Schools as learning communities [J]. Educational leadership, 2004, 61 (8): 6 - 11.

[6] GEDDIS A N. Transforming subject-matter knowledge: the role of pedagogical content knowledge in learning to reflect on teaching [J]. International journal of science education, 1993, 15 (6): 673 - 683.

[7] GIGANTE N A, FIRESTONE W A. Administrative support and teacher leadership in schools implementing reform [J]. Journal of educational administration, 2008, 46 (3): 302 - 331.

[8] HILL H C, BALL D L, SCHILLING S G. Unpacking pedagogical content knowledge: conceptualizing and measuring teachers' topic-specific knowledge of student [J]. Journal for research in mathematics education, 2008, 39 (4): 372 - 400.

[9] KORTHAGEN F A. Professional learning from within [J]. Studying teacher education, 2009, 5 (2): 195 - 199.

[10] LOUGHRAN J, PAMELA M, BERRY A. Exploring pedagogical content knowledge in science teacher education [J]. International journal of science education, 2008, 30 (10): 1301 - 1320.

[11] LOUIS S, RAY B, AGNES M, MIKE W, SALLY T. Professional learning community: a review of the literature [J]. Journal of educational change,

2006, 7 (4): 221 – 258.

[12] LIEBERMAN A, MACE D P. Teacher learning: the key to educational reform [J]. Journal of teacher education, 2008, 59 (3): 226 – 234.

[13] PARK S, OLIVER J S. Revisiting the conceptualization of pedagogical content knowledge (PCK): PCK as a conceptual tool to understand teachers as professional [J]. Research in science education, 2008, 38 (3): 261 – 284.

[14] PUTNAM R T, BORKO H. What do new views of knowledge and thinking have to say about research on teacher learning? [J]. Educational research, 2000, 29 (1): 4 – 15.

[15] SERGIOVANNI T. Organizations or communities? Changing the metaphor changes the theory [J]. Educational administration quarterly, 1993, 30 (2): 214 – 226.

[16] SFARD A. On two metaphors for learning and the dangers of choosing just one [J]. Educational researcher, 1998, 27 (2): 4 – 13.

[17] SHULMAN L S, SHULMAN J H. How and what teachers learn: a shift perspective [J]. Curriculum studies, 2004, 36 (2): 257 – 271.

[18] SHULMAN L S. Knowledge and teaching: foundations of the new reform [J]. Harvard educational review, 1987, 57 (1): 8 – 22.

[19] SHULMAN L S. Those who understand: knowledge growth in teaching [J]. Educational researcher, 1986, 15 (2): 4 – 14.

[20] TAMIR P. Subject matter and related pedagogical knowledge in teacher knowledge [J]. Teaching and teacher education, 1988, 4 (2): 99 – 110.

[21] VRIELING E, VAN DEN BEEMT, M DE LAAT. What's in a name: dimensions of social learning in teacher groups [J]. Teachers and teaching: theory and practice, 2016, 22 (3): 273 – 292.

附录
访谈提纲

◎**访谈主题一：专业学习共同体的运行过程**

1. 请问共同体关注和研究哪些方面的问题（或主题）？

2. 请您介绍一下共同体发起、发展的历史。

3. 请您介绍一下共同体成员的来源和组成。

4. 请问共同体的活动组织有没有总体的设计？活动组织的出发点和思考是什么？

5. 请您谈一谈共同体的活动设计和实施过程，举一个例子说明。

◎**访谈主题二：专业学习共同体中的教师参与与知识发展**

其一，个案教师的基本情况。

1. 请问您任教多少年了？什么时候开始教数学？是否有行政职务？

2. 请问您以往有哪些参与共同体学习的经历？

其二，个案教师的学习参与。

1. 请问共同体研究哪些问题？您对哪些问题比较感兴趣？

2. 请问共同体的常规活动是什么？哪些比较有价值？

3. 请问研究活动包括哪些环节，您最感兴趣的活动环节是什么？为什么？

4. 请问共同体中的学习资源是否足以支持共同体实践？

5. 请问您是否了解共同体成员各自擅长的领域？如果遇到困难，您向谁求助？

6. 请问共同体活动组织的问题存在于哪些方面？您的需求和思考是

什么？

其三，个案教师的知识发展。

1. 请问您比较关注哪些方面的内容？平常通过哪些渠道学习？

2. 请问共同体参与能帮助您学习哪些方面的知识？学习效果如何？

3. 请问您在共同体中学习的知识对教学实践有何影响？请举例说明。

4. 请问在共同体实践中有哪些人或活动对您影响比较大？有哪些记忆深刻的事情？

5. 请问您在哪些方面成长得比较好？这种成长是如何实现的？

◎**访谈主题三：专业学习共同体中教师知识学习的影响因素**

其一，教师个人层面的影响因素。

1. 请问您从什么时候开始参与本共同体的学习？为什么决定参与共同体的学习？

2. 共同体主张的理念是什么？您觉得这种理念下的学科教学应该是什么样的？现在研究什么问题？您对此有什么观点与思考？

3. 请问共同体参与对您个人而言有什么样的影响？表现在哪些方面？

4. 与您参与的其他共同体相比，这个共同体的特点体现在哪些方面？

5. 请问您理想中的共同体是什么样的？

6. 您是如何坚持完成学习和研究任务的？怎么处理遇到的困难？

7. 您如何将共同体中学习的内容应用到教学实践中？

其二，共同体层面的因素。

1. 请问您对教师学习和发展的理解、愿景和设想是什么？

2. 请问共同体组建的目的是什么？

3. 请问共同体的活动设计与组织情况如何？

4. 请问共同体理念被共同体成员理解和接纳的情况如何？

5. 请问共同体实践如何提高成员的兴趣和参与程度？

6. 请问共同体成员有哪些？各自的专长是什么？有没有特定的分工？

7. 请问共同体中的教师交流和相互支持状况如何？您认为哪些方面需要进一步提升？

8. 请问共同体实践是否关注到对学习成果的保存和共享？

9. 您认为共同体目前的运行情况如何？有哪些地方发展好？存在什么样的问题？

其三，外部环境层面的因素。

1. 请问学校（或学区）的教育理念是什么？对学生的发展有什么样的思考？近期的课程教学实践和教师发展目标是什么？有什么规划？

2. 共同体建设与学校、区域等外部环境的政策、规划有什么关系？您对此有什么的思考？

3. 请问共同体研究成果对学校（或学区）教育教学决策的影响体现在哪里？有没有什么教师研究影响学校（或学区）课程教学实践的事件？

4. 请问学校（或学区）行政监管的方式是什么？

5. 请问学校（或学区）在成立共同体时有没有考虑共同体内的人员组成问题？

6. 请问学校（或学区）从哪些方面支持共同体的开展？

7. 请问在共同体的发展历程中，学校（或学区）发挥了什么作用？

8. 请问升学压力如何影响您的教学实践？对您参与共同体的学习有什么影响？